中文社会科学引文索引（CSSCI）来源集刊

珞珈管理评论

LUOJIA MANAGEMENT REVIEW

2022年卷 第6辑（总第45辑）

武汉大学经济与管理学院

WUHAN UNIVERSITY PRESS
武汉大学出版社

图书在版编目(CIP)数据

珞珈管理评论. 2022年卷. 第6辑:总第45辑/武汉大学经济与管理学
院. —武汉:武汉大学出版社,2023.2
ISBN 978-7-307-23588-5

Ⅰ.珞⋯ Ⅱ.武⋯ Ⅲ. 企业管理—文集 Ⅳ.F272-53

中国国家版本馆 CIP 数据核字(2023)第 019782 号

责任编辑:陈 红 责任校对:鄢春梅 版式设计:韩闻锦

出版发行:**武汉大学出版社** (430072 武昌 珞珈山)
(电子邮箱:cbs22@whu.edu.cn 网址:www.wdp.com.cn)
印刷:武汉市天星美润设计印务有限公司
开本:787×1092 1/16 印张:11.25 字数:279千字
版次:2023年2月第1版 2023年2月第1次印刷
ISBN 978-7-307-23588-5 定价:48.00元

目　　录

CONTENTS

珞珈 管理评论

2022 年卷第 6 辑（总第 45 辑）

Luojia Management Review

No. 6, 2022（Sum. 45）

着力高质量发展管理问题研究
服务中国式现代化建设

● 黄敏学

（武汉大学经济与管理学院　武汉　430072）

【摘　要】党的二十大会议强调以中国式现代化全面推动中华民族伟大复兴。本文以高质量发展为切入点阐释党的二十大精神，坚信中国式现代化必将创造人类文明新形态为出发点，建议以实体经济为核心，培育发展新领域和新赛道，服务"四个面向"，提出高质量发展问题的新型研究理念。结合数智营销的研究实践，指出要贯通产学研，利用国家重点项目，打造数智消费场景研究平台，以服务国家重大需求，探索可服务中国式现代化建设的未来研究道路。

【关键词】中国式现代化　高质量发展　科技驱动　数智营销

中图分类号：F124　　　　　文献标识码：A

党的二十大明确提出"以中国式现代化全面推进中华民族伟大复兴，并将此确定为新时代新征程中国共产党的中心任务"。通过文本分析发现，与十九大报告相比，二十大报告中"中国式""现代化"与"科技"等的词频比重显著提升。可以预见，实现中国式现代化对于国家未来发展具有重要战略意义，而科技正是推动实现中国式现代化的核心动力，管理学者有必要对其进行深入的思考与学习。鉴于此，本文从理解中国式现代化全面推进中华民族伟大复兴的意义出发，阐述如何着力高质量发展问题的研究，再结合数智营销研究，以具体案例探索更好服务中国式现代化建设的路径。

1. 以中国式现代化全面推进中华民族伟大复兴，运用中国式现代化创造人类文明新形态

理解中国式现代化推进中华民族伟大复兴的重要性，同时坚信中国式现代化必将创造人类文明

通讯作者：黄敏学，E-mail：huangminxue@126.com。

新形态。当前，中国式现代化的发展道路具有鲜明的特色。具体而言，世界范围内的现代化国家拥有 10 亿左右的人口，中国要实现现代化必须首先在 10 亿人口基数上增加 14 亿人口（何传启，2020）。然而，目前我国人均 GDP 只有日本的 1/3、美国的 1/6，表明我国的 GDP 还需要增加 3~4 倍以上，导致增长压力与增长空间共存。根据国内经济研究的数据，我国经济增长有 80% 以上由内需驱动，维持内需驱动经济增长的模式对我国现代化发展而言是极大的挑战。这种发展模式与西方现代化国家基于资本驱动的模式有所不同。西方现代化国家采用的资本驱动模式具有较强的二元性（欧阳康，2022），会造成社会的冲突与分裂，这就迫使我国形成新的模式、新的方法去实现中国式现代化，即利用中国式现代化创造人类文明的新形态。鉴于此，聚焦高质量发展问题成为新的研究动向。

2. 以推动高质量发展为主题，聚焦实体经济，培育发展新领域和新赛道，塑造发展新动能和新优势

坚持以推动高质量发展为主题，以实体经济为核心，培育发展新领域和新赛道，塑造发展新动能和新优势。通过进一步的文本挖掘发现，2020 年习近平总书记在宁夏考察时首次提出经济的发展要实现量的合理增长和质的稳固提升。此后，在 2021 年中央经济工作汇报中，质的稳固提升被置于更重要的地位。在党的二十大报告中，该提法被改为推动经济实现质的有效提升和量的合理增长。也就是说，追求高质量发展的核心即推动质的有效提升，并辅之以量的合理增长。为实现该目标，必须对经济格局做新的规划，也即将发展着力点聚焦在实体经济。聚焦实体经济的发展包括制造强国、质量强国等路径。我国在传统产业基础方面具有明显优势，制造业占全球比重达到 30%，这是我国经济增长的基石与驱动。此外，我国高质量发展还强调航天强国、网络强国、交通强国与数字中国。目前，我国数字经济从宽口径来说占接近 40% 的 GDP，而其中有 80% 来源于产业数字化（中国信通院，2022）。由此看出，通常强调的网络强国和数字中国与传统经济高度融合，如果能够进一步促成数字经济与传统经济的融合，可能会为我国经济发展提供更理想的机会和更丰富的资源。因此，高质量发展需要利用新的技术与新的机遇，来开辟新的发展领域与新的赛道，从而塑造新的动能和新的优势。

从现实案例看，许多企业家党代表在发言中特别强调科技发展数字化为我们带来的新实践理念。以两个行业案例为例，其一是我国的电动汽车行业，我国电动汽车出口目前位于世界首位，成为诠释创新驱动中以新优势引领新赛道的典型案例。在电动汽车兴起初期，它仅作为汽油车的追随者。借助智能化技术，国产电动汽车引领智能造车新赛道，使其具有超越海外合资品牌的新优势。据报告，国产智能电动汽车市场占比已在 1/3 以上，预计在 3~5 年后将占领 50% 以上的市场。其二，我国移动互联网迅速发展，催生出抖音等新兴短视频社交平台这一新领域，也推动着直播电商的大力发展。目前抖音的国际版 TikTok 在国际市场下载量排名全球第一，为数字经济发展带来新动能。由这两个案例可知，如果我们能把科技和创新进行结合，那么不仅能够促进经济增长，还能为管理研究提供很好的实践启发。

3. 坚持"四个面向"，服务"国之大者"，聚焦高质量发展问题研究

将党的二十大精神与学术研究进行深度结合，旨在坚持"四个面向"，服务"国之大者"，聚焦高质量发展问题研究。为此，可从价值、问题、方法和结果等四个维度进一步提升管理研究的质量和水平。

（1）提升研究价值的高度和温度。目前好的管理研究意指发表出高水平的学术文章，取得国际学术界认可，重点是理论创新。未来管理研究也应该着眼实践价值性，加强对现实问题解决的贡献。特别是结合党的二十大提出的"两步走"的现代化发展道路，面向经济主战场，选择中国式现代化建设中面临的问题与挑战展开研究，提升选题的高度。以往的管理研究落脚在经济利益上，考虑更多的是利润和消费者购买等经济行为，未来需关注民生和社会福祉，比如消费者幸福感、可持续绿色消费行为，拓宽研究的落脚点，提升选题的社会关联性。

（2）凝练研究问题的深度和远度。中国式现代化是人口规模巨大的现代化，是全体人民共同富裕的现代化，是物质文明与精神文明相协调的现代化，是人与自然和谐共生的现代化，是走和平发展道路的现代化，体现出"五位一体"的战略全局思想，蕴含着复杂的辩证性系统思维。推动中国式现代化的管理研究，必须综合考虑上面发展因素和约束因素，以系统复杂和本源思维来探究管理问题。此外，中国式现代化的实现分两个阶段，现阶段是我国全面建设中国式现代化的关键起步期，关注实践的管理研究不能仅聚焦于当下，还要关注未来 5~10 年乃至几十年的影响，研究问题的视野还需一定的远度。

（3）加强研究方法的硬度和浓度。目前我国工业现代化发展中，特别强调数字强国、网络强国，将科技作为第一生产力，创新作为第一驱动力。关注创新的管理研究不能闭门造车，要与科技相关的理工学科进行大尺度交叉融合，关注科技创新硬问题，提升研究方法的硬度。管理研究是一门讲究证据证实的学科，未来可以借鉴理工科的数据驱动研究方法，提升数据的质量和数量，利用大数据和人工智能等数智分析方法，提升研究结论的可靠性和浓度。

（4）确保研究结果的强度和韧度。管理研究是一个实证检验过程，好的管理研究要经得起实践检验，这需从量的统计分析与质的案例归纳进行多源建构与检验，以研究强度保证结论的可靠性。现有的管理研究更多关注背后机理性，对结论所能涵盖的时间跨度和空间粒度都是局部的，未来管理研究需要有长时间性和大空间性，以大时空尺度有效性保证结果的韧性。

好的管理研究不仅仅是在期刊上发表，还要易读懂和好运用。服务"四个面向"的管理研究，在展示结果时，必须讲清道理、学理和哲理，用生活中的道理普及研究成果，用学术中的学理规范研究成果，用思想中的哲理概括研究成果，以高质量发展问题研究，推动中国式现代化建设。

4. 践行数智营销研究，贯通产学研，服务国家发展重大需求

数智营销是将大数据、人工智能等数字智能技术融入实践，从而形成以定制化、及时响应与低

交互成本为特点的新型营销活动（魏江等，2021），也是当前市场营销领域研究的热点。结合党的二十大精神的指导，数智营销的研究应致力于贯通产学研，实现数智化趋势推动的管理研究发展，加强服务国家发展重大需求。具体而言，该项研究主要基于大数据驱动营销与人工智能的大尺度交叉研究（刘通、黄敏学和余正东，2022）。在实践方面，应该多与其他专业背景的研究者合作。例如，在精准营销研究中，我们与测绘学院展开合作，进行了全场景营销探索。具体操作上，在收集所有 POI 数据后，根据中国国土面积按照一公里为一网格的方式划分出 200 万网格，以此完成市场特征提取，为精准营销的实践奠定基础。同时，利用场景数据还可以支撑业务经营，从而优化管理和服务能力。在数据工具的加持下，我们的研究将经营管理从千人一面转化为千人千面，极大提升了营销的精准性和效率，有效保障了质与量的同步增长。

为了实现上述研究，我们在设计中提供了"人—货—场"结合的平台，能够推动从关注购买量到关注生活品质的转变；不仅如此，该平台还能使研究者从关注某单一产品转化为关注所有产品。这样一个平台能为管理研究提供硬支撑、硬实力、硬装置与硬数据。在此基础上我们进行了更多的思考和研究拓展，如应用方面，我们在武汉人口最为密集的步行街江汉路进行实践，对步行街进行数字化管理，对该步行街的多家商铺进行逐一拜访，对场景进行特色提取，如将江汉路商业区划分为潮流活力片区、新锐时尚片区、休闲文创片区、文化艺术片区，以及历史体验片区等，促进游客需求与片区特色的匹配（见图 1）。

图 1 江汉路的数智分区管理视图

为了加强对消费者的了解，我们还设计了试用版消费者体验平台，用于后续的调研。为了汇聚相关数据，针对某产品我们同企业进行合作，该企业存储关于产品交易的流水数据及其用户匹配，所有数据基于定位进行关联，可以构建出"百城、千街、万牌"的数据集合（见图 2），以更好地面对新生代的消费者。这种研究更多关注全场景的沉浸式体验，在未来可以通过联合技术将智能场景搭建起来，实现虚实结合，为后续研究提供支撑与帮助。

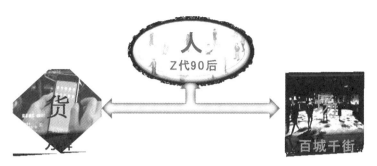

图 2　数智化人—货—场融合平台结构

从未来研究看，管理研究还应强调可信、可靠和可用，力争服务国家发展重大需求。可信性方面，管理研究必须遵循科学性，不能完全拘泥于数字驱动而罔顾事实；可靠性方面，管理研究必须强调研究的严谨性，必须提出可供验证的研究过程；可用性方面，管理研究必须将数据用活，通过数据来推断因果关系，为国家发展提供政策建议和理论支撑。

◎ 参考文献

[1] 欧阳康. 世界现代化历程与中国式现代化新道路 [J]. 决策信息，2022（9）.

[2] 何传启. 中国现代化报告（2020）[M]. 北京：北京大学出版社，2020.

[3] 中国信通院. 中国数字经济发展报告（2022 年）[EB/OL]. [2022/10/23] http：//dsj. guizhou. gov. cn/xwzx/gnyw/202207/t20220711_75506676. html.

[4] 魏江，杨洋，杨佳铭. 数智时代营销战略理论重构的思考 [J]. 营销科学学报，2021（1）.

[5] 刘通，黄敏学，余正东. 心理协同视角下的计算广告：研究述评与展望 [J]. 外国经济与管理，2022，44（7）.

Research on High-quality Development and Management Issues
to Serve the Construction of Chinese Path to Modernization

Huang Minxue

(Economics and Management School, Wuhan University, Wuhan, 430072)

Abstract：The 20th National Congress of the Communist Party of China（CPC）stressed that the great rejuvenation of the Chinese nation should be comprehensively promoted with Chinese path to modernization. The full text interprets the spirit of the 20th National Congress of the Communist Party of China with high-quality development as the starting point, firmly believes that Chinese path to modernization will create a new form of human civilization as the starting point, and proposes to take the real economy as the core, cultivate and develop new fields and new tracks, serve the "four orientations", and propose new research ideas on high-quality development issues. Combined with the research practice of digital intelligence marketing, it is pointed out that it is necessary to link up industry, education and research, make use of national key projects, build a digital intelligence consumption scenario research platform, serve the major needs of the country, and explore the future research path that can serve the construction of Chinese path to modernization.

Key words：Chinese path to modernization；High-quality development；Science and technology driving；Digital intelligence marketing

专业主编：寿志钢

珞珈 管理评论

2022 年卷第 6 辑（总第 45 辑）

Luojia Management Review

No. 6, 2022（Sum. 45）

准确把握新发展格局：复杂性思考与系统性创新 *

● 范如国[1] 谢 骁[2]

（1，2 武汉大学经济与管理学院 武汉，430072）

【摘 要】准确把握新发展格局的内涵和要求，坚定不移走高质量发展之路，对建设中国式现代化具有重要意义。构建新发展格局，要准确把握新发展格局的复杂性特征，还要准确把握新发展格局的重要保证与支撑条件。构建新发展格局需要系统性创新：扫清阻碍双循环发展的各种障碍；进行"供给""需求"双侧改革；强化多层次高水平创新网络建设的国家能力；持续加大系统性、关键技术、关键领域创新；进一步扩大对外开放与对外合作。只有准确把握新发展格局的复杂性特征和系统性创新要求，才能不断增强我们迈向新征程、驾驭复杂局面的能力和本领，牢牢把握发展的主动权，为推动中国式现代化的圆满实现作出积极贡献。

【关键词】新发展格局 复杂性 系统创新

中图分类号：F124 文献标识码：A

1. 引言

习近平同志在党的二十大开幕会报告中指出，"必须完整、准确、全面贯彻新发展理念，坚持社会主义市场经济改革方向，坚持高水平对外开放，加快构建以国内大循环为主体、国内国际双循环相互促进的新发展格局"。无论在理论界还是实践界，新发展格局是 2020 年以来大家都非常关注的一个问题，构建新发展格局是中央根据我国自身发展的阶段和内在要求，以及外部条件变化对宏观形势、国际形势、未来经济政策影响作出的最新判断，是面对复杂的国内国际环境，解决当前及未

* 基金项目：国家社会科学基金重大招标课题"应对重大突发风险城乡社区治理研究"（项目批准号：20&ZD155）；教育部哲学社会科学研究后期资助项目"新时期中国社会风险治理的复杂性理论及其应对策略"（项目批准号：19JHQ091）。

通讯作者：范如国，E-mail：rgfan@ whu. edu. cn。

来相当长一个时期内我国面临的经济及社会发展一系列复杂性问题的重要战略安排。

2. 关于国内国际"双循环"新发展格局

早在 2020 年 4 月召开的中央财经委员会第七次会议上，习近平总书记就首次提出要构建新发展格局；2020 年 5 月，中央政治局常委会提出"要深化供给侧结构性改革，充分发挥我国超大规模市场优势和内需潜力，构建国内国际双循环相互促进的新发展格局"；十九届五中全会对新发展格局作出"加快构建以国内大循环为主体、国内国际双循环相互促进的新发展格局"的重大战略部署。2020 年 8 月 24 日，习近平同志在经济社会领域专家座谈会上，首次将"加快形成以国内大循环为主体、国内国际双循环相互促进的新发展格局理论"作为改革开放以来"不仅有力指导了我国经济发展实践，而且开拓了马克思主义政治经济学新境界"的系列理论之一。可见，新发展格局在中国的当下以及未来相当长的一个时期内，在我们全面深化改革、实现高质量发展、建设社会主义现代化强国、实现中国式现代化的过程中具有很高的理论定位。因此，准确把握新发展格局的内涵和要求，坚定不移走高质量发展之路，对我们建设中国式现代化具有重要的指导意义。

3. 准确把握新发展格局的复杂性特征

构建新发展格局，要准确把握新发展格局的内涵，特别是要准确把握开启和构建新发展格局国内外条件的复杂性特征。

3.1 构建新发展格局是中国进入新发展阶段的内在要求

随着中国社会主要矛盾的转换，当下的中国经济已经从高速度发展阶段进入高质量新发展阶段，中国社会已经从短缺经济层级"跃升"到追求美好生活的更高层级，社会主要矛盾已转化成人民日益增长的美好生活需要和不平衡不充分的发展之间的矛盾，需要紧紧围绕社会主要矛盾推进中国式现代化。中国成为世界第二大经济体已经超过十年，国内生产总值达到 114 万亿元，我国经济总量占世界经济的比重达 18.5%；人均国内生产总值从 39800 元增加到 81000 元。① 制造业规模、外汇储备稳居世界第一。新发展阶段的一个显著要求，就是要从以外向发展为主转向以内部发展为主，结束低附加值生产和粗放式发展及以外向出口为导向的局面，开拓内需，实现经济、社会、科技各方面良性可持续的自我发展、自主发展、高质量发展。随着我国进入追求高质量发展、追求美好生活

---

① 数据来源：中国经济实力实现历史性跃升［EB/OL］. 新华网，http://www.xinhuanet.com/2022-10/26/c_1129080698.htm.

的阶段，我们应该将更多物美价廉、高品质的产品投放在国内市场，服务于内部消费者高质量的需求，这是中国社会不断向前发展的内在要求使然。

3.2　新发展格局是我国应对百年未有之大变局、提升复杂适应性能力的体现

当前，世界正经历百年未有之大变局，国际体系、国际格局、国际力量、全球治理体系都在发生深刻变化，西方整体快速下降，东方发展迅速，世界经济重心加快"自西向东"位移，全球日益成为一个充满不确定性、复杂性的"风险"性社会（范如国，2017），我国发展进入战略机遇和风险挑战并存、不确定难预料因素增多的时期，各种"黑天鹅""灰犀牛"事件随时可能发生（习近平，2022；渥克，2017）。这要求我们深刻理解全球经济社会系统复杂性的基本属性（见图1），增强忧患意识，坚持底线思维，居安思危、未雨绸缪，具备应对复杂性挑战的适应性能力（霍兰，2006；龚小庆，2017），适应性地做出经济和社会发展战略的调整和新的战略谋划，创造性地化解外部不确定性，防范重大经济社会风险的发生。

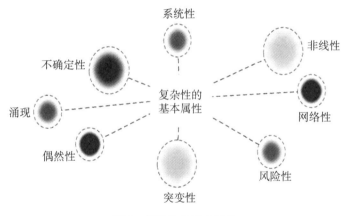

图 1　复杂性的基本属性

3.3　新发展格局是化外部不确定性为内部确定性的创造性谋划

当前和今后一个时期，我国仍然处于发展的重要战略机遇期，但机遇和挑战都在发生新的变化，机遇越来越具有战略性、可塑性，挑战更具有复杂性、全局性、风险性，中美贸易战、俄乌冲突、世纪疫情、逆全球化思潮、单边主义、保护主义等，世界进入新的动荡变革期，中国面临的外部打压遏制随时可能升级。在这些前所未有的挑战面前，我们通过创造性的应对，机遇也会前所未有。面对这些复杂局面，依据复杂科学理论（阿瑟，2018），一个重要的思路，就是化外部不确定性为内部确定性。混沌理论告诉我们，不确定性中有确定性，确定性中有不确定性（斯托加茨，2018）。新发展格局就是应对复杂国际环境变化的战略举措，是化外部不确定性、不稳定性、复杂性为内部确定性、稳定性和简单性的主动的、创造性的战略谋划，无论外部环境怎么变化，"你打你的，我打我的"。

双循环发展新格局要求我们掌握化外部"风险社会"的不确定性为国内发展的确定性，牢牢把握发展的主动权的本领，构建以内循环为主体，内外循环相互促进的新发展格局，弥补发展的外部条件急剧弱化这一"短板"，化外部世界的高度不确定性为国内经济发展的确定性、可控性。通过做好国内自己的事情，充分地发展自己，解决好高质量发展中的各种问题和矛盾，增强自身的综合实力，形成强大的国内市场，最大程度地满足人们对美好生活多层次的需求，最后——化解掉外部的不确定性。

3.4 构建新发展格局是重构高质量发展内外部条件的系统性谋划

当前，国际环境、中美关系、中欧关系等都在发生剧烈变化，有些甚至是突变，中国面对来自外部的讹诈、遏制、封锁和极限施压，层次之多、程度之深、规模之大、影响之重、关系之复杂远远超过了我们的预期（余淼杰，2020）。中国实现自身发展目标的条件出现了重大改变，但发展目标没变：第二个百年奋斗目标没有变、全面深化改革的目标没有变、经济和社会发展的目标没有变，所有的目标都没有变。虽然实现目标的条件变了，但目标函数没变。

因此，面对外部的不确定性，构建新发展格局，重构新的发展条件，解决条件与目标函数之间的不匹配所产生的冲突，实现目标与新条件、新路径、新模式之间的匹配、协同，通过加强内部循环弥补实现经济与社会高质量发展目标的条件，其中的关系如下列结构模型所示（胡运权，2012）：

$$\max z = c_1 x_1 + c_2 x_2 + \cdots + c_n x_n$$

$$\begin{cases} a_{11} x_1 + a_{12} x_2 + \cdots + a_{1n} x_n \leqslant b_1 \\ a_{21} x_1 + a_{22} x_2 + \cdots + a_{2n} x_n \leqslant b_2 \\ \cdots\cdots \\ a_{m1} x_1 + a_{m2} x_2 + \cdots + a_{mn} x_n \leqslant b_m \\ x_j \geqslant 0 (j = 1, 2, \cdots, n) \end{cases}$$

3.5 新发展格局是对出口导向战略的积极校正和系统调整

改革开放 40 多年来，我国一直秉承的是以出口导向为主的开放式经济，改革开放初期我们把 10 亿人口的庞大市场几乎以"零门槛"的方式对外部开放。40 余年间，我国进出口总额从 355 亿元提升至 27.8 万亿元，贸易规模扩大了 782 倍。但这种以出口导向为主的开放式经济政策，也给我们带来了许多严重的问题，比如，我们长期以价廉物美的产品出口欧美市场，支撑了这些国家高品质、低通胀、无环境污染的生活，但这些国家反过来却经常以人权、环境、倾销、知识产权等理由或借口指责、围堵中国，卡我们的脖子；又如，西方国家经济稍有风吹草动就会迅速传导到国内，给中国经济带来极大的干扰；而且出口导向政策有使中国产业体系陷入全球价值链比较优势低水平陷阱的风险（刘元春，2020）。显然，外向型出口导向战略对中国经济及社会而言存在着较大的系统性风险问题。构建新发展格局，就是从以出口导向战略为主的外向型经济转向以扩大内需为主的内向型经济，重点是要立足国内市场，通过加强内部循环弥补长期以来对国内市场重视不够的"亏欠"问题。

3.6 构建新发展格局是化解"两头在外"风险的要求

所谓"两头在外"，即中国经济发展的许多原材料在外和市场在外。2001 年 11 月中国加入 WTO，并迅速成长为全球制造业大国，形成两头在外的经济模式，这种状况导致中国经济对外依存度非常高，一度达到了 60%、70%（国家统计局，2008），带来很大的风险，能源方面的原油、天然气等对外依存度也在 30%左右，这种局面不利于我国经济安全发展的要求。因为两头在外，很容易成为其他国家打压中国的抓手。比如 2006 年前后，美国单方面施压人民币快速升值，否则就加征高额关税，弄得我们相当被动；2018 年美国对中国开启贸易战，给中国经济带来巨大的影响。这些事实告诉我们，必须想方设法把"两头在外"的可能风险降下来。

另外，我们也观察到，国际上一些大的经济体都是内循环为主，例如，印度不加入《区域全面经济伙伴关系协定》（RCEP），原因之一就是印度认为内部可以搞内循环，不愿因为加入 RCEP 而失去某些方面的主权。因此，化解"两头在外"的风险，就要求我们开启和构建新发展格局。

3.7 构建新发展格局是实现中国式现代化的重要保证

中国式现代化是人口规模巨大的现代化，是全体人民共同富裕的现代化，是物质文明和精神文明相协调的现代化，是人与自然和谐共生的现代化，是走和平发展道路的现代化。共同富裕是中国式现代化的一个显著特色，高质量发展是社会主义现代化国家的首要任务，没有坚实的物质技术基础，就不可能全面建成社会主义现代化强国。实现共同富裕下的中国式现代化，归根结底的条件和基础是坚持社会主义市场经济改革方向，加快构建以国内大循环为主体、国内国际双循环相互促进的新发展格局。

3.8 构建新发展格局是中国参与全球治理的重要基础

构建新发展格局的过程，也是一个治理过程，统筹国家治理与全球治理，加强两者的互动协调，提高经济循环效率，提升我国参与国际合作和竞争新优势（陈伟光和聂世坤，2022）。通过构建新发展格局，着力推动高质量发展，做好国内自己的事情，充分地发展自己，解决好高质量发展中的各种问题和矛盾，增强自身的综合实力，形成强大的国内市场，最大程度地满足人们对美好生活多层次的需求，逐步化解掉外部的不确定性。以中国的"稳"和"强"，应对外部的"变"和"乱"，得心应手地积极参与全球治理改革和全球秩序的重构，构建人类命运共同体。

4. 准确认识构建新发展格局的条件

构建新发展格局，不仅要准确把握新发展格局的复杂性特征，还要准确把握构建新发展格局的重要保证与支撑条件。我国在中国共产党的领导下，以完备的产业体系、全球最大的市场，以及高质量发展的经济能力，构建起一个内循环为主体、内外循环互促的新发展格局。概括起来，我们构建新发展格局有以下 3 个"定海神针"：

第一，中国共产党坚强有力的领导与卓越的战略谋划能力，这是实现新发展格局的根本政治保证和组织保障。新发展格局的构建、有力实施及取得显著成效，都需要在党的领导下运筹帷幄，把握复杂的局面，坚定地朝着双循环发展的目标不断努力。新发展格局体现了中央应对疫情以后出现的外部环境变化的一个底线思维，某种程度上也是最坏打算。从现在起，中国共产党的中心任务就是团结带领全国各族人民全面建成社会主义现代化强国、实现第二个百年奋斗目标，以中国式现代化全面推进中华民族伟大复兴。

第二，中国 14 亿多庞大的人口消费市场，这是构建新发展格局的重要国内市场保证。各区域市场的发展存在很大差异性，其中中等收入以上人群的规模超过 4 亿人，与欧盟 27 个国家的全部人口基本持平，要发挥我国这一超大市场规模优势，以国内大循环吸引全球资源要素，增强国内国际两个市场两种资源联动效应。

第三，我国拥有完备的产业体系，这是构建新发展格局的产业保证。中国完备的产业体系，不是在一朝一夕间建立起来的，而是经过近 60 年的谋划、努力和孜孜以求的探索与实践，才发展到今天的结果和成就的。早在 1964 年 12 月，周恩来同志在第三届全国人民代表大会政府工作报告中就提出，从第三个五年计划开始，我国的国民经济发展要分两步来考虑：第一步是建立一个中国独立的、比较完整的工业体系和国民经济体系；第二步是在此基础上全面实现工业、农业、国防和科学技术的现代化，使我国走在世界的前列。依托完备的产业体系，中国经济与社会高质量发展才有坚实的基础和可靠保证，通过构建新发展格局牢牢把握发展主动权（国家发展和改革委员会，2022）。

5. 构建新发展格局需要系统性创新

构建新发展格局，要求我们在准确把握构建新发展格局的复杂性特征和三个重要保证与支撑条件的基础上进行系统性创新。系统性创新不是修修补补，也不是局部改造或单点突破（谢磊，2022），而是对新发展格局全局的各要素、要素之间的复杂关系进行动态、全面的组织、融合与优化。

5.1 构建新发展格局，需要扫清国内阻碍双循环发展的各种障碍

新发展格局，需要构建高水平社会主义市场经济体制，建设现代化产业体系，需要扫清国内阻碍双循环发展的各种障碍。

第一，形成统一的国内市场。构建新发展格局的关键在于实现内部经济循环的畅通无阻，实现人、财、物、信息等各种生产要素在生产、流通、分配、消费等环节的有机衔接，实现要素的高效率循环、周转。国内市场的阻隔化、区域化、碎片化难以支撑双循环新发展格局，难以满足经济与

社会高质量发展全面快速提升的要求。

第二，构建现代化的物流网络。加快发展物联网，建设高效顺畅的流通体系，降低物流成本，实现不同地区的产品、服务在国内市场的顺利循环流通。没有有效的物的流通，双循环也就无从谈起。

第三，建立高标准的市场体系。市场体系是充分发挥市场机制在经济中的基础性作用的前提和条件，只有通过打通产业链、供应链、消费链，建立高标准的要素市场、交易市场，畅通内循环促进双循环，最终形成高质量发展的良性循环。

第四，加快建设现代产业体系，推动经济体系优化升级。坚持把发展经济着力点放在实体经济上，坚定不移建设制造强国、质量强国、数字中国，发展战略性新兴产业，主动在高端化、智能化、绿色化、服务化"四化"上下功夫。

5.2　构建新发展格局需要进行"供给""需求"双侧改革

"要坚持以推动高质量发展为主题，把实施扩大内需战略同深化供给侧结构性改革有机结合起来"（习近平，2022）。构建新发展格局不是仅仅进行"供给"侧改革就可以顺利实现的，需要"供给""需求"双侧改革，双向发力。一方面，提高供给体系的质量，提升产品及服务的附加值，显著增强经济质量优势。深化分配制度、税收制度、教育制度等的改革，扩大高质量供给。推动互联网、大数据、人工智能技术等和实体经济的深度融合，在技术创新、数字经济、人力资本服务等领域培育新增长点，以创新驱动、高质量供给推动和创造新需求。另一方面，要坚持扩大内需这一战略基点，加快培育完整的内需体系，在消费端培育新增长点、形成新动能，解决全球经济下行、疫情持续影响下就业能力下降、购买意愿不强、购买能力不足等问题。尽一切可能增加居民收入，激活消费意愿，增强需求拉动能力，形成需求带动供给，供给创造需求的格局，实现新发展格局下高水平、高质量、有温度的供、需动态平衡。

5.3　强化多层级高水平创新网络建设的国家能力

新发展格局下，面对内外部各种不确定性、复杂性，需要强化国家能力推动下的多层级创新网络体系建设，坚持创新在我国现代化建设全局中的核心地位，完善党中央对科技工作统一领导的体制，健全新型举国体制，强化国家战略科技力量，优化配置创新资源，提升国家创新体系整体效能；坚持科技是第一生产力、人才是第一资源、创新是第一动力，充分发挥中国特色社会主义制度集中力量办大事的优势。以强大的国家能力加大对复杂创新网络中核心企业、核心机构、核心人才、核心高校在基础研究投入、人才培养重点、关键领域创新方面的支持力度；加强对创新关键人才引进、安全保护的力度，加大对创新网络中有潜力人才的培养和战略储备；加大对复杂技术网络中核心技术、关键技术自主研发的支持力度；加强多层级创新平台建设，强化平台各类要素的建设，构建创新生态网络，提升平台治理能力。

5.4 构建新发展格局需要持续加大系统性创新、关键领域创新

新发展格局的最本质要求是实现我国经济、社会、科技发展高水准的自立自强，要注重科技系统性创新，深入实施科教兴国战略、人才强国战略、创新驱动发展战略，开辟发展新领域新赛道，不断塑造发展新动能新优势。科技创新是连接国内、国际循环的关键。当前，面对逆全球化、单边主义、全球经济衰退的复杂性挑战，我们要正视在核心技术、关键领域被人"卡脖子"这一问题，从战略高度深刻认识加强系统性创新的必要性和紧迫性，通过自立自强的科技创新、经济创新、社会创新，把发展的主动权、安全权牢牢地握在手里。

在尊重重大创新复杂性、整体性、系统性、不确定性和关联性要求的前提下，持续强化关键领域核心技术的攻关，持续强化国家的系统性、自主性、独立性、安全性创新能力，尽快形成有中国特色的新技术、新体系、新产业、新优势、新商业模式，改变当前外部环境剧烈变动下的被动应急模式局面，实现中国式的现代化。

5.5 进一步扩大对外开放，以更大力度和胸襟加强对外合作

新发展格局不是要关起门来搞发展，不是权宜之计，不是被迫之举，更不是要隔绝、排斥与国外的交流，相反还要进一步扩大，加强高水平国际合作，以更大的开放力度和心怀若谷的胸襟去应对"去全球化""区域化"，多维度、多路径嵌入全球高端价值链创新网络之中。推动共建"一带一路"高质量发展。有序推进人民币国际化。深度参与全球产业分工和合作，维护多元稳定的国际经济格局和经贸关系。加大与东盟、欧盟、G20 等在创新方面的合作，构建新发展格局下开放、自主、互惠、安全的创新体系。

6. 结语

理论的价值在于充实思想，学习的目的在于指导实践。党的二十大坚持人民至上，立足强基固本，就新时代新征程党和国家事业发展制定了大政方针和战略部署，我们要认真学习，准确把握构建新发展格局的复杂性特征和系统创新要求，不断增强迈向新征程驾驭复杂局面的能力和本领，推动中国式现代化的顺利实现！

◎ **参考文献**

[1] 陈伟光，聂世坤. 构建新发展格局：基于国家治理与全球治理互动的逻辑 [J]. 学术研究，
    2022，446（1）.

［2］樊纲．大变局、双循环与中国经济发展新阶段［J］.北大金融评论，2021，7（2）.

［3］范如国．"全球风险社会"治理：复杂性范式与中国参与［J］.中国社会科学，2017，254（2）.

［4］龚小庆．合作·演化·复杂性［M］.杭州：浙江工商大学出版社，2017.

［5］国家发展和改革委员会．加快构建新发展格局，牢牢把握发展主动权［J］.求是，2022（17）.

［6］国家统计局．中国经济对外依存度超60%［EB/OL］.［2022-11-01］https：//www.chinanews.com/cj/gncj/news/2008/08-05/1335489.shtml.

［7］胡运权．运筹学教程（第四版）［M］.北京：清华大学出版社，2012.

［8］刘元春．正确认识和把握双循环新发展格局［N］.学习时报，2020-09-09（3）.

［9］沈智扬，朱宁，郭维．国际合作与经济增长潜力——来自"一带一路"沿线国家的证据［J］.广东财经大学学报，2020，35（3）.

［10］习近平．高举中国特色社会主义伟大旗帜为全面建设社会主义现代化国家而团结奋斗［EB/OL］.［2022-11-01］http：//www.gov.cn/xinwen/2022-10/25/content_5721685.htm.

［11］习近平．不断开拓当代中国马克思主义政治经济学新境界［J］.求是，2020（16）.

［12］谢磊．创新魄力，塑造变革能力的核心［EB/OL］.［2022-11-01］http：//www.cnnb.com.cn/ll/system/2022/06/23/030364105.shtml.

［13］姚树洁，张帆．区域经济均衡高质量发展与"双循环"新发展格局［J］.宏观质量研究，2021，9（6）.

［14］余淼杰．"大变局"与中国经济"双循环"发展新格局［J］.上海对外经贸大学学报，2020，27（6）.

［15］［美］布·阿瑟．复杂经济学：经济思想的新框架［M］.贾拥民，译.杭州：浙江人民出版社，2018.

［16］［美］米·渥克．灰犀牛：如何应对大概率危机［M］.王丽云，译.北京：中信出版社，2017.

［17］［美］约·霍兰．涌现：从混沌到有序［M］.陈禹，译.上海：上海科学技术出版社，2006.

Understand the New Development Paradigm Accurately：
Complexity Thoughts and System Innovations

Fan Ruguo[1]　Xie Xiao[2]

(1，2　Economics and Management School, Wuhan University, Wuhan, 430072)

Abstract：Accurately understanding the nature and requirements of the new development paradigm, and following the path of high-quality development are of great significance for the construction of Chinese path to modernization. In order to build a new pattern of development, we must gain a good understanding of its complexity features, and the key underpinnings and support conditions of the new development paradigm. The establishment of the new development paradigm requires systematic innovations: clearing various obstacles that hinder the development of dual circulation; carrying out reforms on both "supply" and "demand" sides; strengthening the country's capabilities of constructing high-level innovation networks at multiple levels; continuously increase system innovation, and innovation in key technologies and fields; further expanding openness and cooperation with the outside world. Only by accurately understanding the complexity features and system innovation requirements of building the new development paradigm can we continuously enhance our ability to embark on a new journey and control the complex situation, firmly maintain the initiative of development, so as to make positive contributions to the successful realization of Chinese modernization.

Key words: New development paradigm; Complexity; System innovation

专业主编：许明辉

珞珈管理评论
2022 年卷第 6 辑（总第 45 辑）

Luojia Management Review
No. 6, 2022（Sum. 45）

协同创新网络资源供给、企业创新需求、供需关系与创新绩效[*]

——基于中国科技园数据的实证分析

● 杨震宁[1]　侯一凡[2]

（1，2　对外经济贸易大学国际商学院　北京　100029）

【摘　要】在开放式创新的背景下，越来越多的企业倾向于开展合作创新，构建协同创新网络。依托国内科技园区技术创新调查所获得的 216 份有效数据为样本，讨论协同创新网络资源供给及供需关系对企业创新绩效的影响，以及企业创新需求在其中所起到的调节作用，研究结果显示：第一，协同创新网络资源供给可以促进企业创新绩效的提升；第二，协同创新网络资源供给与企业创新需求之间的综合水平和平衡效应可以促进企业技术创新绩效的提升；第三，协同创新网络资源供给与企业创新需求之间综合水平和平衡效应的协同可以促进企业创新绩效的提升；第四，企业创新需求中的市场渗透需求和政策获取需求可以正向调节协同创新网络资源供给与企业发展绩效之间的关系。为企业利用协同创新网络进行创新提供了新的理论视角和可行的实践对策。

【关键词】协同创新网络　资源供给　创新需求　供需关系　企业创新绩效

中图分类号：F272.3　　　　文献标识码：A

1. 引言

随着经济全球化的发展，企业所依赖的创新资源呈指数增长，企业积极寻求多种方式与外部主体开展交流与合作（杨震宁等，2021），封闭式创新模式难以满足企业的创新需求，产生了灵活多变

---

*　基金项目：国家自然科学基金面上项目"数字化转型背景下中国企业的开放式创新网络：过程模式、影响机制与平衡效应"（项目批准号：72172035）；教育部人文社会科学研究规划基金项目"中国企业的开放式创新研究：边界依赖、技术环境变迁与技术战略"（项目批准号：20YJA630080）；对外经济贸易大学惠园杰出青年学者资助项目"中国企业的开放式创新：基于'竞合'关系与制度环境视角"（项目批准号：19JQ02）。

通讯作者：侯一凡，E-mail：hou_yifan@163.com。

的开放式创新逻辑（Cassiman and Valentini，2016）。在开放式创新的背景下，越来越多的企业倾向于开展合作创新，与其他企业（如客户、供应链企业、竞争企业等）、中介机构、大学和科研机构、政府等主体展开合作，构建协同创新网络（解学梅，2010）。同时，中国目前还面临着很强的创新要素供需不平衡的问题（范斐等，2021），党的十九届五中全会明确提出要优化供给结构，改善供给质量，提升供给体系对国内需求的适配性。因此，在讨论协同创新网络所带来的创新资源优势的同时，还有必要从企业需求的视角探讨供需的平衡性对于企业创新而言的重要理论和现实意义。

目前对协同创新网络的研究主要有几种情况：一是协同创新网络的概念、结构、机理、研究现状和展望等相关理论和案例研究（解学梅和曾赛星，2009；刘丹和闫长乐，2013）；二是协同创新网络的影响研究，如对企业创新绩效的影响（解学梅，2010）、对区域创新系统的作用（崔永华和王冬杰，2011）、对国家科研能力的建设（陈劲，2011）；三是对影响协同创新网络的因素进行研究，如企业网络嵌入（尚林，2015）、企业合作能力（郑胜华和池仁勇，2017）等。可以发现，大部分相关研究聚焦于协同创新网络的某一方面特征，没有建立起一个综合的评价指标，特征与特征之间也未建立有效联系，同时还未有从协同创新网络和企业的"双视角"进行研究的相关文章。

基于上述理论背景和现实背景，本文认为有必要从一个新的视角对协同创新网络与企业创新绩效的关系进行探讨。本文可能存在的贡献在于：

其一，在研究协同创新网络资源供给和企业创新需求时，在模型中加入了供给和需求两者之间关系的相关探讨，并将关系细化为"综合水平""平衡效应"和"协同效果"三个维度，为相关研究形成一种新的研究思路。同时，在研究两个变量之间的关系时，以往的研究中已存在对于综合水平和平衡效应这两个维度的单独研究，但是将两个维度同时纳入模型并且将两个维度进行交互形成第三个维度的研究却比较少，这种交互关系可以进一步解释以往相关研究中未能解释的部分。

其二，以协同创新网络资源供给为自变量，以企业创新需求为调节变量，既从网络的视角研究"供"，又从企业的视角研究"需"，并将二者相结合研究"供需关系"，从"企业—网络"双视角和"供给—需求"动态平衡两方面丰富了协同创新网络相关研究。

其三，依托国内科技园区技术创新调查所获得的 216 份有效数据为样本，问卷既结合了经典量表，也进行了特色性更新，体现了研究特色。

2. 理论基础与研究假设

2.1 协同创新网络资源供给对企业创新绩效的影响

协同指的是两个或多个企业之间资源共享、互相合作，共同进行价值创造（Ansoff，1987）。协同创新指的是在一个创新生态系统中的企业通过密切合作，充分利用系统资源，完成产品或技术的产生、扩散、应用的全过程以提高创新绩效（刘丹和闫长乐，2013）。协同创新相较于与传统的"产学研一体化"更加复杂，已超越了传统产学研合作的边界（刘丹和闫长乐，2013），经历了从"线性模式"到"平面模式"再到"网络模式"的发展。

　　协同创新网络指的是企业在创新过程中，同其他企业（如客户、供应链企业、竞争企业等）、中介机构、大学和科研机构、政府等创新主体，通过交互和协同作用建立起资源、技术、市场之间的纽带，从而实现各个主体间的资源共享、知识传递和技术扩散，推动知识和技术的增值以及创新的产生（刘丹和闫长乐，2013），协同创新网络与创新网络相比，更加强调创新主体间的知识交互和技术转移以及创新行为的协同效应（解学梅，2010）。各个关键概念之间的关系如图 1 所示。

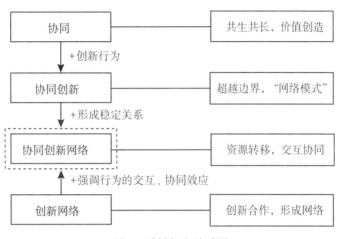

图 1　关键概念关系图

　　就协同创新网络影响企业创新绩效的路径而言，协同创新网络在供给企业所需的创新资源的同时，可以产生资源聚合效应、风险共担效应和资源反馈效应，从而促进企业创新绩效的提升（唐丽艳等，2012）。具体而言，协同创新网络的资源聚合效应指的是聚集人才、资金、知识、信息等创新资源，最大限度发挥创新资源的潜力，原本单纯依靠一家企业无法完成的技术创新活动变得可行，产生"1+1>2"的创新效果；风险共担效应指的是在协同创新的过程中，各网络主体共同承担创新的风险和成本，使得单一企业进行创新活动的风险和成本大大降低，促进了创新的稳定性和可持续性，提高了创新的成功率以及创新主体的创新热情和信心（唐丽艳等，2012）；资源反馈效应指的是协同网络中为企业提供资源的政府、大学和科研机构、金融和中介机构、行业协会等在供给资源的同时，可以及时得到企业的创新反馈，不断调整创新资源的供给，使得企业创新活动更加稳定和完善。

　　协同创新网络中的主体主要有其他企业（如客户、供应链企业、竞争企业等）、中介机构、大学和科研机构、政府等（Pekkarinen and Harmaakorpi，2006）。不同的主体通过资源的供给、共享和转移等方式推动创新企业的创新绩效提升：协同创新网络中的创新企业与其他企业如客户、供应链企业、竞争企业之间具有交互协作关系，通过共享产品开发和改进的信息、知识以及技术的交流合作、基础设施的共享等，形成协同创新链，可以优化资源配置，提高创新绩效（邵云飞和谭劲松，2006；Tether，2002）。中介机构是协同创新网络的重要成员，通过联结各创新主体，提供信息交流和沟通、知识转移和整合、鉴定评估、孵化和商业化等服务，是创新主体的价值创造和技术转移之间的有效桥梁（Howells，2006）。中介机构所提供的外部资金支持以及咨询、管理的中介服务可以有效促进企业创新绩效的提升（Ni et al.，2014；苟燕楠和董静，2014；亢梅玲等，2022）。大学和科研机构是协同创新网络的重要成员，可以为创新企业提供大量的人才、知识和技术支持（Razak and Saad，2007），促进企业创新研发的开展和专利的产生（Fritsch and Franke，2004），是实现创新的有效方式（Pekkarinen and Harmaakorpi，2006），有利于企业创新绩效的提升（Nieto and Santamaría，2007）。政府在协同创新网络中往往起到主导性的作用，其主导作用主要通过经济和技术政策的制定、机制的安排和引导以及基础设施的供给等方面得以体现，可以有效串联起网络内的各主体，充分促进网络内资源的流动和整合，使得协同创新网络稳定运作，推动网络内各主体的创新（刘丹和闫长乐，2013）。如果政府的主导作用没有得到充分发挥，则会影响整个协同创新网络内部联结的紧密性（解学梅和曾赛星，2009），从而影响创新绩效。除此之外，企业通过合理嵌入创新网络，可以提高资源获取能力和风险共担水平，以有效避免创新带来的风险，提升创新绩效（王罡，2019）。协同创新网络中各主体之间的关系如图 2 所示。

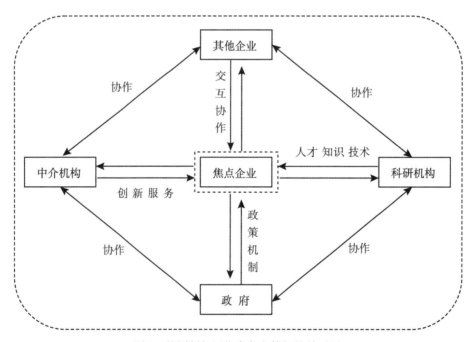

图 2 协同创新网络中各主体间的关系图

综上，政府对基础设施建设的投入、良好的人才引进机制和 R&D 投入、融资渠道的多样性、知识产权保护和创新文化氛围、技术和知识的增值与外溢、政府的支持和促进政策等因素对于协同创新网络中的企业创新绩效提升均具有促进作用（解学梅，2010），以上因素分别体现了协同创新网络的基础设施供给、技术服务供给、资金服务供给、文化服务供给、市场服务供给、政策服务供给在促进企业创新绩效提升中的作用。本文将协同创新网络资源供给划分为六个维度——基础设施供给、技术服务供给、资金服务供给、文化服务供给、市场服务供给、政策服务供给。该变量维度划分所参考的文献主要是杨震宁等学者所发表的科技园的相关文献，具体为：杨震宁等（2007）将科技园对企业提供的资源支持分为技术环境、文化氛围、地区吸引力、政府政策、资金环境、市场对接六个维度；杨震宁等（2008）将科技园为企业所提供的创新供给概括为创新环境，并将其分为办公服务和文化氛围、资金服务、技术服务、市场服务四个维度；杨震宁等（2015）将科技园为企业所提供的创新供给概括为"温床效应"，并将其分为技术创新驱动平台、基础设施服务、管理咨询服务、创新文化服务、市场对接服务五个维度。

据此，本文提出以下研究假设：

H1a：协同创新网络的基础设施供给可以促进企业创新绩效的提升。

H1b：协同创新网络的技术服务供给可以促进企业创新绩效的提升。

H1c：协同创新网络的资金服务供给可以促进企业创新绩效的提升。

H1d：协同创新网络的文化服务供给可以促进企业创新绩效的提升。

H1e：协同创新网络的市场服务供给可以促进企业创新绩效的提升。

H1f：协同创新网络的政策服务供给可以促进企业创新绩效的提升。

2.2　协同创新网络资源供给与企业创新需求的关系对企业创新绩效的影响

对两个变量之间既对立又统一的关系的探索深深嵌入在管理学研究之中：He 和 Wong（2004）构造探索式创新战略和利用式创新战略之间的交互项（fit as moderating）和绝对差（fit as matching），研究结果表明探索式创新战略和利用式创新战略之间的交互项与企业销售增长率正相关，绝对差与企业销售增长率负相关（即绝对差越小，越有利于销售增长率的增长）。Cao 等（2009）研究探索式行为和利用式行为对企业绩效的影响，构造了交互项（combined dimension）和绝对差（balance dimension）两个关系维度以及两个关系维度之间的协同作用来研究二者之间的关系，研究结果表明两个关系维度通过不同的因果机制产生作用，即探索和利用的绝对差通过减轻过度承诺带来的风险来提高企业绩效，探索和利用的交互项通过互补资源的开发和利用来提高企业绩效，探索和利用的交互项与绝对差的协同通过允许现有知识和资源被更充分地利用以获得新的能力，以及允许新知识和资源更充分地融入现有的能力库来提高企业绩效。Jin 等（2015）构建了知识深度和知识广度的乘积项（balance），研究结果表明知识深度和知识广度的乘积项有利于企业利用式创新绩效提升。综上可以发现，对两个变量之间关系的研究可以分为三个维度，一是构造交互项来研究二者的综合水平、综合维度，二是构造绝对差来研究二者的平衡效应、平衡维度，三是将以上两个维度同时纳入模型即构造综合水平和平衡效应的交互项来研究二者之间的协同效果、协同维度。

协同创新网络资源供给与企业创新需求之间的综合水平指的是供需的总量，供需都很高或者有一方很高均会造成综合水平较高。从供给角度而言，第一，企业在自主创新过程中往往面临着资源不足的困扰，通过加入协同创新网络可以有效实现自身资源的补充（唐丽艳等，2012），这种情况下，协同创新网络所提供的资源越充足，则越能够满足不同企业资源需求量的差异，为更多的企业提供资源供给，因此协同创新网络的资源供给越多，对于企业创新的促进作用越强。第二，协同创新网络面临着企业退出的风险（饶卫振等，2021），一个资源供给充足的协同创新网络不仅会吸引更多更优质的企业加入，同时还会增强网络成员的黏性，有利于增加网络规模。网络规模越大，企业的合作伙伴越多，可吸收的资源也越广泛，从而可以增加企业的创新产出（Schilling and Phelps，2007）、提升企业的创新能力（任胜钢等，2011）和创新绩效（Baum et al.，2000；Lechner and

Leyronas，2007）。从需求角度而言，企业的创新需求具有自强化效应，企业对于人才、资金、技术等创新要素的需求越高，则越容易导致网络中可以提供这些资源的其他主体的创新产出增加，从而形成协同创新网络内新的创新供给，企业的创新意愿与新的创新供给相结合，则会引发新一轮的创新行为（李丽，2016）。由此可见，当需求较高时，会引发供给的随之增加，从而使得供需总量增加，进而促进企业创新。

协同创新网络资源供给与企业创新需求之间的平衡效应指的是供需之间的差距很小，供需水平可以相互匹配。部分协同创新网络是面向特定的行业或创新需求而产生的（胡平等，2016），因此企业的创新需求是否与协同创新网络所能提供的资源一致，即"供需平衡"，对于企业实现创新目的，提升创新绩效至关重要。供需平衡是影响区域合理利用优势资源禀赋实现可持续发展的重要因素（刘凌燕等，2020）。协同创新网络中的创新供给和创新需求具有交互作用和耦合发展的特征，只有创新供给和需求的平衡发展，才有利于充分调动各种创新资源，提高创新效率，促进创新发展（范斐等，2021）。

协同创新网络资源供给与企业创新需求之间的协同效果指的是综合水平和平衡效应的交互，当供需的综合水平和平衡效应均达到较高水平时，协同效果最好。此时综合水平高所带来的优势与平衡效应强所带来的益处得以结合，对企业创新绩效产生双重促进作用。

本文建立起协同创新网络资源供给与企业创新需求之间的联系，来研究创新资源的供需关系对企业创新绩效的作用并借鉴 Venkatraman（1989）、He 和 Wong（2004）、Cao 等（2009）、Jin 等（2015）以及杨震宁等（2021）对于两者关系的研究方式，通过构造两者的乘积项来衡量两者之间的综合水平，构造两者的绝对差来衡量两者之间的平衡效应，构造综合水平和平衡效应的交互项来衡量综合水平和平衡效应的协同作用。另外，由于本文中的绝对差的数值位于 0~3.7 范围内，为了便于解释，借鉴 Cao 等（2009）的方法，用 5 减去绝对差来代表平衡效应，将该数值大小进行逆转，从而使得该数值越高表示平衡效应越好。

据此，本文提出以下研究假设：

H2a：协同创新网络资源供给与企业创新需求的综合水平可以促进企业创新绩效的提升。

H2b：协同创新网络资源供给与企业创新需求的平衡效应可以促进企业创新绩效的提升。

H2c：协同创新网络资源供给与企业创新需求的综合水平和平衡效应的协同可以促进企业创新绩效的提升。

2.3 企业创新需求的调节作用

创新主体、创新需求和创新方案是构成开放式创新网络的三个维度（单晓红等，2020）。企业创新的关键不是研发能力的提升和新技术的产生，而是企业对所需要的创新资源加以利用的意愿和能力，在企业创新需求的驱动下，企业选择合适的伙伴进行合作创新，继而再提升创新的管理能力和研发能力，是创新成功的必要条件（卢彬彬，2017）。本文所研究的创新需求，可以理解为企业选择加入协同创新网络的原因和想要实现的目标，即企业想要利用协同创新网络所提供的哪些资源来进行创新活动，也可以理解为企业加入协同创新网络的战略动机和驱动力。

企业的创新需求具有异质性（周炜等，2021），协同创新网络中的企业具有多样化的创新需求。Roure 和 Keely（1989）认为，企业进行合作创新主要是为了获取更多的外部资源，尤其是市场资源和政府的政策支持。Quintas 等（1992）认为科技园等协同创新网络最大的优势就是可以满足企业进行技术获取的意愿和技术创新的动力。Fukugawa（2006）将企业加入创新网络的原因概括为四种：一是进入并获得市场的需求，二是与大学和研发机构进行技术交流和技术获取的需求，三是树立企业形象、扩大知名度的需求，四是获取地理位置优势的需求。杨震宁等（2008）认为企业加入协同创新网络的驱动力主要有获取技术的需求、获取市场的需求、获取商誉的需求和其他需求，并在研究过程中划分为技术获取需求、市场渗透需求和政策获取需求。

企业的创新需求能够对协同创新网络资源供给与企业创新绩效之间的关系产生调节作用。积极的战略动机有助于企业在合作创新中获得更高的产品创新绩效、研究开发绩效、公司发展绩效、技术领先绩效、研发资金利用绩效和政策获取绩效（杨震宁等，2008）。企业的创新需求可以推动政府推行积极的创新政策，激励企业通过合作的方式产生更多的创新成果，创新成果的丰富又进一步产生了更大的创新需求（李丽，2016），这种良性循环则可以推动企业创新绩效的提升。企业创新需求中的人才需求、资金需求和技术需求对区域技术开发和转化绩效具有积极影响（李丽，2016）。企业的技术获取需求能够推动对外投资和创新投入的增加，对技术进步产生拉动作用，进而提高创新绩效（王晓红和李娜，2021）。企业创新需求可以促进科研机构有针对性地开展科研工作，为企业提供其迫切需要的技术和知识资源，从而有利于技术转移和创新能力提高（Bercovitz and Feldmann，2006；王晓红和李娜，2021）。另外，企业创新需求的增长会催化创新供给系统的不断优化，强化创新资源供给对企业创新绩效的促进作用（范斐等，2021）。

综上，本文借鉴相关研究，将企业创新需求概括为技术获取需求、市场渗透需求、政策获取需求。据此，本文提出以下研究假设：

H3a：企业的技术获取需求可以正向调节协同创新网络资源供给与企业创新绩效之间的关系。

H3b：企业的市场渗透需求可以正向调节协同创新网络资源供给与企业创新绩效之间的关系。

H3c：企业的政策获取需求可以正向调节协同创新网络资源供给与企业创新绩效之间的关系。

综上所述，本文的研究模型如图 3 所示。

3. 研究设计

3.1 数据来源和样本

本文的数据来源于 2019 年 7 月至 2020 年 5 月在全国范围内进行的中国企业利用国内科技园区资源进行技术创新调查，调查对象为入驻全国各地科技园（如北京中关村科技园、深圳软件园等）的企业，问卷填写人员为企业的中高层管理者。此次调查共发放问卷 600 份，回收了 276 份，为了便于研究，剔除不符合研究情境的样本和缺失值较多的无效样本，最终获得 216 份有效样本数据用于本研究，样本的描述性统计特征如表 1 所示。

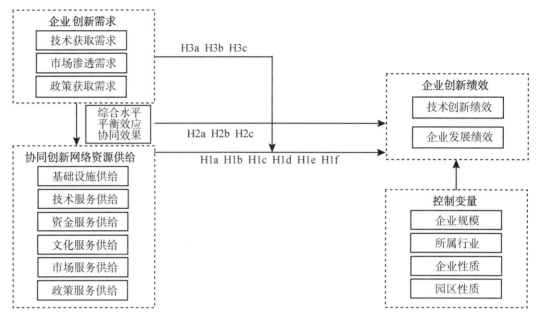

图 3　研究模型

表 1　　　　　　　　　　　　　　样本的描述性统计特征

属　性	分类	样本数量	百分比
企业规模	100 人以下	132	61.11
	100~500 人	69	31.94
	501~1000 人	2	0.93
	1001~3000 人	12	5.56
	3000 人以上	1	0.46
所属行业	电子信息	87	40.28
	IT 通信	38	17.59
	软件	34	15.74
	航空航天	1	0.46
	光机电行业	8	3.70
	家电	1	0.46
	能源	2	0.93
	生物、医药和医疗器械	24	11.11
	新材料	4	1.85
	环保	0	0.00
	农业	2	0.93
	其他	15	6.94

续表

属　　性	分类	样本数量	百分比
企业性质	国有企业	16	7.41
	民营企业	118	54.63
	合资企业	36	16.67
	股份制企业	20	9.26
	上市公司	26	12.04
园区性质	综合性科技园区	33	15.28
	基础科学研究园区	64	29.63
	技术研发科技园	30	13.89
	软件工业园	41	18.98
	大规模生产基地	48	22.22

3.2　变量测量

本文数据均通过调查问卷进行收集，所有变量的测量题项均借鉴 Sherman（1999）、Chen 等（2004）、杨震宁等（2007）、杨震宁等（2008）、杨震宁等（2015）等相关研究，各变量的具体测量题项详见表 2。如无特别说明，则均采用 7 分制的 Likert 量表进行变量测量，"1"代表完全不认同或程度很低，"7"代表完全认同或程度很高。

表 2　　　　　　　　　　　各变量因子分析结果

变量	提取因子	测　量　条　目	因子载荷	Cronbach's Alpha 系数	累积解释方差/%	CR	AVE	KMO	Bartlett 球形检验（Sig.）
协同创新网络资源供给	基础设施供给	科技园提供托儿所、泊车位等生活设施	0.835	0.884	17.687	0.871	0.578	0.865	7818.483（0.000）
		科技园提供一部分办公设施	0.812						
		科技园提供银行、商业、邮政等基础设施	0.811						
		科技园提供图书馆等文化设施	0.700						
		科技园的房产价格和房产租金尽量低廉	0.621						

续表

变量	提取因子	测　量　条　目	因子载荷	Cronbach's Alpha 系数	累积解释方差/%	CR	AVE	KMO	Bartlett 球形检验（Sig.）
协同创新网络资源供给	技术服务供给	科技园帮助企业与当地的技术机构牵线搭桥	0.768	0.905	32.273	0.855	0.496	0.865	7818.483（0.000）
		科技园帮助企业实现技术与市场的对接	0.743						
		科技园为企业提供技术跟踪的相关信息	0.689						
		科技园对自主创新产品进行宣传并实施奖励	0.680						
		科技园帮助企业对研发成果进行评估	0.679						
		科技园帮助企业申请专利成果保护知识产权	0.658						
	资金服务供给	科技园帮助企业取得银行贷款	0.852	0.898	45.021	0.812	0.468		
		科技园为企业提供融投资咨询服务	0.647						
		科技园帮助企业寻找当地的投资渠道	0.644						
		科技园设立企业研发种子基金	0.629						
		科技园帮助企业获取当地税收优惠	0.621						
	文化服务供给	科技园组织园内企业间的人才交流活动	0.801	0.829	56.870	0.749	0.502		
		科技园附近居民对园内企业有较高的文化认同	0.703						
		科技园设立咨询、审计、培训机构	0.609						
	市场服务供给	科技园提供市场预测的咨询服务	0.807	0.805	67.011	0.727	0.573		
		科技园为企业提供产品进入当地市场的帮助	0.703						
	政策服务供给	科技园帮助企业获得当地政府的技术和人才支持	0.667	0.733	76.982	0.608	0.437		
		科技园帮助企业获得当地政府的财政支持	0.655						

续表

变量	提取因子	测量条目	因子载荷	Cronbach's Alpha系数	累积解释方差/%	CR	AVE	KMO	Bartlett球形检验（Sig.）
企业创新需求	技术获取需求	吸收研发成果，从技术转移中学习	0.804	0.901	32.276	0.890	0.503	0.850	2152.788（0.000）
		获取技术资源	0.719						
		应对竞争和实施公司发展战略	0.715						
		为其他地区子公司提供产品、工艺等方面的技术支持	0.711						
		获得低成本的人力资源	0.707						
		规避地区贸易壁垒，直接投资进入市场	0.684						
		从科技园内竞争公司、合作公司处获得战略支持	0.662						
		获得资金支持	0.660						
	市场渗透需求	国内科技园区减免税收等相关优惠政策	0.782	0.711	49.958	0.745	0.496		
		获得高质量的专业性人才	0.707						
		加强搜寻国内市场需求和交易信息的能力	0.614						
	政策获取需求	获得我国政府的支持	0.829	0.827	66.652	0.798	0.572		
		获得地方政府的支持	0.812						
		强化公司的竞争形象和声誉	0.609						
企业创新绩效	技术创新绩效	公司成员的技术水平提高	0.828	0.928	30.725	0.924	0.550	0.887	3710.689（0.000）
		产品的市场竞争力提高	0.827						
		产品的附加值提高	0.799						
		公司成员的创新意识提高	0.757						
		园内企业创造了更多的专利成果	0.749						
		园内企业在当地学习到了先进的技术和管理经验	0.703						
		产品的市场份额提高	0.694						
		公司成员的生产积极性提高	0.687						
		研发人员的技术水平提高	0.681						
		公司可以迅速吸收前沿技术	0.666						

续表

变量	提取因子	测 量 条 目	因子载荷	Cronbach's Alpha 系数	累积解释方差/%	CR	AVE	KMO	Bartlett 球形检验（Sig.）
企业创新绩效	企业发展绩效	公司的离职率很低	0.811	0.919	61.141	0.918	0.528	0.887	3710.689（0.000）
		公司建立了有效的考评体系	0.796						
		入驻科技园促进了公司产品国际化	0.770						
		公司能够吸引各地优秀人才	0.742						
		公司的新技术能够很快产业化	0.727						
		公司管理和研发水平提高	0.716						
		公司制定了明确的研究规划	0.715						
		公司统一管理研究规划、人才和预算	0.704						
		公司成员关系融洽、合作顺畅	0.655						
		入驻科技园有助于公司在当地树立产品品牌	0.609						

注：采用主成分分析法，表中数值为采用 Varimax 旋转后的因子载荷标准。

选取企业创新绩效作为因变量，将其分为技术创新绩效和企业发展绩效，这么做是因为，本文的因变量聚焦于科技园内企业的创新绩效，杨震宁等（2008）和杨震宁等（2015）的相关研究中将其划分为产品创新绩效、研究开发绩效、技术领先绩效、研发资金利用绩效、政策获取绩效、企业发展绩效，由于前四种绩效均与技术创新相关，本文将前四种概括为技术创新绩效从而进行简化，同时由于自变量对于政策获取进行了充分探讨，在因变量中未讨论政策获取绩效的维度，综上形成了本文因变量的两个维度——技术创新绩效和企业发展绩效。选取协同创新网络资源供给作为自变量，将其分为基础设施供给、技术服务供给、资金服务供给、文化服务供给、市场服务供给、政策服务供给六个维度。选取企业创新需求作为调节变量，将其分为技术获取需求、市场渗透需求和政策获取需求三个维度。

选取企业规模、所属行业、企业性质、园区性质作为控制变量。通过对企业从业人数的测量来衡量企业规模，并分为五个等级——100 人以下、100~500 人、501~1000 人、1001~3000 人、3000人以上；所属行业分为电子信息、IT 通信、软件、航空航天等 12 个领域；企业性质分为五类——国有企业、民营企业、合资企业、股份制公司、上市公司；园区性质分为五类——综合性科技园区、基础科学研究园区、技术研发科技园、软件工业园、大规模生产基地。

3.3　共同方法偏差和信效度检验

（1）共同方法偏差。由于本文所采用的问卷由同一人在同一时点进行填写，可能会存在同一来源数据的共同方法偏差的问题（Podsakoff et al.，2003），因此本文采用 Harman 单因素检验的方法来检验是否受到此问题的严重影响，结果表明旋转后的第一主成分所解释的方差比例为 11.510%，低于 40% 的要求，不存在严重的共同方法偏差问题。

（2）信度与效度检验。本文利用 SPSS 23.0 软件对量表进行探索性因子分析（EFA），并利用 EQS 6.3 软件对量表进行了验证性因子分析（CFA），因子分析结果如表 2 所示。结果显示，各因子的 Cronbach's Alpha 系数均大于 0.7，组合信度系数（CR）均大于 Fornell 和 Larker（1981）所建议的 0.6 的临界值，表明量表具有较好的信度。所有量表题项的因子载荷值均大于 0.6，表明量表具有较好的聚合效度（Bagozzi et al.，1991）。Bartlett 球形检验值达到显著性水平（$p<0.000$），各变量的累积解释方差均大于 60%，KMO 值均大于 0.8，说明题项的内容可以解释此变量大部分信息。各变量平均提炼方差的平方根（AVE）均大于其与其他变量的相关系数，说明度量指标具有较高的判别效度（Fornell and Larker，1981）。综上，说明本文所用数据具有较好的结构效度水平。

4. 实证结果与分析

4.1 描述性统计与相关性分析

本文使用 Stata15.1 对变量进行了描述性统计和相关性分析，结果如表 3 所示。可以发现，各自变量之间的 Pearson 相关系数均小于 0.8，不存在严重的多重共线性（Rockwell，1975）。同时，对自变量进行了方差膨胀因子（VIF）检验，各自变量的方差膨胀因子均小于 10，再次验证了不存在严重的多重共线性。

4.2 层次回归分析

本文采用 Stata15.1 软件对变量进行层次回归分析。首先，构造双因素交互效应乘积项，为了防止自变量、调节变量与构造的乘积项出现高度的相关，将自变量和调节变量进行了中心化处理（Aiken and West，1991）；其次，按照模型设定，每次将自变量、调节变量、控制变量、双因素交互项中不同的变量加入模型进行回归分析，在检验调节效应时，如果双因素交互项的系数方向与假设一致并且显著，则可以认为调节效应存在（温忠麟等，2012）。除此之外，通过稳健的标准误来减小异方差问题。

4.2.1 主效应检验

表 4 是以技术创新绩效为因变量的主效应层次回归结果，表 5 是以企业发展绩效为因变量的主效应层次回归结果。在模型（1）~（6）中，基础设施供给、技术服务供给、资金服务供给、文化服务供给、市场服务供给、政策服务供给的系数均为正且显著（$\beta=0.229$，$p<0.01$；$\beta=0.296$，$p<0.01$；$\beta=0.389$，$p<0.01$；$\beta=0.217$，$p<0.01$；$\beta=0.272$，$p<0.01$；$\beta=0.322$，$p<0.01$），表明协

表 3

各变量的均值、标准差和相关系数

变量	1	2	3	4	5	6	7	8	9	10	11	12	13	14
1 企业规模	(1.20)													
2 所属行业	0.249***	(1.23)												
3 企业性质	-0.196***	-0.086	(1.27)											
4 园区性质	0.095	0.212***	-0.004	(1.21)										
5 基础设施供给	-0.210***	-0.174***	0.140**	-0.113	(2.47)									
6 技术服务供给	0.006	-0.109	0.077	-0.095	0.569***	(2.15)								
7 资金服务供给	-0.055	-0.239***	-0.060	-0.333***	0.561***	0.532***	(3.39)							
8 文化服务供给	0.003	-0.083	0.108	-0.092	0.595***	0.526***	0.647***	(2.23)						
9 市场服务供给	0.082	-0.170**	-0.220***	-0.158**	0.321***	0.550***	0.594***	0.393***	(2.37)					
10 政策服务供给	-0.054	-0.093	0.036	-0.156**	0.493***	0.495***	0.707***	0.536***	0.616***	(2.64)				
11 技术获取需求	-0.018	-0.090	-0.007	-0.103	0.162**	0.238***	0.141**	0.205***	0.18**	0.157**	(1.85)			
12 市场渗透需求	-0.109	-0.182***	-0.025	-0.113	0.392***	0.351***	0.218***	0.225***	0.125*	0.196***	0.595***	(2.47)		
13 政策获取需求	0.005	-0.138**	-0.024	-0.138**	0.063	0.209***	0.157**	0.118*	0.168**	0.337***	0.589***	0.612***	(2.11)	
14 技术创新绩效	0.210***	-0.015	-0.028	-0.091	0.110	0.312***	0.352***	0.254***	0.407***	0.319***	0.206***	-0.009	0.148**	—
15 企业发展绩效	-0.001	-0.052	-0.011	-0.011	0.474***	0.467***	0.378***	0.347***	0.283***	0.157**	0.259***	0.261***	0.109	0.574***

注：*、**、***分别表示在 10%、5% 和 1% 的水平下显著；括号内为将全部自变量纳入回归时的 VIF 值。

同创新网络的基础设施供给、技术服务供给、资金服务供给、文化服务供给、市场服务供给、政策服务供给均可以促进企业技术创新绩效的提升；在模型（11）～（16）中，基础设施供给、技术服务供给、资金服务供给、文化服务供给、市场服务供给、政策服务供给的系数均为正且显著（$\beta = 0.456$，$p<0.01$；$\beta = 0.362$，$p<0.01$；$\beta = 0.384$，$p<0.01$；$\beta = 0.253$，$p<0.01$；$\beta = 0.189$，$p<0.01$；$\beta = 0.289$，$p<0.01$），表明协同创新网络的基础设施供给、技术服务供给、资金服务供给、文化服务供给、市场服务供给、政策服务供给均可以促进企业发展绩效的提升。综合两表可知，假设 H1a、H1b、H1c、H1d、H1e、H1f 均得到验证。

表4　　　　　　　　　　　主效应层次回归结果（技术创新绩效为因变量）

变量	技术创新绩效									
	（1）	（2）	（3）	（4）	（5）	（6）	（7）	（8）	（9）	（10）
企业规模	-0.059 (0.092)	-0.058 (0.085)	0.006 (0.083)	-0.066 (0.088)	-0.014 (0.085)	-0.065 (0.090)	-0.015 (0.081)	0.017 (0.083)	0.014 (0.082)	-0.002 (0.084)
所属行业	控制	控制	控制	控制	控制	控制	控制	控制	控制	控制
企业性质	-0.055 (0.057)	-0.052 (0.054)	0.029 (0.054)	-0.054 (0.058)	-0.032 (0.057)	-0.034 (0.057)	-0.016 (0.056)	-0.023 (0.057)	-0.011 (0.058)	-0.021 (0.057)
园区性质	0.189*** (0.055)	0.146*** (0.055)	0.164*** (0.054)	0.155*** (0.057)	0.140*** (0.053)	0.175*** (0.054)	0.157*** (0.053)	0.194*** (0.055)	0.190*** (0.054)	0.199*** (0.055)
技术获取需求	0.239*** (0.082)	0.220*** (0.079)	0.233*** (0.080)	0.207** (0.079)	0.204*** (0.075)	0.253*** (0.074)	0.216*** (0.077)			
市场渗透需求	-0.324*** (0.094)	-0.314*** (0.078)	-0.263*** (0.074)	-0.253*** (0.080)	-0.202*** (0.071)	-0.228*** (0.075)	-0.305*** (0.073)			
政策获取需求	0.185* (0.104)	0.134 (0.092)	0.122 (0.096)	0.143 (0.100)	0.088 (0.087)	0.062 (0.095)	0.132 (0.093)			
基础设施供给	0.229*** (0.075)									
技术服务供给		0.296*** (0.062)								
资金服务供给			0.389*** (0.069)							
文化服务供给				0.217*** (0.063)						
市场服务供给					0.272*** (0.045)					

续表

变量	技术创新绩效									
	（1）	（2）	（3）	（4）	（5）	（6）	（7）	（8）	（9）	（10）
政策服务供给						0.322***				
						(0.069)				
协同创新网络资源供给							0.466***	-0.356	0.484***	0.296
							(0.078)	(0.404)	(0.092)	(0.526)
企业创新需求								-0.860*	-0.051	-0.266
								(0.444)	(0.096)	(0.521)
综合水平								0.157**		-0.050
								(0.075)		(0.122)
平衡效应									0.194*	-0.368
									(0.110)	(0.243)
综合水平× 平衡效应										0.021**
										(0.010)
Constant	3.219***	3.409***	2.039***	3.460***	2.988***	2.696***	2.134***	6.638***	1.551*	5.084*
	(0.667)	(0.574)	(0.630)	(0.662)	(0.571)	(0.650)	(0.637)	(2.330)	(0.719)	(2.742)
R^2	0.170	0.230	0.258	0.184	0.258	0.234	0.278	0.223	0.218	0.239
Adj-R^2	0.138	0.200	0.229	0.153	0.229	0.204	0.250	0.196	0.192	0.205
F Value	5.57***	7.17***	9.86***	5.85***	10.46***	9.02***	11.51***	9.20***	7.11***	8.12***
Observations	216	216	216	216	216	216	216	216	216	216

注：*、**、***分别表示在 10%、5%和 1%的水平下显著；括号内为回归系数的标准差。

表 5　　　　　　　　　主效应层次回归结果（企业发展绩效为因变量）

变量	企业发展绩效									
	（11）	（12）	（13）	（14）	（15）	（16）	（17）	（18）	（19）	（20）
企业规模	-0.001	-0.016	0.042	-0.027	0.022	-0.030	0.026	0.038	0.037	0.021
	(0.086)	(0.082)	(0.091)	(0.094)	(0.088)	(0.095)	(0.082)	(0.083)	(0.083)	(0.084)
所属行业	控制	控制	控制	控制	控制	控制	控制	控制	控制	控制
企业性质	0.045	0.038	0.115**	0.035	0.043	0.049	0.074	0.082	0.085	0.078
	(0.053)	(0.052)	(0.054)	(0.058)	(0.058)	(0.056)	(0.055)	(0.054)	(0.054)	(0.054)
园区性质	0.065	-0.002	0.021	0.010	0.006	0.031	0.013	0.008	0.005	0.011
	(0.047)	(0.049)	(0.052)	(0.053)	(0.055)	(0.054)	(0.049)	(0.051)	(0.051)	(0.051)
技术获取需求	0.188***	0.163**	0.180***	0.148**	0.161**	0.198***	0.161**			
	(0.062)	(0.065)	(0.068)	(0.071)	(0.070)	(0.069)	(0.068)			

续表

变量	企业发展绩效									
	（11）	（12）	（13）	（14）	（15）	（16）	（17）	（18）	（19）	（20）
市场渗透需求	-0.023 (0.085)	0.077 (0.079)	0.153* (0.084)	0.155* (0.085)	0.211** (0.086)	0.189** (0.089)	0.104 (0.084)			
政策获取需求	-0.021 (0.088)	-0.134* (0.076)	-0.149* (0.083)	-0.124 (0.088)	-0.174** (0.082)	-0.204** (0.081)	-0.138* (0.078)			
基础设施供给	0.456*** (0.069)									
技术服务供给		0.362*** (0.060)								
资金服务供给			0.384*** (0.062)							
文化服务供给				0.253*** (0.066)						
市场服务供给					0.189*** (0.050)					
政策服务供给						0.289*** (0.070)				
协同创新网络资源供给							0.495*** (0.071)	0.232 (0.366)	0.523*** (0.083)	0.606 (0.459)
企业创新需求								-0.169 (0.417)	0.123 (0.087)	0.216 (0.464)
综合水平								0.055 (0.071)		-0.097 (0.105)
平衡效应									0.050 (0.102)	-0.404* (0.226)
综合水平× 平衡效应										0.019** (0.009)
Constant	1.764*** (0.575)	2.886*** (0.493)	1.758*** (0.569)	3.002*** (0.592)	3.105*** (0.505)	2.562*** (0.585)	1.687*** (0.550)	2.931 (2.084)	1.208* (0.683)	2.710 (2.514)
R^2	0.283	0.265	0.238	0.185	0.169	0.193	0.283	0.263	0.261	0.274
Adj-R^2	0.255	0.237	0.208	0.153	0.137	0.162	0.256	0.238	0.236	0.242
F Value	10.95***	8.21***	9.49***	5.41***	5.19***	5.66***	10.71***	11.56***	10.97***	9.96***
Observations	216	216	216	216	216	216	216	216	216	216

注：*、**、***分别表示在10%、5%和1%的水平下显著；括号内为回归系数的标准差。

在模型（7）中，协同创新网络资源供给的综合因子系数为正且显著（$\beta=0.466$，$p<0.01$），表明总体而言，协同创新网络资源供给可以促进企业技术创新绩效的提升；在模型（17）中，加入了协同创新网络资源供给的综合因子，其系数为正且显著（$\beta=0.495$，$p<0.01$），表明总体而言，协同创新网络资源供给可以促进企业发展绩效的提升。综合两表可知，假设 H1 进一步得到验证。

在模型（8）中，协同创新网络资源供给和企业创新需求的综合水平的系数为正且显著（$\beta=0.157$，$p<0.05$），表明协同创新网络资源供给与企业创新需求的综合水平可以促进企业技术创新绩效的提升；在模型（18）中，协同创新网络资源供给和企业创新需求的综合水平的系数为正但不显著（$\beta=0.055$，$p>0.1$）。综合两表可知，假设 H2a 得到部分验证。

在模型（9）中，协同创新网络资源供给和企业创新需求的平衡效应的系数为正且显著（$\beta=0.194$，$p<0.1$），表明协同创新网络资源供给与企业创新需求的平衡效应可以促进企业技术创新绩效的提升；在模型（19）中，协同创新网络资源供给和企业创新需求的平衡效应的系数为正但不显著（$\beta=0.050$，$p>0.1$）。综合两表可知，假设 H2b 得到部分验证。

在模型（10）中，协同创新网络资源供给和企业创新需求的综合水平与平衡效应的协同的系数为正且显著（$\beta=0.021$，$p<0.05$），表明协同创新网络资源供给与企业创新需求的综合水平和平衡效应的协同可以促进企业技术创新绩效的提升；在模型（20）中，协同创新网络资源供给和企业创新需求的综合水平与平衡效应的协同的系数为正且显著（$\beta=0.019$，$p<0.05$），表明协同创新网络资源供给与企业创新需求的综合水平和平衡效应的协同可以促进企业发展绩效的提升。综合两表可知，假设 H2c 得到验证。

4.2.2　调节效应检验

表 6 是调节效应的层次回归结果，其中模型（21）～（23）是以技术创新绩效为因变量的调节效应层次回归结果，模型（24）～（26）是以企业发展绩效为因变量的调节效应层次回归结果。

表 6　　　　　　　　　　　　　　调节效应层次回归结果

变量	技术创新绩效			企业发展绩效		
	（21）	（22）	（23）	（24）	（25）	（26）
企业规模	0.024	0.033	0.025	−0.018	−0.003	0.008
	(0.083)	(0.082)	(0.082)	(0.080)	(0.080)	(0.076)
所属行业	控制	控制	控制	控制	控制	控制
企业性质	0.077	0.070	0.073	−0.011	−0.023	−0.006
	(0.055)	(0.053)	(0.055)	(0.056)	(0.053)	(0.056)
园区性质	0.018***	0.015	0.013	0.166***	0.161***	0.163***
	(0.050)	(0.049)	(0.049)	(0.054)	(0.053)	(0.052)
技术获取需求	−0.033	0.154**	0.161**	−0.131	0.204***	0.211***
	(0.311)	(0.068)	(0.068)	(0.326)	(0.075)	(0.076)
市场渗透需求	0.101	−0.287	0.107	−0.310***	−0.977***	−0.351***
	(0.084)	(0.370)	(0.087)	(0.074)	(0.346)	(0.074)

续表

变量	技术创新绩效			企业发展绩效		
	（21）	（22）	（23）	（24）	（25）	（26）
政策获取需求	-0.138*	-0.157*	-0.086	0.133	0.100	-0.841**
	(0.078)	(0.079)	(0.361)	(0.093)	(0.094)	(0.403)
协同创新网络资源供给	0.337	0.129	0.545	0.183	-0.162	-0.488
	(0.246)	(0.342)	(0.352)	(0.285)	(0.341)	(0.404)
技术获取需求× 协同创新网络资源供给	0.034			0.061		
	(0.052)			(0.057)		
市场渗透需求× 协同创新网络资源供给		0.072			0.124**	
		(0.065)			(0.062)	
政策获取需求× 协同创新网络资源供给			-0.010			0.180**
			(0.065)			(0.073)
Constant	2.565*	3.760*	1.406	3.705**	5.693***	7.410***
	(1.429)	(1.961)	(2.040)	(1.678)	(2.025)	(2.344)
R^2	0.285	0.289	0.283	0.282	0.294	0.302
Adj-R^2	0.253	0.258	0.252	0.251	0.263	0.272
F Value	9.59***	10.82***	9.52***	10.41***	13.03***	13.09***
Observations	216	216	216	216	216	216

注：*、**、***分别表示在10%、5%和1%的水平下显著；括号内为回归系数的标准差。

在模型（21）中，技术获取需求与协同创新网络资源供给构成的交互项系数为正但不显著（$\beta=0.034$，$p>0.1$）；在模型（24）中，技术获取需求与协同创新网络资源供给构成的交互项系数为正但不显著（$\beta=0.061$，$p>0.1$）。综合两表可知，假设 H3a 未得到验证。

在模型（22）中，市场渗透需求与协同创新网络资源供给构成的交互项系数为正但不显著（$\beta=0.072$，$p>0.1$）；在模型（25）中，市场渗透需求与协同创新网络资源供给构成的交互项系数为正且显著（$\beta=0.124$，$p<0.05$）。综合两表可知，假设 H3b 得到部分验证。

在模型（23）中，政策获取需求与协同创新网络资源供给构成的交互项系数为负且不显著（$\beta=-0.010$，$p>0.1$）；在模型（26）中，政策获取需求与协同创新网络资源供给构成的交互项系数为正且显著（$\beta=0.180$，$p<0.05$）。综合两表可知，假设 H3c 得到部分验证。

4.2.3　稳健性检验

为了进一步验证所得回归结果的稳健性，本文将因变量企业创新绩效的两个因子（技术创新绩效和企业发展绩效）合并为一个综合因子，建立替代因变量进行稳健性检验，重复前文的回归分析再次检验主效应和调节效应。稳健性检验结果如表 7 所示。由检验结果可知，主效应和调节效应的稳健性检验结果与前文基本一致，显示出本研究具有较好的稳健性。

表7 主效应和调节效应的稳健性检验结果

变量	企业创新绩效												
	（27）	（28）	（29）	（30）	（31）	（32）	（33）	（34）	（35）	（36）	（37）	（38）	（39）
企业规模	-0.030 (0.078)	-0.037 (0.071)	0.024 (0.075)	-0.047 (0.079)	0.018 (0.075)	-0.047 (0.081)	0.005 (0.069)	0.028 (0.071)	0.025 (0.070)	0.009 (0.072)	0.003 (0.070)	0.015 (0.068)	0.016 (0.067)
所属行业	控制	控制	控制	控制	控制	控制	控制	控制	控制	控制	控制	控制	控制
企业性质	-0.005 (0.048)	-0.007 (0.045)	0.072 (0.047)	-0.010 (0.051)	0.006 (0.049)	0.007 (0.050)	0.029 (0.048)	0.030 (0.048)	0.037 (0.049)	0.028 (0.049)	0.033 (0.048)	0.023 (0.045)	0.034 (0.047)
园区性质	0.127*** (0.045)	0.072*** (0.045)	0.092** (0.046)	0.083* (0.048)	0.073 (0.047)	0.103** (0.047)	0.085* (0.044)	0.101** (0.044)	0.097** (0.043)	0.105** (0.043)	0.092** (0.045)	0.088** (0.044)	0.088** (0.044)
技术获取需求	0.213*** (0.060)	0.192*** (0.058)	0.206*** (0.060)	0.177*** (0.060)	0.182*** (0.059)	0.226*** (0.058)	0.189*** (0.058)				-0.082 (0.286)	0.179*** (0.057)	0.186*** (0.058)
市场渗透需求	-0.173** (0.080)	-0.118* (0.064)	-0.055 (0.064)	-0.049 (0.068)	0.005 (0.065)	-0.020 (0.068)	-0.100 (0.063)				-0.105 (0.064)	-0.632* (0.324)	-0.122* (0.066)
政策获取需求	0.082 (0.086)	0.000 (0.071)	-0.013 (0.077)	0.009 (0.082)	-0.043 (0.072)	-0.071 (0.076)	-0.003 (0.072)				-0.002 (0.073)	-0.028 (0.073)	-0.464 (0.339)
基础设施供给	0.343*** (0.066)												
技术服务供给		0.329*** (0.056)											
资金服务供给			0.386*** (0.059)										
文化服务供给				0.235*** (0.056)									

续表

变量	企业创新绩效												
	(27)	(28)	(29)	(30)	(31)	(32)	(33)	(34)	(35)	(36)	(37)	(38)	(39)
市场服务供给					0.231^{***} (0.041)								
政策服务供给						0.305^{***} (0.064)							
协同创新网络资源供给							0.480^{***} (0.067)	-0.062 (0.356)	0.503^{***} (0.080)	0.438 (0.443)	0.260 (0.241)	-0.016 (0.307)	0.029 (0.339)
企业创新需求								-0.515 (0.394)		-0.025 (0.445)			
综合水平								0.106 (0.067)		-0.074 (0.103)			
平衡效应									0.122 (0.096)	-0.386^{*} (0.204)			
综合水平×平衡效应										0.020^{**} (0.009)			
技术获取需求×协同创新网络资源供给											0.048 (0.049)		
市场渗透需求×协同创新网络资源供给												0.098^{*} (0.057)	

续表

变量	企业创新绩效												
	(27)	(28)	(29)	(30)	(31)	(32)	(33)	(34)	(35)	(36)	(37)	(38)	(39)
政策获取需求×协同创新网络资源供给													0.085
													(0.061)
Constant	2.491***	3.147***	1.898***	3.231***	3.047***	2.629***	1.910***	4.784**	1.379**	3.897*	3.135**	4.726***	4.408**
	(0.565)	(0.479)	(0.546)	(0.584)	(0.494)	(0.576)	(0.542)	(2.037)	(0.635)	(2.323)	(1.399)	(1.803)	(1.969)
R^2	0.215	0.255	0.258	0.177	0.212	0.214	0.300	0.282	0.278	0.300	0.303	0.313	0.307
Adj-R^2	0.184	0.226	0.230	0.145	0.181	0.184	0.273	0.258	0.254	0.268	0.273	0.283	0.276
F Value	7.56***	7.33***	9.45***	4.80***	6.24***	5.94***	11.00***	11.53***	9.45***	10.54***	10.08***	12.02***	11.15***
Observations	216	216	216	216	216	216	216	216	216	216	216	216	216

注：*、**、*** 分别表示在 10%、5% 和 1% 的水平下显著；括号内为回归系数的标准差。

5. 结论与讨论

5.1 研究结论

本文探讨了协同创新网络资源供给与企业创新绩效之间的关系，并加入了企业创新需求作为调节变量，提出了协同创新网络资源供给、企业创新需求、供需关系和企业创新绩效之间关系的相关假设，并利用科技园创新调查的216份样本数据进行验证，得到以下四个研究结论：

第一，协同创新网络资源供给可以促进企业创新绩效的提升。具体而言，协同创新网络在供给企业所需的创新资源的同时，产生的资源聚合效应、风险共担效应和资源反馈效应可以发挥创新资源的潜力，降低单一企业的创新成本和风险，通过资源反馈不断调整和完善创新供给，促进企业创新绩效的提升（唐丽艳等，2012）。协同创新网络中的焦点企业和其他企业（如客户、供应链企业、竞争企业等）、中介机构、大学和科研机构、政府之间具有交互协作关系，共享创新资源，共担创新风险，形成协同创新链（邵云飞和谭劲松，2006；Tether，2002），可以促进企业创新研发的开展和专利的产生（Fritsch and Franke，2004），从而提高企业创新绩效。

第二，协同创新网络资源供给与企业创新需求之间的综合水平和平衡效应可以促进企业技术创新绩效的提升，综合水平和平衡效应的协同可以促进企业技术创新绩效和企业发展绩效的提升。具体而言，供需都很高或者一方很高则会导致供需的综合水平较高，协同创新网络资源供给较多的情况下有助于企业在网络中实现自身资源的补充（唐丽艳等，2012），并且吸引更多的网络成员加入从而扩大网络规模，网络规模越大，企业的合作伙伴越多，可吸收的资源也越广泛，从而可以增加企业创新产出（Schilling and Phelps，2007）并提升企业创新绩效（Baum et al.，2000；Lechner and Leyronas，2007）。企业创新需求较高的情况下，需求的自强化效应会促进网络中的资源供给方增加创新产出，从而形成新的创新供给，引发新一轮的创新行为（李丽，2016），进而促进企业创新。供需之间的差距较小时会导致平衡效应较强，"供需平衡"是影响区域合理利用优势资源禀赋实现可持续发展的重要因素（刘凌燕等，2020），有利于充分调动各种创新资源，提高创新效率，促进创新发展（范斐等，2021），对于企业实现创新目的，提升创新绩效至关重要。

第三，协同创新网络资源供给与企业创新需求之间综合水平和平衡效应的协同可以促进企业创新绩效的提升。协同创新网络资源供给与企业创新需求之间的协同效果指的是综合水平和平衡效应的交互，当供需的综合水平和平衡效应均达到较高水平时，协同效果最好。此时综合水平高所带来的优势与平衡效应强所带来的益处得以结合，对企业创新绩效产生双重促进作用。

第四，企业创新需求中的市场渗透需求和政策获取需求可以正向调节协同创新网络资源供给与企业发展绩效之间的关系。然而二者对协同创新网络资源供给与企业技术创新绩效之间关系的调节作用未得到支持。企业的市场渗透需求要求企业在关注关键技术和创新能力提升的同时，还要关注企业的商誉、品牌的价值等，这些因素的优化有利于企业的长远发展。企业的政策获取需求能够推动政府制定积极的创新政策，这种政策又可以激励企业积极创新，更多创新成果的产生又进一步产生更大的创新需求（李丽，2016），在这种良性循化中，企业长远发展的绩效得到提升。

5.2　理论贡献

本文具有三点理论贡献：

第一，在研究协同创新网络资源供给和企业创新需求时，在模型中加入了供给和需求两者之间关系的相关探讨，并将关系细化为"综合水平""平衡效应"和"协同效果"三个维度，为相关研究形成一种新的研究思路。同时，在研究两个变量之间的关系时，以往的研究中已存在对于综合水平和平衡效应这两个维度的单独研究，但是将两个维度同时纳入模型并且将两个维度进行交互形成第三个维度的研究却比较少，这种交互关系可以进一步解释以往相关研究中未能解释的部分。

第二，以协同创新网络资源供给为自变量，以企业创新需求为调节变量，既从网络的视角研究"供"，又从企业的视角研究"需"，并将二者相结合研究"供需关系"，从"企业—网络"双视角和"供给—需求"动态平衡两方面丰富了协同创新网络相关研究。

第三，依托国内科技园区技术创新调查所获得的 216 份有效数据为样本，问卷既结合了国外对于协同创新网络和科技园研究的经典量表，也针对中国科技园的具体情况进行了特色性更新和改进，体现研究特色。

5.3　管理启示

本文为企业利用协同创新网络进行创新以及政府推动协同创新网络发展提供了可行的管理启示和实践对策：

第一，企业加入协同创新网络后，要合理运用协同创新网络所提供的基础设施供给、技术服务供给、资金服务供给、文化服务供给、市场服务供给、政策服务供给等多样性资源供给，以及充分利用协同创新网络产生的资源聚合效应、风险共担效应和资源反馈效应，从而推动企业创新绩效的提升。

第二，由于企业的吸收能力是有限的，面临过多外部知识和技能以及对外部知识的"过度搜索"反而会对创新产生负面影响（Katila and Ahuja，2002），同时，又由于协同创新网络中不同类型的资源供给对企业创新绩效的作用存在差异，企业要关注不同类型资源的特征和作用，选择最能满足自身需求的资源，将自身的创新需求与协同创新网络的资源供给平衡起来，从而促进创新绩效的有效提升。

第三，政府作为协同创新网络中的主导，要积极完善经济和技术政策的制定、机制的安排和引导以及基础设施的供给，有效串联起网络内的各主体，充分促进网络内资源的流动和整合（刘丹和闫长乐，2013）。

5.4　研究局限与展望

本文存在一些不足之处，为后续研究提供了方向：首先，本文使用的是问卷数据、横截面数据，获取的仅为某一时间节点的数据，没能对企业加入协同创新网络后的创新发展状况进行追踪，如果今后可以进行跟踪式研究，得到的结果可能更为科学。其次，本文基于科技园创新调查的数据进行研究，未能调查其他形式的协同创新网络，由于数据的限制，其结论的适应性还有待进一步验证和探讨。最后，影响协同创新网络中企业创新绩效的因素众多且复杂，本文只是基于资源供给和创新需求进行了探讨，也仅仅讨论了一种调节效应，其余影响因素和调节效应、中介效应还有待继续深入研究。

◎ **参考文献**

[1] 陈劲. 协同创新与国家科研能力建设 [J]. 科学学研究，2011，29（12）.

[2] 崔永华，王冬杰. 区域民生科技创新系统的构建——基于协同创新网络的视角 [J]. 科学学与科学技术管理，2011，32（7）.

[3] 范斐，翁宗源，王雪利. 区域创新供给系统与需求系统的协同演化 [J]. 华中师范大学学报（自然科学版），2021，55（5）.

[4] 苟燕楠，董静. 风险投资背景对企业技术创新的影响研究 [J]. 科研管理，2014，35（2）.

[5] 贺小刚，李新春，方海鹰. 动态能力的测量与功效：基于中国经验的实证研究 [J]. 管理世界，2006（3）.

[6] 胡平，卢磊，王瑶. 协同创新的网络特征与结构分析——以北京市协同创新中心为例 [J]. 科学学与科学技术管理，2016，37（2）.

[7] 李丽. 基于复杂适应系统理论的区域创新驱动力研究 [J]. 经济问题，2016（5）.

[8] 刘丹，闫长乐. 协同创新网络结构与机理研究 [J]. 管理世界，2013（12）.

[9] 刘凌燕，王慧敏，刘钢，孙冬营，方舟. 供需视角下水—能源—粮食系统风险的驱动机理与政策仿真——面向东北三省的系统动力学分析 [J]. 软科学，2020，34（12）.

[10] 卢彬彬. 非研发创新：科技创新需求侧视角下的制造企业 [J]. 科技管理研究，2017，37（14）.

[11] 亢梅玲，刘慧慧，郭林晓. 风险投资对企业创新的影响机制与异质性研究 [J]. 珞珈管理评论，2022（3）.

[12] 饶卫振，徐丰，段忠菲. 协作配送中成员退出联盟的违约追偿和损失补偿机制 [J]. 系统工程理论与实践，2021，41（12）.

[13] 任胜钢，胡春燕，王龙伟. 我国区域创新网络结构特征对区域创新能力影响的实证研究 [J]. 系统工程，2011，29（2）.

[14] 单晓红，王春稳，刘晓燕，杨娟. 基于知识网络的开放式创新社区知识发现研究 [J]. 复杂系统与复杂性科学，2020，17（1）.

[15] 尚林. 企业协同创新网络构建与网络效率影响因素研究 [J]. 科学管理研究，2015，33（3）.

[16] 邵云飞，谭劲松. 区域技术创新能力形成机理探析 [J]. 管理科学学报，2006（4）.

[17] 唐丽艳，陈文博，王国红. 中小企业协同创新网络的构建 [J]. 科技进步与对策，2012，29

（20）．

［18］王晓红，李娜．企业创新需求、高校技术转移与区域创新能力——高校科研能力的调节作用［J］．软科学，2021，35（12）．

［19］王罡．网络嵌入性、风险承担与商业模式创新——基于环境不确定性的调节作用［J］．珞珈管理评论，2019（1）．

［20］王悦，臧志彭．粤港澳大湾区与旧金山湾区数字媒体产业集聚优势比较及启示［J］．浙江树人大学学报（人文社会科学），2020，20（4）．

［21］温忠麟，刘红云，侯杰泰．调节效应和中介效应分析［M］．北京：教育科学出版社，2012．

［22］解学梅，曾赛星．创新集群跨区域协同创新网络研究述评［J］．研究与发展管理，2009，21（1）．

［23］解学梅．中小企业协同创新网络与创新绩效的实证研究［J］．管理科学学报，2010，13（8）．

［24］杨震宁，吕萍，王以华．中国科技园绩效评估：基于企业需求的视角［J］．科学学研究，2007（5）．

［25］杨震宁，吕萍，王以华．积极的战略动机是否带来高绩效：科技园的环境调节效应［J］．科学学研究，2008（5）．

［26］杨震宁，李东红，王玉荣．科技园"温床"与"围城"效应对企业创新的影响研究［J］．科研管理，2015，36（1）．

［27］杨震宁，侯一凡，李德辉，吴晨．中国企业"双循环"中开放式创新网络的平衡效应——基于数字赋能与组织柔性的考察［J］．管理世界，2021，37（11）．

［28］郑胜华，池仁勇．核心企业合作能力、创新网络与产业协同演化机理研究［J］．科研管理，2017，38（6）．

［29］周炜，宗佳妮，蔺楠．企业创新需求与政府创新补贴的激励效果［J］．财政研究，2021（6）．

［30］周翼翔，王秀秀，吴俊杰．国内外战略创业研究的演进路径、热点与趋势——基于 CiteSpace 的可视化分析［J］．浙江树人大学学报（人文社会科学），2021，21（1）．

［31］Aiken, L. S., West, S. G. Multiple regression：Testing and interpreting interactions-institute for social and economic research (ISER)［J］．Evaluation Practice，1991，14（2）．

［32］Ansoff, H. Corporate strategy（revised edition）［M］．NewYork：McGraw Hill Book Company，1987．

［33］Bagozzi, R. P., Yi, Y., Phillips, L. W. Assessing construct validity in organizational research［J］．Administrative Science Quarterly，1991，36（3）．

［34］Baum, J. A. C., Silverman, C. B. S. Don't go it alone：Alliance network composition and startups' performance in Canadian biotechnology［J］．Strategic Management Journal，2000，21（3）．

［35］Bercovitz, J., Feldmann, M. Entpreprenerial universities and technology transfer：A conceptual framework for understanding knowledge-based economic development［J］．The Journal of Technology Transfer，2006，31（1）．

［36］Cao, Q., Gedajlovic, E., Zhang, H. Unpacking organizational ambidexterity：Dimensions, contingencies, and synergistic effects［J］．Organization Science，2009，20（4）．

[37] Cassiman, B., Valentini, G. Open innovation: Are inbound and outbound knowledge flows really complementary? [J]. Strategic Management Journal, 2016, 37 (6).

[38] Chen, C. N., Tzeng, L. C., Tarn, D. D. C. How companies choose science parks: An empirical study in Taiwan [J]. International Journal of Management, 2004, 21.

[39] Fornell, C., Larcker, D. F. Evaluating structural equation models with unobservable variables and measurement error [J]. Journal of Marketing Research, 1981, 18 (1).

[40] Fritsch, M., Franke, G. Innovation, regional knowledge spillovers and R&D cooperation [J]. Research Policy, 2004, 33 (2).

[41] Fukugawa, N. Science parks in Japan and their value-added contributions to new technology-based firms [J]. International Journal of Industrial Organization, 2006, 24 (2).

[42] Hage, J., Dewar, R. Elite values versus organizational structure in predicting innovation [J]. Administrative Science Quarterly, 1973, 18 (3).

[43] He, Z. L., Wong, P. K. Exploration vs. exploitation: An empirical test of the ambidexterity hypothesis [J]. Organization Ence, 2004, 15 (4).

[44] Howells, J. Intermediation and the role of intermediaries in innovation [J]. Research Policy, 2006, 35 (5).

[45] Jin, X., Wang, J., Chen, S. A study of the relationship between the knowledge base and the innovation performance under the organizational slack regulating [J]. Management Decision, 2015, 53 (10).

[46] Katila, R. G., Ahuja, G. Something old, something new: A longitudinal study of search behavior and new product introduction [J]. Academy of Management Journal, 2002, 45 (6).

[47] Lechner, C., Leyronas, C. Network-centrality versus network-position in regional networks: What matters most a study of a French high-tech cluster [J]. International Journal of Technoentrepreneurship, 2007, 1 (1).

[48] Liebeskind, J. P., Oliver, A. L., Zucker, L., et al. Social networks, learning, and flexibility: Sourcing scientific knowledge in new biotechnology firms [J]. Organization Science, 1996, 7 (4).

[49] Ni, H., Luan, T., Cao, Y., Finlay, D. C. Can venture capital trigger innovation? New evidence from China [J]. International Journal of Technology Management, 2014, 65 (1-4).

[50] Nieto, M. J., Santamaría, L. The importance of diverse collaborative networks for the novelty of product innovation [J]. Technovation, 2007, 27 (6-7).

[51] Pekkarinen, S., Harmaakorpi, V. Building regional innovation networks: The definition of an age business core process in a regional innovation system [J]. Regional Studies, 2006, 40 (4).

[52] Podsakoff, P. M., Mac, K. S. B., Lee, J. Y., Podsakoff, N. P. Common method biases in behavioral research: A critical review of the literature and recommended remedies [J]. Journal of Applied Psychology, 2003, 88 (5).

[53] Quintas, P., Wield, D., Massey, D. Academic-industry links and innovation: Questioning the

science park model ［J］. Technovation, 1992, 12 （3）.

［54］ Razak, A. A., Saad, M. The role of universities in the evolution of the Triple Helix culture of innovation network: The case of Malaysia ［J］. International Journal of Technology Management & Sustainable, 2007, 6 （3）.

［55］ Rockwell, R. C. Assessment of multicollinearity: The haitovsky test of the determinant ［J］. Sociological Methods & Research, 1975, 3 （3）.

［56］ Roure, J. B., Keely, R. H. Comparison of predicting factors of successful high growth technological ventures in Europe and USA ［A］. European Entrepreneurship: Emerging Growth Companies, 1989.

［57］ Schilling, M. A., Phelps, C. C. Interfirm collaboration networks ［J］. Management Science, 2007, 53 （7）.

［58］ Sherman, H. F. A ssessing the intervention effectiveness of business incubation programs on new business start-up ［J］. Journal of Developmental Entrepreneurship, 1999, 24 （2）.

［59］ Tether, B. Who cooperates for innovation, and why: An empirical analysis ［J］. Research Policy, 2002, 31 （6）.

［60］ Venkatraman, N. The concept of fit in strategy research: Toward verbal and statistical correspondence ［J］. Academy of Management Review, 1989, 14.

Synergy Innovation Network Resource Supply, Enterprise Innovation Demand,
Supply-demand Relationship, and Enterprise Innovation Performance
—Empirical Analysis Based on Data of Chinese Science Park

Yang Zhenning[1]   Hou Yifan[2]

(1, 2　Business School, University of International Business and Economics, Beijing, 100029)

Abstract: With the development of economic globalization, the resources of innovation on which companies depend are growing exponentially. Closed innovation models are difficult to meet the innovation needs of enterprises, and more and more enterprises tend to carry out cooperative innovation and build a synergy innovation network. At present, the research on synergy innovation networks focuses on a certain aspect of the characteristics of synergy innovation networks. No comprehensive evaluation index has been established, and no effective relationship has been established between features and features. Based on the above theoretical background and practical background, this paper believes that it is necessary to explore the relationship between collaborative innovation networks and enterprise innovation performance from a new perspective. The data in this article is derived from the survey of technological innovation conducted nationwide by Chinese enterprises using the resources of domestic science and technology parks from July 2019 to May 2020. A total of 600 questionnaires were distributed in the survey, 276 were recovered, and 216 valid sample data were obtained for this study. This paper discusses the impact of synergy innovation network resource supply and supply-demand relationship on enterprise innovation performance，as well as the moderating role of enterprise innovation demand. The results show that：First，the supply of synergy innovation network resources can promote the improvement of enterprise innovation performance. Second，the combined dimension and balance dimension between the supply of synergy innovation network resources and the innovation demand can promote the improvement of enterprise technological innovation performance. Third，the synergy of combined dimension and balance dimension between the supply of synergy innovation network resources and the innovation demand can promote the improvement of enterprise innovation performance. Fourth，the market penetration demand and policy acquisition demand in enterprise innovation demand can positively regulate the relationship between synergy innovation network resource supply and enterprise development performance. This paper draws the following four inspirations：First，after an enterprise joins the collaborative innovation network，it is necessary to rationally use the rich resource supply of the collaborative innovation network to promote the improvement of the innovation performance of the enterprise. Second，since the absorptive capacity of enterprises is limited，facing too much external knowledge and skills and "over-searching" of external knowledge will have a negative impact on innovation. Therefore，enterprises should pay attention to the characteristics and functions of different types of resources，and choose the most suitable one for themselves. resource. Third，enterprises should match their own innovation needs with the resource supply of collaborative innovation networks，and use their most needed resources to improve innovation performance. Fourth，the government，as the leader in the collaborative innovation network，must actively improve the formulation of economic and technological policies，the arrangement and guidance of mechanisms，and the supply of infrastructure，effectively connect the various subjects in the network，and fully promote the flow and flow of resources in the network. Of course，there are still some deficiencies in this paper，which provide directions for follow-up research.

Key words：Synergy innovation network；Resource supply；Innovation demand；Supply-demand relationship；Enterprise innovation performance

专业主编：陈立敏

珞珈管理评论
2022 年卷第 6 辑（总第 45 辑）

Luojia Management Review
No. 6，2022（Sum. 45）

多市场接触与竞争策略组合[*]
——基于组织协调性与企业可见性的调节效应

● 邓新明[1]　侯　丹[2]　杨赛凡[3]

（1，2，3　武汉大学经济与管理学院　武汉　430072）

【摘　要】 现实竞争中，企业采取的竞争行动组合是简单好还是越复杂越好呢？本研究收集了 5301 条样本公司的竞争行动数据，研究了企业间的多市场接触对其所采取的竞争策略组合的影响。实证结果发现：多市场接触与竞争策略组合复杂性呈显著的"倒 U 形"关系，即在低多市场接触环境中，基于相互威慑效应，企业竞争策略组合的复杂性会随着多市场接触水平的增加而增加；而当企业所处的多市场接触水平超过某个临界值时，基于相互熟悉效应，其竞争组合的复杂性会随着多市场接触水平的增加而下降。同时，组织协调性对多市场接触与竞争策略组合的关系具有显著的负向调节作用；而企业可见性对二者间关系则具有显著的正向调节效应。本研究丰富了动态竞争领域中多市场竞争理论分支的研究，并为中国企业在现实的多市场接触竞争环境中有效构建竞争优势提供了重要指导与启示。

【关键词】 多市场接触　竞争策略组合　竞争复杂性　组织协调性　企业可见性

中图分类号：F270　　　　文献标识码：A

1. 引言

近年来，随着移动互联网和智能硬件越来越普及，行业环境进一步变得复杂与模糊，竞争对手与合作伙伴可能来自意想不到的跨界领域。企业在多个"点"与竞争对手共享市场已成为常态（邓新明和郭亚楠，2020）。Edward（1955）指出企业间因在多个市场上相互接触而构成多点接触。竞争者相互接触的"点"代表竞争性行动和响应的场域（McGrath，1998）。当竞争者彼此交战于多重竞

* 基金项目：国家自然科学基金资助项目"基于相互克制假说的企业多市场竞争战略及其溢出效应与实施机制研究"（项目批准号：72172106）；国家自然科学基金资助项目"多点竞争环境中企业的竞争决策组合及其多市场接触的驱动机理与绩效影响研究"（项目批准号：71872132）。

通讯作者：侯丹，E-mail：517990284@ qq. com。

争场域，竞争性响应不尽然会在竞争性行动发起的同一时点发生（Karnani and Wernerfelt，1985）。竞争者彼此拥有在多重市场还击对手的能力创造了一个复杂的赛局，对于任何一个参与者而言，赛局的结果与其他参与者所做的策略选择相互交织（Gimeno，1996）。总体而言，企业间多市场接触程度越高，企业间的攻击和响应越可能"相互克制"，从而降低企业间的竞争强度（Baum and Korn，1999）。

事实上，企业进入与退出彼此的市场所导致的多点接触水平的改变，将实质性地影响到企业竞争行动的结构与特征（Baum and Korn，1996）。然而，现有研究在考察多市场接触对竞争行动的影响时，大多只考察了多市场接触对新市场进入这种单一竞争行动的影响（Baum and Korn，1996；Havenman and Nonnemaker，2000；Stephan et al.，2003）。实质上，多市场竞争是动态竞争理论的重要分支之一（Chen，2009）。随着时间推移，在多市场接触情景中考虑更长时间和更多方面的行动与互动的序列是一个更受关注的趋势（Ferrier，2001）。因此，研究者开始从对单个行为的聚焦（Smith et al.，1992）发展到聚焦竞争策略整体的决策。这些决策主要通过竞争策略多样化的行动组合来界定，而衡量竞争策略组合的重要指标为竞争复杂性（competitive complexity）（Ferrier and Lyon，2004；邓新明等，2021）。这个概念是从某一年度的竞争性行动组合来探讨企业的策略内涵，它所代表的是一种思考竞争策略的全新方法（Chen，2012）。

事实上，在动态竞争领域，存在着两种对立的观点，即竞争的"简单说"与"复杂说"。持"简单说"的学者认为，集中于一个更加狭窄的行动类型，可以让企业更专注于在其做得最好或其认为最重要的领域做出改变（Ferrier and Lyon，2004）。但是，也有学者认为对面临竞争和动荡市场的企业而言，一个狭窄的行动范围可能会限制其追求新机会或应对突然变革的能力（Stacey，1992）。因此，"复杂说"应运而生。然而，现实竞争中，企业采取的竞争行动组合到底是简单好，还是越复杂越好呢？本研究通过将企业间的动态竞争置于一个更符合实际的多市场接触的竞争情景中，探讨企业间的多市场接触对企业竞争策略组合的影响。此外，多市场接触对企业竞争行为的作用会受到企业自身特征的影响，具体而言，组织协调性体现了企业的协调能力和运用资源的效率，组织协调性高的企业在多市场接触的驱动下，更有能力实施竞争策略组合；企业可见性衡量了企业行为被曝光的程度，可见性越高的企业，其竞争行为越容易被竞争者识别从而引起对方的警惕，因此，企业可见性也会对多市场接触与竞争策略组合的关系产生影响。基于此，本文探讨了组织协调性和企业可见性的调节作用。本研究融合了上述竞争"简单说"与"复杂说"的观点，从而丰富了多点竞争理论的研究，并为中国企业在现实的多市场接触竞争环境中实施有效的竞争策略组合进而获取竞争优势提供了重要指导与启示。

2. 文献综述与研究假设

2.1　竞争策略组合与竞争复杂性

企业单个竞争行为是早期战略领域学者的主要研究对象，随着竞争的加剧，竞争者会在遭遇进攻时发起反击，企业之间的竞争呈现出进攻—回应对偶式的竞争特点，因此，学者们将研究的焦点转移到进攻—回应对偶式的动态竞争视角上来（Smith et al.，1991，1992）。但是，当企业在特定时间内连续执行一系列的竞争行动时，竞争对手针对性地实施进攻—回应行为就变得毫无意义（Reeven and Pennings，2016）。企业在特定时间范围内所实施的竞争行动的集合被学者们关注并称其为竞争策略组合（Ferrier and Lyon，2004；Yu and Cannella，2007）。它是以焦点企业在某一段特定时间范围内所执行的一系列竞争行为的集合为视角来考量企业的战略内涵（Chen，2009）。

竞争策略组合根据企业实施的竞争行为的复杂性程度，可分为竞争策略组合复杂性或者竞争策略组合简单性，简称竞争复杂性（简单性），两者是互逆的关系（Ndofor et al.，2011）。竞争复杂性反映了企业竞争行为类型的多样性程度（Basdeo et al.，2006）和范围广度（Ferrier et al.，1999；Nayyar and Bantel，1994），是竞争策略组合最核心和本质的特征。学者们对竞争复杂性给出了各种定义，它们的共同之处在于，竞争复杂性包含了企业竞争行为类型的多样性特征（Basdeo et al.，2006）。本文中的竞争复杂性构念沿用这一研究成果，用竞争策略组合中行为类型的多样性来代表竞争复杂性的本质内涵。

2.2 多市场接触的相互克制：威慑与熟悉效应

公司之间的竞争发生在相互接触的各个市场上，公司间的战略交互作用会塑造竞争格局，进而影响公司的战略决策。因此，从公司—市场层次来分析公司之间的竞争，关注公司之间的多市场接触，最能解释公司在一个产业中战略及竞争的动态本质（Greve，2008；Prince and Simon，2009；Kasman and Kasman，2016）。多市场接触的应用范围很广，如公司进入竞争对手的市场，从而更加了解竞争对手，获取更多竞争情报为未来的竞争策略选择提供决策基础，即相互克制的熟悉效应。

实质上，多市场接触存在着两种克制效应：

其一是多市场接触的"相互威慑"效应。公司进入新市场的一个重要动机是建立威慑能力（Greve，2000），公司进入更多的竞争对手所在的新市场，可以使竞争对手更清楚意识到与自己的多市场相互依赖，对未来想要发起进攻行动的竞争对手形成多市场报复的战略威慑，这将有助于建立起彼此的相互克制（Fuentelsaz and Gómez，2006）。同时，公司为了释放出自己在遭受攻击时有能力实施有效的多市场报复的信号，也有动机在其他多市场竞争者的一些市场上插足（foothold）进入（Karnani and Wernerfelt，1985）。相对于只在单个市场上有接触的公司，多市场接触的公司之间还会倾向于模仿对方进入新市场的行为，以避免自己在竞争中处于落后的局面（Stephan et al.，2003；Chen，2009），这也会促使公司间的多市场接触程度增加。

其二是多市场接触的"相互熟悉"效应。当公司间的多市场接触程度低时，这些在多个市场上发生相互作用的公司，为了更好地理解彼此之间的相互依赖，以及更好地获取竞争情报，会通过进入新市场来增加多市场接触程度，从而增进对彼此的熟悉（Jayachandran et al.，1999）。当多市场接触程度上升时，公司可以拥有关于竞争对手过去行为的更多信息，因此能更准确地预测竞争对手的未来行为，这就减少了公司对于竞争者未来行为的不确定性（Boeker et al.，1997）。

2.3　多市场接触与竞争复杂性

上述有关聚焦于竞争行动及其互动的研究均暗含着一个假设前提，即竞争是在单一场合（或者是一种产品市场，或者是一个地理区域市场）背景下进行的（Jayachandran et al.，1999）。显而易见的是，现实中的企业竞争往往会在多个市场展开（McGrath et al.，1998），即多市场竞争。多元化企业普遍面临着多市场接触的问题。在动态竞争环境中，如果企业具有多个区域市场，或者具备多种产品品类，再或者拥有丰富多样的资源，则采用理性的多市场竞争策略能够有效避免诸如恶性的价格竞争等不理性的正面市场冲击，而无须诉诸非理性的反击。

事实上，企业进入与退出彼此的市场所导致的多市场接触水平的改变，将实质性地影响到企业竞争行动的结构与特征（Baum and Korn，1999）。很显然，如果竞争双方交战的战场不止一处，企业将运用组合性的竞争策略（competitive strategy repertoires）参与进攻或回应。当学者们试图分析公司在多个"点"面对不同的竞争对手的竞争策略时，再对公司针对特定竞争对手的进攻或反应的行为进行分析就失去了意义（Reeven and Pennings，2016）。研究者们发现，如果目标公司处于高度动态的多市场竞争环境中，则其某种行为的含义实际上是模棱两可的（Gnyawail et al.，2010；Hughes-Morgan and Ferrier，2014）。现实中公司在面临不止一个竞争对手时往往是多项决策与行动在不同的领域同时进行，研究其单一的行动或决策往往无法体现公司真实的竞争战略意图（皮圣雷和蓝海林，2014）。

当公司与竞争者仅在少数市场有所接触时，彼此并不了解对方的竞争理念与"套路"。此时，在信息不对称情景下，构建在竞争博弈中的"声誉"是非常重要的。随着多市场接触水平的提高，企业间在各个市场上的接触越来越频繁，受到的竞争攻击也越来越剧烈，企业为了在更多的市场上站稳脚跟，就必须不断采取更多更有效的竞争手段来对抗自己的竞争对手；同时也会想方设法在其他市场给予竞争对手还击，使竞争对手无暇顾及在本市场的进攻行动，这时企业竞争策略组合的复杂性就会大大增加。在和多市场接触对手竞争博弈的过程中，企业实施复杂的、让人捉摸不透的竞争策略组合进行报复与进攻的"声誉"就会深入人心。正如部分学者的观点所认为的，竞争策略组合越复杂的企业具有的侵略性越显著（Ferrier et al.，1999）。

在多市场竞争中，企业采取的竞争策略复杂程度并不会随着多市场接触水平的增加而一直提高。从相互熟悉的角度来考虑，当多市场接触水平达到一个临界值时，此时企业之间已经足够熟悉了，对相互的真实水平和竞争手段都非常了解，对于竞争对手的进攻和防御手段都已经有合理的解决方案甚至能够进行预判，此时再进行种类繁多的竞争策略组合，作用就并不明显了（DiMaggio and Powell，1983；Oliver，1991）。因此，公司会主动简化竞争策略组合，只保留有效简单的竞争手段直击对手的要害，这样做也可以提高资源的利用率，降低竞争成本。

由此，本文提出如下假设：

H1：多市场接触与竞争复杂性呈倒 U 形关系，竞争复杂性随着多市场接触水平的增加会先增加（相互威慑效应）后减少（相互熟悉效应）。

2.4　组织协调性、多市场接触与竞争复杂性

企业在面临多个市场的竞争时，其组织协调性会面临巨大的挑战，因为企业参与竞争时所拥有的资源是有限的，这些资源在进行跨市场移动时会遇到非常强的阻碍和限制（Scott，1982）。组织协调性是用来量化企业内部协调沟通和资源合理分配能力的指标（Paterson and Brock，2002）。组织协调理论认为，协调性越高的企业，其运营效率和资源配置效率就越高（Ensign，1998）。良好的组织协调性保障了企业复杂的竞争行动能够得以实施，组织协调性是多市场接触对竞争行为产生影响的重要权变条件。

事实上，一家组织协调性较好的企业进入新市场，在面对日益增强的来自多市场的竞争压力时，同样也急需尽快构建自己在市场中的"未来阴影"，这时企业往往会选择利用其良好的组织协调能力的优势，在多个市场高效调配资源以形成复杂性很高的竞争策略组合来突显自身的威慑力，这种竞争策略组合往往比行业中的其他竞争对手更加复杂，使得竞争对手感受到的威慑力进一步被强化，因此也使得在多市场接触程度还没有很高之前就更早地达到了相互克制的临界点。而在多个市场协调资源和开展复杂的竞争行动也会使其更快地熟悉行业中的各个对手，在达到多市场接触的相互克制临界点之后，更加高效的信息反馈能力会快速找到那些针对不同对手的简单却有效的竞争手段，并且加速其提出简化竞争策略组合的判断，从而使得达到临界点后的竞争策略组合的复杂性快速回落。

综上，本文认为组织协调性对竞争复杂性与多市场接触的关系具有显著的调节作用，组织协调性越强的企业建立威慑提升竞争复杂性和熟悉对手降低竞争复杂性的效率就越高，形成的倒 U 形曲线会更加陡峭，并且由于其更高的协调效率可以在多市场接触程度不高时就达成相互克制，形成的曲线拐点会越向左偏移。

由此，本文提出如下假设：

H2：组织协调性对多市场接触与竞争复杂性的关系具有强化的调节作用。

H2a：组织协调性越高，公司多市场接触与竞争复杂性的倒 U 形曲线会越陡峭。

H2b：组织协调性越高，公司多市场接触与竞争复杂性的倒 U 形曲线拐点会越向左偏移。

2.5　企业可见性、多市场接触与竞争复杂性

参与多市场竞争的企业并不会敏感到在自己所处的任一市场中一有新竞争者加入，马上就能做出相应的反应。因此，现实的多市场竞争企业，如果竞争对手的竞争行为是很隐蔽的，那么公司就很难针对这样的竞争行动进行合理的响应。可以说，企业可见性是多市场接触对竞争行为产生影响的另一重要调节因素。

企业可见性也可以叫公司显示度，管理学领域相关研究将其定义为组织被各种要素看到、感知的程度。事实上，可见性越高的企业，其竞争行为就越容易被发现，竞争对手就会更容易对其行动进行及时反应，因此随着多市场接触程度的提升，想要建立其威慑力就需要付出更多的努力。同时，

这类企业往往本身就拥有较竞争对手更丰富的资源，体现在具体的策略上就是会采取更加复杂的竞争策略组合来展示自身的实力，迷惑对手无法快速识别自身的竞争意图。与此同时，可见性高的企业一旦进入高度竞争复杂性的状态，更容易形成一种惯性，竞争模式不会轻易改变。一旦出现明显降低竞争复杂性的情况，反而更容易引发竞争对手们的警惕，从而可能导致更激烈的报复和反击。因此，即使在相对熟悉之后，这些企业降低自身竞争复杂性的过程也会是平稳、缓慢的。

所以，本文认为企业可见性对竞争复杂性与多市场接触的关系具有显著的调节作用。企业可见性高的企业为了达到与其竞争对手同等的威胁程度，需要持续保持一种更复杂的竞争策略组合；同时在达成熟悉之后为了保证竞争效果，也不会轻易快速降低自身的竞争复杂性，形成的倒 U 形曲线会更加平缓。另外，由于需要比一般企业更强的竞争复杂性才能达到其威慑效果，往往可见性高的企业与其他竞争对手形成相互克制的默契时，已经处于多市场接触程度较高的水平了，因此形成的曲线拐点越会向右偏移。

由此，本文提出如下假设：

H3：企业可见性对多市场接触与竞争复杂性的关系具有弱化的调节作用。

H3a：企业可见性越高，公司多市场接触与竞争复杂性的倒 U 形曲线会越平缓。

H3b：企业可见性越高，公司多市场接触与竞争复杂性的倒 U 形曲线拐点越会向右偏移。

3. 研究设计

3.1 样本选择与数据来源

本文的研究对象是中国家电行业的上市公司，以及部分与家电行业相关的配件制造企业。选择家电行业的原因是因为该行业满足多市场接触影响企业的前提条件。市场集中度越高的行业，多市场接触所带来的影响就越明显（Prince and Simon，2009）。家电行业的三大巨头美的、格力、海尔的市场份额遥遥领先，TCL 和海信集团两家公司也紧随其后。在各个产品市场中，基本也是两到三家大型企业主导和瓜分市场①。多市场接触生效的另一个前提是市场位置的不对称。家电行业的企业各有各自的主营市场，各个市场中的领头企业皆有不同，并且大部分公司的业务范围横跨 3 个以上的市场，相互之间关系交错②。市场位置不对称会导致企业自身的核心领域极容易受到竞争对手的威胁，所以多市场接触带来的影响应该尤为显著。

---

① 以 2017 年为例，在空调市场中，格力和美的在近五年的总共市场份额都维持在 60% 左右，与其他企业有明显的差距；在冰箱市场中，前三大的企业共计占有 45% 左右的市场份额，其中海尔作为龙头占有 20% 多，而美的在近五年逐步赶超原本第二名的海信集团，快速缩小与海尔的差距；而在洗衣机市场中，美的在 2017 年已经成功追平海尔，两家公司共同瓜分 51% 的市场份额；还有厨电市场已经形成老板和方太为主的双寡头格局等。

② 同样以 2017 年为例，格力作为空调行业的领导者，在洗衣机、厨电、小家电、空气净化器等市场中均有布局，且发展势头迅猛；而冰箱市场的龙头企业海尔，同样在洗衣机、厨电和小家电等市场有诸多产品渗透；其中发展势头最猛的美的集团，同时在空调、冰箱和洗衣机领域处于前二的地位，同时美的还有丰富的小家电产品线，成长势头迅猛。

样本经过筛选，去掉数据严重不全和经营问题严重的公司，最后共选择 51 家上市公司。国内家电上市公司频繁进行市场竞争行为，并且这些行为容易被记录和查询。本文竞争行为的数据主要来源于中国家电网（www.cheaa.com）的上市企业专栏和这 51 家上市公司的官方网站，再辅以百度新闻的补充。本文共收集 51 家上市企业在 2012 年 1 月 1 日到 2017 年 12 月 31 日的 5301 个行动数据。多市场接触的数据主要来源于这 51 家公司 2012—2017 年的公司年报。之所以选择 2012 年为起点，是因为从 2012 年开始，智能家电产品逐渐兴起，各个公司的多市场竞争活动都变得更积极。本文的样本数据截至 2017 年，是因为从 2017 年开始，随着行业整体规模的提升，市场逐渐饱和，很多大型零售企业的家用电器销售额增长非常缓慢，整体市场进入横盘调整期，许多企业根据自身原本的业务优势和行业趋势选择业务转型，甚至将业务迁移至海外，因此 2017 年以后企业间的竞争可能存在放缓的局面。而 2012—2017 年这一时间段内，"家电下乡""以旧换新"等政策基本结束，消费需求由政策和市场增长刺激转化为企业自身竞争能力的比拼，家电企业间必然进行激烈的竞争角逐；此外，家电企业会采取各种积极的竞争行为最大化地满足消费者的需求，以此来争夺市场。因此，这一时期我国家电企业经历了激烈的竞争，处于多市场接触与竞争对抗的顶峰，是进行本研究的良好素材。

3.2　分析单位及编码

本研究的基本分析单位是行为信息，每一个行为的主体、时间和类型是通过阅读和分析有关企业行为的新闻报道来确定的。为确保最终数据的一致性和有效性，我们成立了一个由 1 名动态竞争研究领域的专家、2 名博士生和 3 名研究生组成的研究小组。我们梳理出了 17 类样本企业 2012—2017 年所有的竞争行为。这些行动类型主要是基于前人的研究成果（Ferrier and Lyon, 2004；Miller and Chen, 1996；邓新明等，2015；田志龙等，2007；Connelly et al., 2017）归纳提炼的。然后，小组成员对有关行动信息的新闻标题和内容进行详细浏览与阅读，充分互动与交流，从而对每一个行动应归属于哪一类做出最后的判断，并且对每个行动类型的关键词①进行总结和归纳。

研究小组在正式编码工作之前，先进行预编码。研究小组在预编码的基础上，正式开展编码工作，行动分类在两次编码中的一致性约为 87%，在一定程度上说明了数据具有良好的信度和效度。

3.3　变量的界定与测量

3.3.1　因变量

因变量为竞争复杂性。在动态竞争领域，通常使用竞争复杂性来测量竞争策略组合（Connelly et al., 2017）。竞争复杂性是与竞争简单性（Ferrier and Lyon, 2004；Miller and Chen, 1996）相对的概念。偏好竞争复杂性的企业比大多数竞争对手有更多样化的行为选择，不会出现一种单独的行为主

---

① 关于竞争行动（包括市场与非市场行动）类型的关键词与示例，由于篇幅限制，此处不列出，可向作者索取。

导其竞争选择的情况（Ferrier，2001）。因此，本文用竞争策略组合中行动的多样性来解释竞争复杂性（Connelly et al.，2017）。竞争多样性指企业在特定时间内发动行动种类的丰富程度，用 Shannon 指数来计算，其公式为：

$$CC = -\sum_{i=1}^{n} P_i \cdot \ln P_i \tag{1}$$

其中，CC 表示竞争复杂性，P_i 是竞争行动中第 i 类行动所占的百分比，n 代表企业所有的行动种类。企业的行动类别越多样，CC 值越大；当企业行动越聚焦时，CC 值越接近于 0。

3.3.2 自变量

自变量为多市场接触水平。本文采用 Gimeno 和 Woo（1996）的计数类指标来衡量多市场接触水平。这类指标以一对企业在目标市场相遇的次数为基础。具体来说，本文按照产品类别进行不同市场的区分，按照中国电子消费博览会对家电行业的分类标准，将家电行业的产品分为六个大类，大类下细分共 25 类产品市场。在 t 年中，找到目标家电公司 i 在 m 细分产品市场中的所有竞争对手，接下来统计目标企业 i 与这些竞争对手在其他 24 个产品市场中接触的次数，将所有的相遇次数加总，最后除以 m 市场中公司总共的数量，就得到了 t 年 n 细分市场中，公司 i 的多市场接触水平。

本文用 MMC 来表示多市场接触水平值，其公式为：

$$MMC_{int} = \frac{\sum_j \sum_m D_{ijmt}}{\sum_j D_{jnt} + 1} \tag{2}$$

其中 i 表示目标企业，j 表示 i 的竞争对手企业，n 表示目标产品市场，m 表示 n 市场外 i 和 j 相遇的其他多市场，t 表示年份；D_{jnt} 表示在 t 年，j 企业是否参与了 n 市场的竞争，若参与了则 $D_{jnt} = 1$，否则为 0；D_{ijmt} 表示 i 和 j 企业在 t 年在目标市场 n 之外的 m 产品市场是否相遇。比如，若目标公司 i 与其竞争对手 j 在细分市场 n 之外的 m 市场相遇了，则记为 $D_{ijmt} = 1$，否则为 0。MMC_{int} 表示 i 企业在 t 年在 n 市场的多点接触值。

3.3.3 调节变量

（1）组织协调性。本文用企业关联交易额的比重、前五位供应商采购额和经销商销售额的比重来测量组织协调性（皮圣雷和蓝海林，2014），先分别计算这 3 个变量的熵权值，熵为不确定性的度量。其计算公式为：

$$ZX_t = -K \sum_{i=1}^{n} P_i \cdot \ln P_i \tag{3}$$

其中 t 为焦点年份，i 为企业在第 t 年的关联交易次数、前五位供应商采购次数或前五位经销商销售次数；K 为常数，$K = 1/\ln i$；P 为第 i 次交易的关联交易额比重、前五位供应商采购额和经销商销售额比重。然后将 3 个熵权值进行标准化加总得分，来综合测度组织协调性，得分越高代表组织协调性越好。

（2）企业可见性。本文根据过去学者们使用较多的单维度单指标的方式，采用年度内企业被媒体曝光的次数对企业可见性进行测量（Meznar and Nigh，1995），该测量方式被众多学者使用过，因此具有较高的合理性。

3.3.4 控制变量

借鉴先前学者们的研究（皮圣雷和蓝海林，2014），本文选取的控制变量有公司规模、公司年龄、公司股权性质、公司盈利水平、组织冗余和竞争行为数量，来控制公司特征的差异。公司规模用总资产来衡量；公司年龄为公司成立至今共经历的年数；鉴于国有企业和民营企业在采取企业竞争策略组合上往往会有不同的表现，因此需要控制公司的股权性质，采用虚拟变量的方式，若公司为国有企业则虚拟变量为 1，否则为 0；考虑到内生性问题，盈利水平用滞后 1 年的 ROA 来量化；组织冗余使用速动比率来测量，主要是为了消除企业层面差异带来的影响（Hambrick et al.，1996）。为了消除因数值上差距过大而产生的影响力不同的问题，将公司规模和 t-1 年的 ROA 做取自然对数处理。选择行业集中度和行业增长率来控制行业层面的差异。市场集中度用各企业销售额的赫芬达尔指数测量；行业增长率通过计算行业第 t 年的整体销售额比第 t-1 年变化的百分比得到。

4. 实证分析和结果

4.1 描述性统计

由于采用了短面板数据且有明显的时间效应，本研究对各个变量的均值与标准差进行了逐年的描述性统计（如表 1 所示）。公司年龄平均在 20 年左右，说明行业内的公司大多处于成熟期，比较适合观测。组织冗余水平逐年降低，说明公司处于较为活跃的状态，更多的资源被有效利用了起来。而从竞争行为数量上也不难看出，平均每年 22.7 次的竞争行为使家电行业一直保持在一种激烈的动态竞争环境中。因变量竞争策略组合水平 2014—2016 年一直处于持续上升的状态，2017 年开始呈现下降的趋势。

表 1　　　　　　　　　　　　　　　　描述性统计

年份	项目	CC	MMC	ZX	KS	lnAS	AGE	V_i	lnROA$_{t-1}$	ATR	QC	HHI	GR
2013	均值	42.895	0.886	26.160	6.395	23.020	18.017	0.344	4.187	1.488	21.025	0.107	0.072
	标准差	26.815	1.128	15.616	11.956	1.738	7.199	0.477	4.730	1.648	14.646	0.005	0.150
2014	均值	42.729	0.875	26.269	8.650	23.107	18.879	0.348	4.273	1.544	23.936	0.106	0.125
	标准差	27.724	1.100	13.704	21.802	1.854	7.230	0.478	7.840	1.895	14.642	0.004	0.146
2015	均值	48.975	0.889	23.494	9.960	23.249	19.853	0.333	0.015	1.500	22.707	0.106	0.081
	标准差	27.463	1.136	9.828	17.901	1.765	7.313	0.473	46.780	1.670	13.988	0.005	0.126
2016	均值	62.522	0.918	24.547	6.932	23.432	20.842	0.318	3.929	1.378	22.085	0.106	0.100
	标准差	34.776	1.178	11.279	10.869	1.645	7.422	0.467	5.338	1.321	14.686	0.005	0.145

续表

年份	项目	CC	MMC	ZX	KS	lnAS	AGE	V_i	lnROA$_{t-1}$	ATR	QC	HHI	GR
2017	均值	53.331	1.025	25.204	6.793	23.592	21.625	0.310	4.976	1.275	23.277	0.107	0.080
	标准差	31.027	1.352	10.560	5.246	1.643	7.503	0.464	4.518	1.012	12.298	0.005	0.127
合计	均值	51.055	0.925	25.103	7.718	23.312	20.043	0.328	3.518	1.425	22.664	0.106	0.092
	标准差	30.928	1.192	12.168	14.328	1.730	7.443	0.470	21.298	1.503	13.993	0.005	0.139

4.2 相关性分析

本研究并不存在严重的多重共线性问题，计算了所有变量的方差膨胀因子 VIF，结果显示，所有变量的 VIF 都远小于 10，因此多重共线性对本研究影响不大。

相关性分析结果如表 2 所示。企业规模与多市场接触水平呈正相关，相关系数是 0.421（$p<0.01$），因为企业规模是决定企业竞争的重要因素，规模越大的企业掌握的资源也越多，多元化程度更高，也更有可能通过多市场的方式进行竞争，从而达到威慑对手的目的。企业规模与竞争复杂性显著正相关，相关系数是 0.569（$p<0.01$）。通常来说，规模大的企业有充足的资源和足够的准备来发动愈发复杂的竞争策略组合；同时，规模大的公司面临的市场和情景更加复杂，所以也需要使用不同的竞争行为来应对不同的情景。竞争复杂性与企业可见度的相关性也比较强，相关系数是 0.404（$p<0.01$）。由于信息的不对称性，在市场竞争中往往无法洞悉竞争对手的竞争行为和竞争意图。然而，企业可见度越高的企业越容易受到对手的关注和针对。

表 2　　　　　　　　　　　　　　　　**Pearson 相关性分析**

变量	1	2	3	4	5	6	7	8	9	10	11	12
MMC	1.000											
ZX	-0.284***	1.000										
KS	0.109***	0.075**	1.000									
lnAS	0.421***	-0.447***	0.298***	1.000								
AGE	0.191***	-0.210***	0.257***	0.536***	1.000							
V_i	-0.022	0.015	-0.047	0.081**	0.112***	1.000						
lnROA$_{t-1}$	0.019	-0.284***	0.057	0.222***	-0.048	-0.001	1.000					
ATR	-0.061*	0.073**	-0.092**	-0.321***	-0.393***	-0.128	0.009	1.000				
QC	0.033	-0.078**	0.122***	0.053	-0.068*	-0.028	0.086**	0.036	1.000			
HHI	0.014	-0.005	0.009	-0.011	-0.007	-0.002	0.041	0.000	0.040	1.000		
GR	-0.010	0.013	-0.049	0.008	-0.024	0.011	0.002	0.015	0.034	-0.369***	1.000	
CC	0.246***	-0.211***	0.404***	0.569***	0.299***	0.037	-0.070*	-0.214***	0.085**	0.022	-0.000	1.000

注：* 表示相关系数在 10% 水平上显著，** 表示相关系数在 5% 水平上显著，*** 表示相关系数在 1% 水平上显著。

4.3　回归结果

本研究回归结果见表 3。首先观察模型 1 和模型 2 的回归结果，要探究多市场接触与竞争复杂性的关系，需要分别观察多市场接触的一次项和二次项变量与竞争复杂性的关系，模型 1 中多市场接触的一次项与竞争复杂性的系数为负，p 值大于 0.1，因此关系并不显著；模型 2 中多市场接触的二次项的系数为负（-7.220，$p<0.01$），一次项的系数为正（27.731，$p<0.01$）。因此可以得出，多市场接触与竞争复杂性不是线性关系，而是呈 "倒 U 形"，且极值点在函数第一象限（如图 1 所示）。这一结果表明企业之间的竞争复杂性随着多市场接触水平的增加而增加，然而当多市场接触水平达到临界点时，基于相互熟悉效应，企业间相互降低竞争强度，竞争复杂性开始下降，假设 H1 得到了验证。为了确保 "倒 U 形" 的中心轴两边分别存在真实的样本，本文还进行了 Utest 检验。在使用 STATA 的 Utest 语句进行检验后，结果（$p=0.001<0.01$）拒绝单调线性和 "U 形" 的原假设，回归结果显著为 "倒 U 形"，同时，测得该 "倒 U 形" 的极值点为 1.92，而自变量 MMC 的取值范围在 0.038~4.5，因此 "倒 U 形" 的极值点在可取值范围之内，足以证明该 "倒 U 形" 曲线的合理性。

表 3　　　　　　　　　　　　　　　回 归 结 果

	因变量：CC	模型 1	模型 2	模型 3	模型 4	模型 5
自变量	MMC	-0.096 (4.407)	27.731*** (9.442)	38.685*** (15.590)	14.341 (11.798)	27.032 (17.834)
	MMC2		-7.220*** (2.173)	-9.572*** (2.650)	-6.501** (2.606)	-7.249** (3.000)
调节变量	ZX			0.111 (0.306)		-0.106 (0.356)
	KS				-0.594** (0.289)	-0.536* (0.307)
交互项	MMC×ZX			-1.038** (0.504)		-0.412 (0.631)
	MMC2×ZX			0.285* (0.151)		-0.067 (0.195)
	MMC×KS				0.561* (0.305)	0.539* (0.314)
	MMC2×KS				0.433* (0.251)	0.464* (0.260)

续表

因变量：CC		模型 1	模型 2	模型 3	模型 4	模型 5
控制变量	lnAS	11.127 **	11.771 **	10.148 **	11.225 **	10.912 **
		(5.090)	(5.040)	(5.235)	(5.513)	(5.630)
	AGE	1.144	1.041 **	1.392	−0.723	−0.581
		(1.102)	(1.090)	(1.128)	(1.310)	(1.347)
	V_1	4.075	5.6994	5.467	5.636	6.926
		(6.813)	(6.758)	(6.862)	(6.631)	(6.773)
	lnROA$_{t-1}$	−0.291	−0.259	−0.299	−0.902 *	−1.108 **
		(0.432)	(0.428)	(0.435)	(0.540)	(0.560)
	ATR	4.796 **	4.902 **	4.600 **	−1.174	−1.887
		(2.075)	(2.053)	(2.083)	(4.066)	(4.208)
	QC	0.186 **	0.176 **	0.190 **	0.231 **	0.221 **
		(0.079)	(0.078)	(0.080)	(0.097)	(0.102)
	HHI	171.166	150.886	106.092	174.918	189.803
		(205.134)	(203.060)	(206.731)	(222.227)	(226.484)
	GR	1.069	0.898	1.682	−10.031	−7.180
		(7.035)	(6.961)	(7.088)	(7.793)	(8.072)
统计	N	639	639	630	479	475
	R^2	0.230	0.235	0.214	0.270	0.257
	F	4.55 ***	5.29 ***	4.52 ***	3.53 ***	3.04 ***

注：* 表示相关系数在 10% 水平上显著，** 表示相关系数在 5% 水平上显著，*** 表示相关系数在 1% 水平上显著。

　　接下来，模型 3 和模型 4 在模型 2 的基础上加入了调节变量来检验组织协调性和企业可见性的调节作用。根据 Haans 等（2016）对于 U 形关系调节效应检验的方法，检验 U 形关系调节效应分别需要从拐点的偏移和曲线形态的变化两个方面展开。模型 3 的主效应不变，竞争复杂性与多市场接触的关系还是呈显著的"倒 U 形"。首先，观察交互项的回归结果可知，MMC×ZX 和 MMC2×ZX 的系数分别为−1.038（$p<0.05$）和 0.285（$p<0.1$），均显著。继而通过观察 MMC2×ZX 的符号可知曲线形态变化，MMC2×ZX 的系数（0.285）大于 0，因而会弱化竞争复杂性与多市场接触的"倒 U 形"关系，曲率会降低，通过观察图 2 可见"倒 U 形"曲线被展平了，假设 H2a 不被支持。其次，观察［MMC 的系数×（MMC2×ZX）的系数−MMC2 的系数×（MMC×ZX）的系数］的符号，可知拐点偏移的方向。MMC 的系数为 38.685（$p<0.01$），（MMC2×ZX）的系数为 0.285（$p<0.1$），MMC2 的系数为−9.572（$p<0.01$），（MMC×ZX）的系数为−1.038（$p<0.05$），所有结果均显著，进行计算得到结果为 1.089（大于 0），因此"倒 U 形"曲线的拐点向右移动，假设 H2b 不被支持。

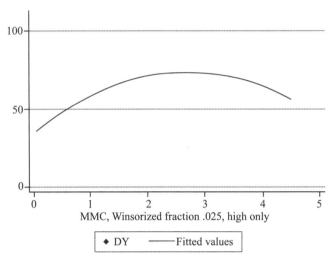

图 1　多市场接触与竞争复杂性呈倒 U 形关系

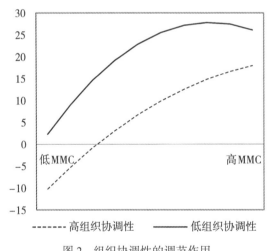

图 2　组织协调性的调节作用

进一步，观察模型 4，（MMC2×KS）的系数为 0.433 大于 0（$p<0.1$）且显著，观察图 3 发现曲线被展平。接下来，计算 ［MMC 的系数×（MMC2×KS）的系数−MMC2 的系数×（MMC×KS）的系数］的符号，MMC 的系数为 14.341（$p>0.1$），（MMC2×KS）的系数为 0.433（$p<0.1$），MMC2 的系数为−6.501（$p<0.05$），（MMC×KS）的系数为 0.561（$p<0.1$），计算结果为 9.856（大于 0），因此"倒 U 形"曲线的拐点向右移动。综上，企业可见性高，会弱化多市场接触与竞争复杂性的"倒 U 形"关系，假设 H3 得到验证，其曲线的形态也会更加平缓（如图 3 所示）。与此同时，在其调节效应下，多市场接触与竞争策略组合的"倒 U 形"关系将会在更低多市场接触程度时到达拐点，使拐点向左偏移。

最后再来看模型 5，模型 5 将 2 个调节变量和 4 个交互项一起加入模型 2。结果发现，MMC 的一次项和二次项与可见性的交互项，均在 1% 的水平上显著，主效应依旧显著为"倒 U 形"，同时两个

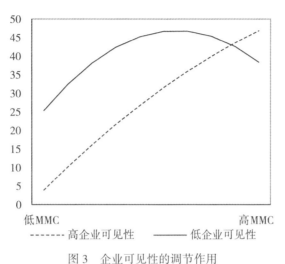

图 3   企业可见性的调节作用

调节变量二次项交互项的符号同样为负，再次证明了假设 H2 和假设 H3 的成立。然而与组织协调性构成的交互项在综合模型里均显示为不显著，通过对比 R^2 也可知，模型 4 的解释力度强于模型 5 强于模型 2。因此，企业可见性的调节作用相比组织协调性对于多市场接触与竞争策略组合的"倒 U 形"关系的影响力度更大，起到了更为关键的作用。

4.4   稳健性检验

4.4.1   将因变量分类

为了保证结果的稳健性，本研究将竞争策略组合中的竞争行为根据市场行为与非市场行为进行了划分，新的回归结果如表 4 所示。

模型 6 和模型 7 表示，在仅观察企业的市场行动时，多市场接触与竞争复杂性依然呈"倒 U 形"的关系，与模型 1 和模型 2 一致。在仅考虑非市场竞争行为时，模型 8 和模型 9 的回归结果也得到了同样的结论。因此，回归结果是稳健的，具有较好的可信性。

表 4   稳健性检验一

被解释变量 CC		市场行为		非市场行为	
		模型 6	模型 7	模型 8	模型 9
解释变量	MMC	−0.013 (4.390)	27.672 *** (9.407)	−0.023 (0.422)	2.321 ** (1.109)
	MMC2		−7.183 *** (2.164)		−0.604 ** (0.265)

续表

被解释变量 CC		市场行为		非市场行为	
		模型 6	模型 7	模型 8	模型 9
控制变量	lnAS	10.925 **	11.566 **	0.739 **	0.626 **
		(5.071)	(5.021)	(0.305)	(0.306)
	AGE	1.125	1.022	0.099	0.093
		(1.097)	(1.086)	(0.063)	(0.063)
	V_i	4.010	5.625	0.279	0.303
		(6.787)	(6.733)	(0.742)	(0.735)
	$lnROA_{t-1}$	−0.263	−0.231	0.095	0.099
		(0.430)	(0.426)	(0.063)	(0.062)
	ATR	4.742 **	4.848 ***	0.206	0.195
		(2.066)	(2.045)	(0.235)	(0.233)
	QC	0.187 **	0.177 **	0.074 ***	0.074 ***
		(0.079)	(0.078)	(0.013)	(0.013)
	HHI	171.319	151.144	−49.183	−50.988
		(204.376)	(202.317)	(36.011)	(36.006)
	GR	1.189	1.019	−1.378	−1.416
		(7.009)	(6.935)	(1.236)	(1.236)
统计	N	639	639	639	639
	R^2	0.234	0.236	0.174	0.194
	F	4.47 ***	5.21 ***	3.72 ***	3.46 ***

注：* 表示相关系数在 10% 水平上显著，** 表示相关系数在 5% 水平上显著，*** 表示相关系数在 1% 水平上显著。

4.4.2　内生性再检验

模型除了可能存在的遗漏变量偏差外，还可能存在双向因果导致的内生性，所以本研究使用工具变量法进一步修正内生性可能造成的影响。工具变量的选择参考学者曾伏娥、袁靖波（2016）的做法，采用企业产品的品类。企业拥有的产品品类越多，所处的品类细分市场也就越多，与多市场接触水平显著正向相关；企业的品类数量与其竞争行为的复杂程度并没有直接关系，也符合工具变量的外生性要求。本文采取固定效应模型+工具变量的回归方法进行估计，检验结果（见表 5）显示第一阶段不论一次线性回归还是二次线性回归工具变量的结果都十分显著，说明工具变量选取较为合理，而从二阶段的回归结果看到，模型 13 的 F 值不显著，因此无法支持一次线性回归关系的相关性，不过从模型 14 可以看到二次线性回归的相关性依然得到了验证，多市场接触的一次项和二次项依旧显著并且符号没发生变化，说明考虑内生性之后多市场接触与竞争复杂性的"倒 U 形"关系结果稳定，具有可信性。

表 5　　　　　　　　　　　　　　稳健性检验二

		阶段一			阶段二	
		模型 10	模型 11	模型 12	模型 13	模型 14
被解释变量		MMC		MMC2	CC	
解释变量	PSIV	0.127*** (0.014)	−0.040*** (0.007)	−0.433*** (0.026)		
	PSIV×MMC		0.102*** (0.002)	0.468*** (0.007)		
	MMC				7.456* (4.418)	20.400* (10.242)
	MMC2					−4.934** (2.316)
控制变量	lnAS	0.055* (0.033)	−0.0206 (0.015)	−0.166*** (0.053)	7.321*** (1.455)	7.503*** (1.382)
	AGE	−0.014*** (0.004)	0.001 (0.002)	−0.000 (0.007)	−0.058 (0.208)	−0.225 (0.186)
	V_i	−0.071 (0.062)	0.023 (0.029)	0.232** (0.100)	0.007 (2.171)	−0.059 (2.130)
	lnROA$_{t-1}$	−0.010 (0.007)	0.003 (0.003)	0.012 (0.011)	0.805*** (0.269)	0.704*** (0.249)
	ATR	0.021 (0.020)	0.021** (0.009)	0.023 (0.032)	−1.814*** (0.620)	−1.967*** (0.635)
	QC	−0.002 (0.002)	−0.001 (0.001)	−0.005 (0.003)	0.293*** (0.069)	0.282*** (0.070)
	HHI	4.967 (6.623)	2.282 (3.130)	2.996 (10.575)	92.969 (235.560)	104.147 (230.419)
	GR	−0.054 (0.225)	0.109 (0.106)	0.391 (0.360)	−0.210 (7.559)	−1.282 (7.367)
统计	N	639	639	639	639	639
	R^2	0.071	0.8097	0.8514	0.0738	0.1505
	F	5.90***	17.83***	11.61***	1.07	1.46***

注：* 表示相关系数在 10% 水平上显著，** 表示相关系数在 5% 水平上显著，*** 表示相关系数在 1% 水平上显著。

5. 结论与启示

5.1　研究结论

本文通过固定效应回归模型研究了多市场接触对竞争复杂性的影响，最终得到了如下结论：

第一，多市场接触水平与竞争复杂性呈"倒 U 形"的关系。这一结果表明，企业在实施竞争策略时，并不能一味地追求竞争的复杂性，而应视与竞争对手的多市场接触水平动态地调整竞争的复杂性程度，从而实现企业的竞争优势。企业在进入行业的早期阶段，竞争对手间多市场接触水平较低，为了释放出自己在遭受进攻时有能力实施有效的多市场报复信号，将实施更复杂的竞争策略组合。然而，随着多市场接触水平的提高，应该运用简单、直接的竞争策略组合对竞争对手一击而中。

第二，企业的组织协调性对竞争复杂性与多市场接触水平的"倒 U 形"关系具有弱化调节的作用。组织协调性高的公司确实有能力处理更加复杂的竞争策略组合，因为其内部资源调配和内部沟通的高效性会使公司更加适应动态变化的竞争环境，并不惧怕竞争对手来自多个市场的威慑。同时，这类企业往往不会单纯为了建立威慑力而大肆采取无效行动组合，反而会在充分洞察信息并分析判断后再进行有效行动，所以其竞争复杂性的增长相比竞争对手更为平缓。

第三，企业可见性对竞争复杂性与多市场接触水平的"倒 U 形"关系有弱化调节的作用。公司必须不断使用更新颖、更多样的竞争组合来迷惑竞争对手，使对手无法分辨真实的进攻方向，或者无法进行全面的防御。在快速达成目的后应尽早进入相互克制的阶段，保证企业的资源可以投入更急需的业务中。

5.2　管理启示与研究不足

本文的管理启示如下：

第一，在多市场接触的竞争环境中，并不是一味增加竞争复杂性就能够保持竞争优势，而是要做到"能屈能伸"。当企业想进入新的细分市场扩展自身业务时，会从各个角度使用"浑身解数"来与竞争对手竞争。然而，这只是基于短期利益。长远来看，复杂的竞争行为组合的边际收益会逐渐下降。基于竞争对手的威慑作用以及熟悉效应，明智的企业高管会尽早洞察并判断出应对各个市场或者各种情况的有效竞争方法，简单、直接的竞争行为的效果会更好。只保留有效的竞争行为，能在保证竞争优势的前提下，尽可能降低自身成本和更有效地回应竞争对手的威胁。

第二，企业要注意不断提升公司的组织协调能力，旨在保障在多个市场成功实施组合性竞争策略。在公司体量逐渐变大、参与市场逐渐增多的情况下，公司实施的一系列竞争策略组合一定要与自身组织协调能力相匹配。公司为了能够健康有序地发展，一定要时刻保持警惕，保证自身业务发展和资源调配在自己的能力控制范围内。

第三，在多市场竞争中，企业要巧妙地利用行动的信息不对称性。企业可见性越高说明企业的曝光度和知名度越高，从表面上看可能会是件好事，知名度高说明企业更易受到市场认可。然而，企业的可见性也可能是一把双刃剑。可见度高的代价是将自己暴露给"暗处"的敌人，自己的信息更容易泄露、传播并更受竞争对手关注。因此，企业管理者需要考虑企业曝光的程度，既能够触达大多数目标客户，又不至于过高程度地暴露自己。

当然，本文也存在一定的局限性：第一，本文数据来源于我国家电行业，该行业在以往的研究中已被多次证明符合多市场竞争的条件，同时也是动态竞争研究的合适样本行业。未来为了增加对其他行业的说服性与适用性，可以考虑增加多行业的数据进行深度的比较研究。第二，本研究的因变量"竞争复杂性"只测量了单一维度因素——竞争多样性，以后的研究中还可以补充竞争的变化性和竞争的新奇性等维度，使变量更具综合性与解释力。

5.3 本文创新点

本文的创新点如下：

第一，以焦点企业与竞争者关系为研究视角，探索焦点企业实施竞争策略组合的驱动因素，突破了以往传统的竞争策略组合驱动因素研究。以往有关竞争策略组合的影响因素研究中，学者们均是探讨外部环境与企业自身特质等因素的驱动作用，而本文从企业与竞争者的关系为出发点，探讨多市场接触对企业竞争策略组合的影响作用，丰富了竞争策略组合的影响因素研究。

第二，以往有关多市场接触的研究中，学者们均是探讨多市场接触对企业财务绩效或者创新绩效的影响，而本文以竞争策略组合战略为结果变量，研究多市场接触对企业实施竞争策略组合战略的影响，拓展了多市场接触的结果变量研究，开辟了研究的新思路。

◎ 参考文献

[1] 邓新明，郭亚楠. 竞争经验、多市场接触与企业绩效——基于红皇后竞争视角 [J]. 管理世界，2020（1）.

[2] 邓新明，罗欢，龙贤义等. 高管团队异质性、竞争策略组合与市场绩效——来自中国家电行业的实证检验 [J]. 南开管理评论，2021，24（4）.

[3] 邓新明，叶珍，许洋. 企业竞争行动与绩效的关联性研究——基于市场与非市场的综合视角 [J]. 南开管理评论，2015，18（4）.

[4] 李健，刘世洁，李晏墅，包耀东. 战略差异度能够减少先进制造业企业风险吗——基于中美贸易摩擦背景的研究 [J]. 广东财经大学学报，2020，35（3）.

[5] 皮圣雷，蓝海林. 中国横向整合企业竞争策略组合与组织协调性：转型期制度情境的调节作用 [J]. 管理世界，2014（4）.

[6] 任力. 我国自由贸易试验区发展的制度创新经验和前景——以福建省为例 [J]. 浙江树人大学学报（人文社会科学），2021，21（5）.

[7] 田志龙，邓新明，Taieb Hafsi. 企业市场行为、非市场行为与竞争互动——基于中国家电行业的

案例研究 [J]. 管理世界, 2007 (8).

[8] 曾伏娥, 袁靖波. 多市场接触、市场集中度与企业非伦理行为 [J]. 管理世界, 2016 (6).

[9] Basdeo, D. K., Smith, K. G., Grimm, C. M. The impact of market actions on firm reputation [J]. Strategic Management Journal, 2006, 27 (12).

[10] Baum, J. A. C., Korn, H. J. Dynamics of dyadic competitive interaction [J]. Strategic Management Journal, 1999, 20 (3).

[11] Boeker, W., Goodstein, J., Stephan, J., et al. Competition in a multimarket environment: The case of market exit [J]. Organization Science, 1997, 8 (2).

[12] Chen, M. J. Competitive dynamics research: An insider's odyssey [J]. Asia Pacific Journal of Management, 2009, 26 (1).

[13] Chen, M. J., Miller, D. Competitive dynamics: Themes, trends, and a prospective research platform [J]. Academy of Management Annals, 2012, 6 (1).

[14] Connelly, B. L., Tihanyi, L., Ketchen, Jr D. J., et al. Competitive repertoire complexity: Governance antecedents and performance outcomes [J]. Strategic Management Journal, 2017, 38 (5).

[15] DiMaggio, P. J., Powell, W. W. The iron cage revisited: Institutional isomorphism and collective rationality in organizational fields [J]. American Sociological Review, 1983, 48 (2).

[16] Edwards, C. D. Conglomerate bigness as a source of power [M] //G. J. Stigler. Business concentration and price policy. Princeton, NJ: Princeton University Press, 1955.

[17] Ensign, P. C. Interrelationships and horizontal strategy to achieve synergy and competitive advantage in the diversified firm [J]. Management Decision, 1998, 36 (10).

[18] Ferrier, W. J. Navigating the competitive landscape: The drivers and consequences of competitive aggressiveness [J]. Academy of Management Journal, 2001, 44 (4).

[19] Ferrier, W. J., Lyon, D. W. Competitive repertoire simplicity and firm performance: The moderating role of top management team heterogeneity [J]. Managerial and Decision Economics, 2004, 25 (6-7).

[20] Ferrier, W. J., Smith, K. G., Grimm, C. M. The role of competitive action in market share erosion and industry dethronement: A study of industry leaders and challengers [J]. Academy of Management Journal, 1999, 42 (4).

[21] Fuentelsaz, L., Gómez, J. Multipoint competition, strategic similarity and entry into geographic markets [J]. Strategic Management Journal, 2006, 27 (5).

[22] Gimeno, J., Woo, C. Y. Hypercompetition in a multimarket environment: The role of strategic similarity and multimarket contact in competitive deescalation [J]. Organization Science, 1996, 7 (3).

[23] Gnyawali, D. R., Fan, W., Penner, J. Competitive actions and dynamics in the digital age: An empirical investigation of social networking firms [J]. Information Systems Research, 2010, 21 (3).

［24］Greve, H. R. Marketing niche entry decisions: Competition, learning, and strategy in Tokyo banking, 1894-1936 ［J］. Academy of Management Journal, 2000, 43 （5）.

［25］Haans, R. F. J., Pieters, C., He, Z. L. Thinking about U: Theorizing and testing U-and inverted U-shaped relationships in strategy research ［J］. Strategic Management Journal, 2016, 37 （7）.

［26］Hambrick, D. C., Cho, T. S., Chen, M. J. The influence of top management team heterogeneity on firms' competitive moves ［J］. Administrative Science Quarterly, 1996, 41 （4）.

［27］Hughes-Morgan, M., Ferrier, W. J. Competitive action repertoires and stock risk ［J］. Journal of Managerial Issues, 2014, 26 （1）.

［28］Jayachandran, S., Gimeno, J., Varadarajan, P. R. The theory of multimarket competition: A synthesis and implications for marketing strategy ［J］. The Journal of Marketing, 1999, 63 （3）.

［29］Karnani, A., Wernerfelt, B. Multiple point competition ［J］. Strategic Management Journal, 1985, 6 （1）.

［30］Kasman, A., Kasman, S. Bank size, competition and risk in the Turkish banking industry ［J］. Empirica, 2016, 43 （3）.

［31］McGrath, R. G., Chen, M. J., MacMillan, I. C. Multimarket maneuvering in uncertain spheres of influence: Resource diversion strategies ［J］. Academy of Management Review, 1998, 23 （4）.

［32］Meznar, M. B., Nigh, D. Buffer or bridge? Environmental and organizational determinants of public affairs activities in American firms ［J］. Academy of Management Journal, 1995, 38 （4）.

［33］Miles, R. A. Managing the corporate social environment ［M］. NJ: Prentice Hall, 1987.

［34］Miller, D., Chen, M. J. The simplicity of competitive repertoires: An empirical analysis ［J］. Strategic Management Journal, 1996, 17 （6）.

［35］Nayyar, P. R., Bantel, K. A. Competitive agility: A source of competitive advantage based on speed and variety ［J］. Advances in Strategic Management, 1994, 19.

［36］Ndofor, H. A., Sirmon, D. G., He, X. Firm resources, competitive actions and performance: Investigating a mediated model with evidence from the in-vitro diagnostics industry ［J］. Strategic Management Journal, 2011, 32 （6）.

［37］Paterson, S. L., Brock, D. M. The development of subsidiary-management research: Review and theoretical analysis ［J］. International Business Review, 2002, 11 （2）.

［38］Prince, J. T., Simon, D. H. Multimarket contact and service quality: Evidence from on-time performance in the US airline industry ［J］. Academy of Management Journal, 2009, 52 （2）.

［39］Reeven, P. V., Pennings, E. On the relation between multimarket contact and service quality: Mutual forbearance or network coordination ［J］. Strategic Management Journal, 2016, 10.

［40］Scott, J. T. Multimarket contact and economic performance ［J］. The Review of Economics and Statistics, 1982, 64 （3）.

［41］Smith, K. G., Grimm, C. M., Gannon, M. J., et al. Organizational information processing, competitive responses, and performance in the US domestic airline industry ［J］. Academy of

Management Journal, 1991, 34 (1).

[42] Smith, K. G., Grimm, C. M., Gannon, M. J. Dynamics of competitive strategy [M]. Newbury Park, CA: Sage Publications, Inc., 1992.

[43] Stacey, R. D. Managing the unknowable: Strategic boundaries between order and chaos in organizations [M]. San Francisco, CA: John Wiley & Sons, 1992.

[44] Stephan, J., Murmann, J. P., Boeker, W., et al. Bringing managers into theories of multimarket competition: CEOs and the determinants of market entry [J]. Organization Science, 2003, 14 (4).

[45] Yu, T., Cannella, A. A. Rivalry between multinational enterprises: An event history approach [J]. Academy of Management Journal, 2007, 50 (3).

Multi-market Contact and Competitive Repertoires
—Based on the Moderating Effects of Organizational Coordination and Enterprise Visibility

Deng Xinming[1]　Hou Dan[2]　Yang Saifan[3]

(1, 2, 3　Economics and Management School, Wuhan University, Wuhan, 430072)

Abstract: In real competitive context, are simplicity of firm's competitive repertories or complexity better? This article has collected 5301 company's competitive actions, and studied the affecting mechanism of competitive repertories implemented by firms. The empirical analysis of Chinese household appliance industry shows that the relationship between multi-market contact and the complexity of competition is "inverted U". This shows that when the enterprise under the environment of low multi-market contact, complexity of enterprise's competition will increase with the increase of the multi-market contact based on the mutual deterrence hypothesis. And when the level of the multi-market contacts more than a certain critical value, the enterprise is in much higher levels of multi-market contact, complexity of enterprise's competition will drop with the increase of the multi-market contact based on the hypothesis that familiar with each other. At the same time, this paper also explores the moderating effects of organizational coordination and enterprise visibility from the perspective of realizing the premise of "mutual restraint". The results show that organizational coordination has a significant negative regulating effect on the relationship between multi-market contact and competition complexity, while enterprise visibility has a significant positive regulating effect on the relationship between multi-market contact and competition repertoires. In summary, this paper enriches the theoretical research on multi-point competition and provides implications for Chinese enterprises to effectively obtain competitive advantages in the realistic multi-market contact environment.

Key words: Multi-market contact; Competitive repertoires; Competitive complexity; Organizational coordination; Enterprise visibility

专业主编：杜旌

珞珈 管理评论

2022 年卷第 6 辑 (总第 45 辑)

Luojia Management Review

No. 6, 2022 (Sum. 45)

知识网络效率对企业新产品开发绩效的影响*
——基于要素市场化的调节作用

● 徐露允[1,2]　黄美玲[3]　龚 红[4]　陈 静[5]

(1, 3　湖南师范大学商学院　长沙　410081;

2, 4　武汉大学战略性新兴产业研究中心　武汉　430072;

5　湘潭大学材料科学与工程学院　湘潭　411105)

【摘　要】经济高质量发展对企业创新能力提出了更高要求，企业需要将内部能力与外部环境有效结合以提高创新效率。基于知识基础和复杂网络理论，本文构建知识网络效率、要素市场化与新产品开发的理论模型，并利用我国汽车制造企业的面板数据，通过双向固定效应负二项回归模型对研究假设进行实证检验，研究结果表明：知识网络全局效率与企业新产品开发绩效呈正向关系，知识网络局部效率与企业新产品开发绩效呈负向关系；高水平资本市场化程度削减全局效率对企业新产品开发绩效的促进作用，高水平劳动力市场化程度增强全局效率对企业新产品开发绩效的促进作用，高水平技术市场化程度增强局部效率对企业新产品开发绩效的抑制作用。因此，本文提出相应的政策建议：全面推进要素市场化配置改革的纵深发展以强化企业创新主体地位；技术融合是实现发明创造的主要途径，企业应根据自身情况选择不同的知识组合策略，同时注重组合策略与各类要素市场化发展的匹配程度以提升新产品开发绩效。

【关键词】新产品开发　知识网络　全局效率　局部效率　要素市场化

中图分类号：C93　　　　文献标识码：A

1. 引言

我国经济已由高速增长阶段转向高质量发展阶段，供给侧结构性改革是高质量发展的抓手，而

＊ 基金项目：国家自然科学基金青年项目"知识网络对企业新产品开发绩效的作用机理研究：基于创新搜索视角"（项目批准号：71902059）。

通讯作者：徐露允，E-mail：xuluyun@ hunnu. edu. cn。

企业是供给侧改革的重要主体，激发企业活力、提升企业创新效率成为高质量发展的动能。技术创新和产品创新是企业创新能力的重要体现，它们之间并不是彼此独立的，发明创造转化为产品才能保证创新活动的良性循环。新产品开发是企业利用现有资源和能力改造旧产品和推出新产品的过程，知识基础理论下的新产品开发与企业知识库密不可分。一些学者基于知识库中的知识属性研究了知识多元化对新产品开发绩效的影响（陈培祯等，2018）；也有学者针对知识库中的知识关系属性探索了知识替代性和互补性在新产品开发过程中的作用（陈培祯等，2021）；还有学者基于知识关系属性运用社会网络分析构建知识网络，并剖析了知识网络凝聚性对新产品开发活动的影响（徐露允和龚红，2021）。在产业融合的驱动下，跨学科融合创新成为企业发明创造的新趋势（Yayavaram & Ahuja，2008），并在新产品开发过程中具有重要作用（王媛等，2020）。知识基础理论认为融合创新是基于不同科学技术领域实现知识组合的过程，知识组合的难易程度不仅取决于企业能够接触和利用专业化知识的能力大小，也和知识主体的合作与交流频率密切相关。复杂网络中的网络效率反映网络节点之间信息传播速度、准确性、交流频率等信息，将该特征引入知识网络，能够更精准地反映知识主体之间的信息交换程度，从而为知识传播与扩散的分析提供更多思路。通过使用网络效率，知识网络可被认为是既具有全局效率又具有局部效率的复杂网络。基于此，本文区别于现有文献，通过引入效率属性来表征知识组合的难易程度以及知识主体的交流频率，并详细探讨不同范围内的知识网络效率对企业新产品开发绩效的内在作用机理。

新产品开发是一项复杂的创新活动，不仅受到内部知识基础的影响，也离不开外部经济要素的支撑。国务院颁布的《关于构建更加完善的要素市场化配置体制机制的意见》强调要推进资本要素市场化配置、引导劳动力要素合理畅通有序流动、加快发展技术要素市场，并对构建更完善的要素市场化配置体制机制提出指导意见。要素质量和配置效率的提升能够为经济发展注入新动力，并为企业科技创新注入新活力。已有文献讨论了各要素市场的发展对经济可持续增长的影响，如有学者发现金融市场化通过缓解融资约束和研发投资相关的信息不对称作用于经济增长（周业安和赵坚毅，2005）；也有学者研究了市场化的人力资本与经济增长效应的关系（詹新宇，2012）；还有学者剖析了科技成果转化对经济新动能培育的影响机制（刘大勇等，2021）。同时，有文献分析了要素市场化对企业创新活动的影响，如有学者指出金融市场化通过缓解外部融资约束和增强内部研发支出推动企业创新能力的提升（白俊红和刘宇英，2021）；也有学者讨论了人力资本的规模对企业创新活动的影响（裴政和罗守贵，2020）；还有学者基于厚度和流畅度两个维度对技术市场与高技术产业创新的关系进行了研究（俞立平等，2021）。从已有研究结论可知，要素市场化在发展区域经济和推动创新中扮演着重要角色，但鲜有文献探究要素市场化在融合创新与新产品开发之间所产生的权变效应。

动荡的市场环境对企业创新活动提出更高要求，所需资源的广度和深度都在不断增加，如何实现内部创新能力与外部多层次资源的最佳匹配成为企业实现高质量发展过程中亟待解决的重要问题。本文基于知识基础和复杂网络理论，从不同范围内的融合创新难易程度视角，剖析知识网络全局效率和局部效率对企业新产品开发绩效的直接影响，并将要素市场化作为权变因素，探究资本、劳动力和技术市场化程度对知识网络效率与企业新产品开发绩效之间关系的调节作用。本文聚焦于我国汽车制造企业，采用面板数据回归模型进行实证研究，全面分析知识网络效率、要素市场化与新产品开发之间的关系，最后得出研究结论并提出相应的政策建议。

2. 理论基础与研究假设

2.1　知识网络效率

知识具有关系性和可检索性等特征，由此网络分析方法成为刻画企业知识库的有效工具；其中，网络的节点为不同技术领域中的知识，网络的边为已被成功挖掘的知识依存关系（Saviotti，2007）。融合创新是知识组合的过程，组合实现的难易程度取决于知识库的效率属性，即企业能够接触和利用专业化知识的能力大小（Grant，1996）。这一思想与复杂网络分析中的网络效率相契合，网络效率衡量网络中的信息交换程度，网络效率越高，信息交换程度就越高（Latora & Marchiori，2001）。为了形象表示网络效率所反映的特征，本文基于已有方法构建知识网络，并利用复杂网络理论计算代表性企业的知识网络全局效率和局部效率。图 1（a）和图 1（b）分别为郑州日产汽车有限公司（以下简称郑州日产）和中国第一汽车集团公司（以下简称中国一汽）的知识网络示意图；其中，郑州日产知识网络的全局效率为 0.039，局部效率为 0.500；中国一汽知识网络的全局效率为 0.136，局部效率为 0.431。通过图 1 可知：具有较高全局效率的知识网络（中国一汽）中，全局范围内的知识之间路径较短，信息可以在更广范围内进行交换；具有较高局部效率的知识网络（郑州日产）中，局部范围内的知识之间路径较短，同一知识簇内的信息交换能力较强，而不同知识簇之间的信息交换能力则较弱。

知识组合有助于发挥不同科学技术领域之间的协同效应，并且这种协同效应具有传导性（Wang et al.，2014）。一方面，在全局效率较高的知识网络中，知识之间的协同性更有可能在全局范围内传导；在局部效率较高的知识网络中，连接不同知识簇的中介知识的缺失使得知识之间的协同性更多地在局部范围内扩散。另一方面，企业内部的知识都由发明人掌握，发明创造的实现是发明人之间协作、共同努力的成果（Grigoriou and Rothaermel，2017；王泓略等，2020）。在全局效率较高的知识网络中，发明人因内部知识流动而在全局范围内进行频繁的合作与交流；在局部效率较高的知识网络中，发明人更容易形成一个个小团体，团队内部之间的合作较为频繁，而跨团队合作频率则较低。因此，知识网络效率通过作用于知识协同性的传导范围和发明人在企业内部的合作范围而影响创新活动。

2.2　知识网络全局效率与企业新产品开发绩效

较高的知识网络全局效率所带来的知识协同效应在全局范围内传导，极大地拓展了面向本地搜索的知识组合空间，企业可以基于现有知识库开展更多面向实际应用的发明创造活动（Carnabuci and Operti，2013）。同时，较高的知识网络全局效率带来的全局范围内的知识流动与合作，促使发明人挖掘企业内部知识之间的深层次差异，更容易甄选、识别内部知识的价值并加以利用（Rodan and Galunic，2004），从而激发出更多关于发明创造的新想法，并基于现有知识库开展更多的发明创造活

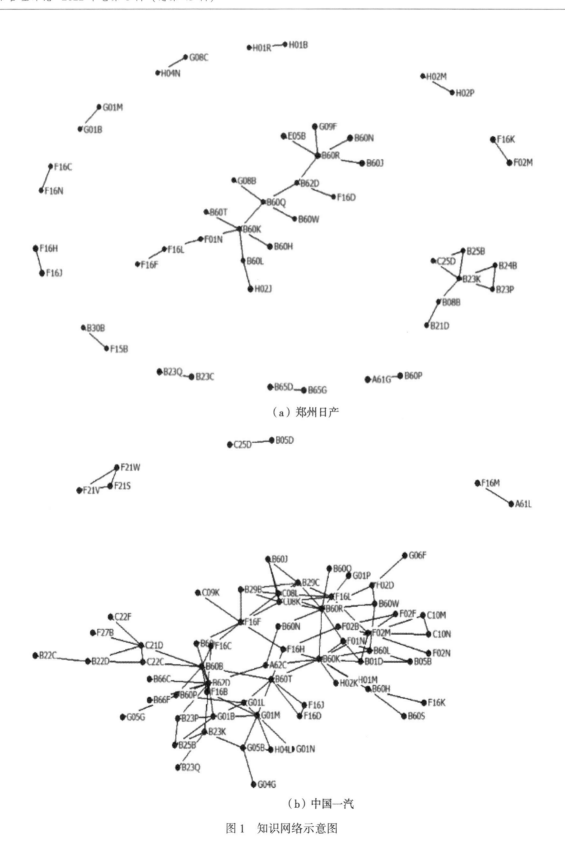

（a）郑州日产

（b）中国一汽

图 1　知识网络示意图

动。面向本地搜索的发明创造活动不仅快速强化企业的技术储备，还有助于企业获取一定的技术领先优势（Henderson and Clark，1990）。

有效的产品规划和技术支持推动企业发现更多的新产品开发机会，并保证新产品开发活动的顺利开展。企业内部的发明创造活动能够为产品规划提供一定的思路（Oh et al.，2020），也能够为新产品开发提供技术支持（Wu et al.，2017）。知识网络全局效率较高的企业可以利用技术领先优势指导产品规划，营造出开发更具竞争力的创造性产品的氛围，发明人可以凭借对内部多元化知识的运用能力，打破原有的生产惯性与技术路径，提出更多的新产品开发思路。在新产品开发过程中，企业需要及时发现技术问题并迅速找到解决方案以提高新产品开发速度（Atuahene-Gima and Wei，2011）。知识网络全局效率较高的企业不仅可以利用现有技术储备为解决方案的设计提供技术保障，还可以通过高效的本地搜索实现新的发明创造以扩充技术储备，从而保障新产品开发速度。因此，本文提出如下假设：

H1：较高的知识网络全局效率促进企业新产品开发绩效的提升。

2.3　知识网络局部效率与企业新产品开发绩效

较高的知识网络局部效率意味着知识库中多个知识簇的存在，一个知识簇的形成反映出企业围绕部分技术领域培养了具有一定专业化的技术能力（李健和余悦，2018），多个知识簇的形成则表明多种技术能力的共存。在知识网络中，知识之间的连接桥梁被称为中介知识（Carnabuci and Bruggeman，2009）。不同知识簇之间由于缺少中介知识而使得知识协同效应难以在全局范围内发挥作用，并且知识簇背后的发明团队也容易形成"非此处发明症"（Katz and Allen，1982），从而不利于企业对不同技术能力的整合。同时，协调整合多方面的技术能力是企业核心技术能力形成的必经阶段（张可和高庆昆，2013），因此，较高的知识网络局部效率因抑制不同技术能力的整合而不利于企业核心技术能力的构建。

成功的新产品开发需要组件知识和体系知识的支持，组件知识是体系知识形成的基础，体系知识则是将不同的组件知识转变成连贯的整体（Henderson & Clark，1990）。一方面，知识网络局部效率较高的企业可以将不同的技术能力作为组件知识嵌入新产品，为新产品不同功能的实现提供技术支持；但不同技术能力之间的较高整合难度不利于体系知识的形成，并最终减慢新产品开发进度。另一方面，核心技术能力具有公共物品的特性，能够以共有要素的形式嵌入不同产品，企业围绕核心技术能力可以进行覆盖多个目标市场的产品规划，以实现经营的范围经济（Grant & Baden-Fuller，2004）。范围经济有助于节约研发、生产、销售等环节的成本，企业可以将更多资源投入新产品开发过程。然而，知识网络局部效率较高的企业可能因核心技术能力的缺失而无法发挥范围经济的优势。因此，本文提出如下假设：

H2：较高的知识网络局部效率抑制企业新产品开发绩效的提升。

2.4　资本市场化的调节作用

资本市场化程度较高的地区通常具有健全的市场机制，能够引导金融机构汇集分散资金、提供更多的金融资源和安全性更高的金融工具，也有助于加速资本市场中的信息流动，在一定程度上避免逆向选择和道德风险问题，从而缓解企业融资约束，激发企业的创新动力，将更多资金投入研发活动（王昱和成力为，2013）。较高资本市场化程度的优势还体现在金融支持对人力资本投资的促进作用。高水平金融支持促进储蓄转化为投资，通过信贷、保险等方式扩大家庭获取教育资金的渠道，提高家庭接受教育的意愿，并且也可以通过缓解企业的融资约束问题而提高企业对人员培训的投入，故而加速了人力资本的形成和积累（杨晓智，2015）。因此，高水平资本市场化程度通过缓解融资约束、促进人力资本投资而作用于企业创新活动。

高水平资本市场化程度减弱知识网络全局效率对企业新产品开发绩效的促进作用。融资约束的缓解促使企业将更多资金投入发明创造活动，在更多资金的支持下，企业越容易开展跨界搜索，以获取可持续竞争优势（杨苗苗和王娟茹，2020）。跨界搜索有助于企业获取更多异质性技术知识，并推动企业开发创造性新产品（张文红和赵亚普，2013）。基于本地搜索产生的发明创造无法完全满足创造性产品对技术的需求（Wu et al.，2017）；同时，知识具有显性和隐性特征，知识的隐性特征使得新知识转化为企业技术能力的进程较为缓慢（邓程等，2021）。在知识网络全局效率较高的企业中，新产品开发因基于本地搜索的发明创造活动而得到技术保障，但高水平资本市场化程度使得相关优势逐渐减弱，从而抑制新产品开发绩效的提升。

高水平资本市场化程度缓解知识网络局部效率对企业新产品开发绩效的抑制作用。不同知识簇之间知识协同效应的传导离不开中介知识的支持，跨界搜索增加企业获取中介知识的可能性，中介知识的引入有助于降低不同技术能力之间的整合难度。高水平资本市场化程度通过促进人力资本增值而为企业提供更多智力支持，由此增强企业的学习意愿，并通过促进转化式学习而推动企业整合存量知识，加速组件知识向体系知识的转变过程（姚山季，2016）。在知识网络局部效率较高的企业中，新产品开发由于不同技术能力整合难度高而有所放缓，高水平资本市场化程度能够为企业解决相关问题提供助力，从而减缓新产品开发绩效的下降速度。

综上所述，提出如下假设：

H3a：资本市场化程度越高，较高的知识网络全局效率对企业新产品开发绩效的促进作用越不明显。

H3b：资本市场化程度越高，较高的知识网络局部效率对企业新产品开发绩效的抑制作用越不明显。

2.5　劳动力市场化的调节作用

劳动力市场化程度较高的地区通常具有高水平的劳动力流动自由度，并通过多种方式吸引人力资本的流入，如提高户籍开放度和最低工资标准等（孙文凯等，2020），嵌入在人力资本中的知识、技术和能力等要素，随着人力资本的流入提升地区内的知识溢出水平（易定红和陈翔，2020）。同时，人力资本的流入使得地区内参与经济活动的人员数量增加，由此带来的市场范围扩大促进劳动分工的加深，劳动分工的发展又进一步引导和提高知识分工水平，从而促使人力资本在知识分工中实现专业化知识和技术的快速积累，提高细分行业内人力资本的专业化水平（齐讴歌等，2012）。因此，高水平劳动力市场化程度通过吸引人力资本流入、加深知识分工而作用于企业创新活动。

高水平劳动力市场化程度增强知识网络全局效率对企业新产品开发绩效的促进作用。地区内较高的劳动力流动自由度为企业提供与多元化人力资本接触、交流的机会，有助于在较短时间内以更低的匹配成本找到满足自身需求的人才（Andersson et al.，2007），充足的人才储备为企业开展全局式的本地搜索活动提供智力支持，从而加速技术储备的扩充和技术领先优势的形成。同时，地区内高水平的知识溢出使得企业内部发明人可以接收更多的知识外溢，实现自身人力资本禀赋的增加（易定红和陈翔，2020）。人力资本禀赋的增加有助于拓展发明人的创新思维，产生更多基于本地搜索的发明创造新想法。因此，高水平劳动力市场化程度通过强化较高知识网络全局效率的技术保障优势而加速新产品开发绩效的提升。

高水平劳动力市场化程度加重知识网络局部效率对企业新产品开发绩效的抑制作用。知识分工的加深使得知识呈现出异质化和分散化的特征，异质化特征降低企业对异质性知识的吸收能力，分散化特征使得隐性知识具有更高的情境依赖性，并对社会化、外在化、整合、内在化的协同过程提出更高要求（余维新等，2017）。知识分工的深化也使得各类人才在知识和技术的掌握上呈现出深度加强和广度减少的特点（齐讴歌等，2012），发明人专注地从事特定技术领域的研发，掌握的隐性知识的情境依赖性更强，企业内部不同发明团队之间的知识交换和协调成本也会更高，不同技术能力之间的整合难度也随之提升。同时，专业化能力越强的发明人对自身技能的认可度越高，从其他专业化技术领域获取的知识所带来的价值就越低（Galunic & Rodan，1998），从而进一步加重发明团队的"非此处发明症"，抑制企业对不同技术能力的整合。因此，高水平劳动力市场化程度通过增强技术能力整合难度而加深较高知识网络局部效率对新产品开发绩效的抑制作用。

综上所述，提出如下假设：

H4a：劳动力市场化程度越高，较高知识网络全局效率对企业新产品开发绩效的促进作用越明显。

H4b：劳动力市场化程度越高，较高知识网络局部效率对企业新产品开发绩效的抑制作用越明显。

2.6　技术市场化的调节作用

市场化程度较高的技术市场通常具有较低的进入壁垒，能够吸引更多交易主体进入市场，并由此带来灵活性更强的交易方式（Arora et al.，2001）。技术交易的便利性加速技术供给方的技术转让速度，技术快速转化为收益有助于提升技术供给方的创新积极性，促使更多创新成果流入技术市场，从而提高技术市场厚度（俞立平等，2021）。在政府的扶持下，市场化程度较高的技术市场通常配有完善的技术市场服务平台（周俊亭等，2021），便于高效的技术信息发布、搜寻和交流；同时，市场化程度较高的技术市场也离不开专业中介组织作为有力支撑，科技中介的存在使得技术供需双方能够更好地对接（李柏洲和孙立梅，2010）。较高的信息化程度和活跃的科技中介有助于降低交易过程中的信息不对称程度，使得技术信息更加公开透明，从而提高技术市场流畅度。因此，高水平技术市场化程度通过提高技术市场厚度和流畅度而作用于企业创新活动。

高水平技术市场化程度增强知识网络全局效率对企业新产品开发绩效的促进作用。较高的技术市场厚度加速技术聚集并带来知识溢出效应（俞立平等，2021），企业可以通过技术市场获取先进的、多样化的技术信息，丰富的技术信息不仅为产品规划提供技术支持（Oh et al.，2020），也可以指导基于本地搜索的发明创造活动的开展，为新产品开发过程中的技术问题提供解决方案。同时，较高的技术市场流畅度带来技术扩散效应（俞立平等，2021），企业不仅能够通过技术交易获得所需技术，还可以通过外部技术的引入提升自身创新水平、优化创新活动，从而加速技术领先优势的形成。因此，高水平技术市场化程度通过技术聚集、知识溢出和技术扩散效应强化较高知识网络全局效率对企业新产品开发绩效的促进作用。

高水平技术市场化程度加重知识网络局部效率对企业新产品开发绩效的抑制作用。较高的技术市场厚度和流畅度有助于技术需求方以更低价格和交易费用获取所需技术，使得技术外包成为更具吸引力的选择；同时，较高的技术市场流畅度使得技术供需双方可以围绕技术需求进行更有效的对接，使技术定制成为可能（Cesaroni，2004）。面对可观的市场前景，具有不同专业化技术能力的企业可以以技术供给方的身份参与技术交易，通过定制的方式将专业化技术能力转化为更多的发明创造。同时，技术市场中便捷的服务平台和活跃的科技中介加速技术转让速度，帮助企业快速地将技术转化为经济收益（俞立平等，2021）。丰厚的经济收益促使企业致力于专业化技术能力的深化，从而进一步忽略对不同技术能力的整合。因此，高水平技术市场化程度通过技术定制和利润驱动效应加深较高知识网络局部效率对新产品开发绩效的抑制作用。

综上所述，提出如下假设：

H5a：技术市场化程度越高，较高知识网络全局效率对企业新产品开发绩效的促进作用越明显。

H5b：技术市场化程度越高，较高知识网络局部效率对企业新产品开发绩效的抑制作用越明显。

3. 研究设计

3.1 数据来源

《中国制造 2025》为我国汽车产业的发展指明方向，引导汽车产业通过技术创新、跨界融合等战略实现低碳化、电动化、智能化、网联化、共享化的发展目标。作为国民经济的支柱产业之一，汽车产业正面临产能总量供给绝对过剩和有效供给相对不足的结构性问题，推进汽车产业供给侧结构性改革是实现高质量发展的必然选择。在转型升级过程中，我国汽车产业的自主创新活动取得了一定成效，但在关键核心技术、研发投入、人才储备等方面，与汽车强国相比还存在一定的差距。我国汽车制造企业仍需加大创新力度、深化技术融合发展以大力推进新智造。创新活动贯穿发明创造、产品设计和新产品开发的全过程，如何巧用要素市场，助力创新效率提升，成为汽车制造企业加强自主创新能力过程中需要思考的问题。因此，本研究定位于我国汽车产业，搜集 2000—2017 年的新产品、专利、企业信息、要素市场化等数据，其中专利数据来自国家知识产权局，新产品数据来自国家工业和信息化部发布的车辆生产企业及产品公告，要素市场数据来自中国分省份市场化指数数据库，企业信息数据来自国家企业信用信息公示系统。

3.2　变量及其测度

（1）因变量。新产品数量是测量企业新产品开发绩效最直接的表现（陈培祯和曾德明，2019；徐露允和龚红，2021），本文利用样本企业在 t 年的产品公告数据中的新产品数量测度企业新产品开发绩效（NPDP）。

（2）自变量。本文基于国际专利分类号及其组合关系构建企业知识网络（Guan & Liu, 2016；李健和余悦，2018）。首先，以专利分类号前 4 位作为分类依据，识别出样本企业在 $t-1$ 至 $t-3$ 年期间所有的知识元素类别，即知识网络节点；随后，根据不同类别的专利分类号在 $t-1$ 至 $t-3$ 年期间是否同时出现在同一专利中，判断不同类别的知识元素之间是否存在组合关系，即知识网络的边。需要指出的是，本文构建的知识网络为无权网络。最后，基于构建的知识网络计算样本企业在 $t-1$ 年的知识网络全局效率（GE）和局部效率（LE）（Latora & Marchiori, 2001）。

知识网络全局效率为网络 G 中所有节点对的效率的平均值，其计算公式为：

$$E_{glob} = \frac{1}{N(N-1)} \sum_{i \neq j \in G} e_{ij} = \frac{1}{N(N-1)} \sum_{i \neq j \in G} 1/d_{ij} \tag{1}$$

其中，N 是网络中的节点数，e_{ij} 是节点 i 和节点 j 之间的效率，d_{ij} 是连通节点 i 和节点 j 所有路径中的最短路径长度，且 $e_{ij} = 1/d_{ij}$。

知识网络局部效率为网络 G 中所有局部子图 G_i 的效率的平均值。局部子图 G_i 的效率计算公式为：

$$E(G_i) = \frac{1}{N_i(N_i-1)} \sum_{i \neq j \in G_i} \frac{1}{d_{ij}} \tag{2}$$

其中，G_i 为节点 i 的子图，N_i 为节点 i 的邻居节点个数，d_{ij} 为节点 i 和邻居节点 j 之间的最短距离。那么，知识网络局部效率的计算公式为：

$$E_{loc} = \frac{1}{N} \sum_{i \in G} E(G_i) \tag{3}$$

（3）调节变量。本文利用中国分省份市场化指数中要素市场发育程度的三个一级分项指数分别测度样本企业在 $t-1$ 年的资本、劳动力和技术市场化程度，即利用金融市场化数据测度资本市场化程度（MFI）、人力资源供应条件测度劳动力市场化程度（AHR）、技术成果市场化数据测度技术市场化程度（MTA）。

（4）控制变量。首先，引入样本企业在 $t-1$ 年的年龄（Age）、所有权类型（国有企业 SOE 和外资企业 FIE）和专利存量自然对数（LnPS）三个方面的企业属性作为控制变量。随后，考虑到其他知识库属性对新产品开发的影响（陈培祯等，2021），引入样本企业在 $t-1$ 年的知识互补性（KC）和知识替代性（KS）两个控制变量，测度时所使用的时间窗口与知识网络的构建保持一致。同时，考虑到外部创新资源与新产品开发之间的密切关系（徐露允和龚红，2021），引入样本企业在 $t-1$ 年的协作研发强度（RDI）、协作研发伙伴多元化（RDPD）两个控制变量；由于组织之间的合作具有一定黏性，测度时也使用 3 年的时间窗口。

3.3 模型选择

本文的因变量为企业新产品数量，属于离散的非负整数，并且其方差远远大于均值，即存在过度离散的现象，故选择更好地解决计数变量过度离散问题的负二项回归模型。由于样本数据为面板数据，通过 Hausman 检验发现 p 值均不超过 0.082，故确定使用固定效应模型。将代表年份的时间虚拟变量加入模型，大多数 p 值低于 0.01，表明模型应包含时间效应。因此，本文建立双向固定效应计量模型。

4. 实证结果分析

4.1 描述性统计

表 1 为各变量的均值、标准差以及它们之间的相关系数；其中，各变量之间的相关系数绝对值均不高于 0.61，且方差膨胀因子（Variance Inflation Factor, VIF）均在 2.60 以内，远小于判断值 10，表明变量之间不存在严重的多重共线性问题，可纳入回归方程进行回归。

表 1   变量描述性统计结果

变量	1	2	3	4	5	6	7	8	9	10	11	12	13	14
NPDP	1.00													
Age	0.09*	1.00												
FIE	0.01	-0.02	1.00											
SOE	0.07*	0.05*	-0.13*	1.00										
LnPS	0.33*	0.14*	0.14*	0.15*	1.00									
KC	-0.02*	0.10*	0.01*	0.01	0.31*	1.00								
KS	0.01	0.01	0.01*	-0.02*	0.09*	0.18*	1.00							
RDI	-0.01	0.03*	0.16	-0.06	0.06*	0.08*	0.06*	1.00						
RDPD	0.16	0.05	0.13	-0.02	0.35*	0.10*	0.06*	0.55*	1.00					
MFI	-0.08*	0.06*	0.02	-0.08*	0.04*	0.14	-0.01	0.04*	0.02	1.00				
AHR	0.04*	0.05*	0.03	-0.02	0.10*	0.04*	0.01*	0.06*	0.07	-0.01	1.00			
MTA	0.13*	0.12*	-0.03	-0.04	0.10*	0.01*	0.02*	0.07	0.11	0.00	0.34*	1.00		
GE	-0.13*	-0.11*	-0.08*	-0.13*	-0.61*	-0.60*	0.11*	-0.05*	-0.19	-0.08*	-0.04*	-0.03	1.00	

续表

变量	1	2	3	4	5	6	7	8	9	10	11	12	13	14
LE	0.02	0.02	-0.02	0.00	-0.04	0.02	-0.01	-0.01	0.00	0.04*	0.03	0.00	0.00	1.00
Mean	123.07	13.26	0.19	0.06	3.02	0.28	0.11	0.09	0.92	10.84	5.59	4.49	0.26	0.23
SD	334.37	7.7	0.39	0.24	1.41	0.25	0.13	0.24	2.24	3.19	2.41	5.47	0.17	0.26
VIF	1.18	1.04	1.08	1.07	2.14	1.82	1.19	1.51	1.69	1.04	1.14	1.17	2.59	1.01

注：* 代表 $p<0.05$。

4.2　回归结果分析

利用我国汽车产业中 707 家汽车制造企业的非平衡面板数据对研究假设进行实证检验，回归结果如表 2 所示。模型 1 只包含控制变量。模型 2 中知识网络全局效率的系数为正且显著（$\beta = 0.29$，$p < 0.05$），支持假设 H1。模型 3 中知识网络局部效率的系数为负且显著（$\beta = -0.11$，$p < 0.05$），支持 H2。模型 4 中全局效率和资本市场化程度的交互项系数为负且显著（$\beta = -0.07$，$p < 0.05$），支持 H3a，其调节效应如图 2（a）所示。模型 5 中局部效率和资本市场化程度的交互项系数为正但不显著，H3b 未得到支持。模型 6 中全局效率与劳动力市场化程度的交互项系数为正且显著（$\beta = 0.08$，$p < 0.05$），支持 H4a，其调节效应如图 2（b）所示。模型 7 中局部效率与劳动力市场化程度的交互项系数为负但不显著，H4b 未得到支持。模型 8 中全局效率与技术市场化程度的交互项系数为正但不显著，H5a 未得到支持。模型 9 中局部效率与技术市场化程度的交互项系数为负且显著（$\beta = -0.03$，$p < 0.05$），支持 H5b，其调节效应如图 2（c）所示。模型 10 为全模型，回归结果进一步支持上述发现。

表 2　　　　　　　　　　　　　　负二项回归固定效应实证结果

变量	模型 1	模型 2	模型 3	模型 4	模型 5	模型 6	模型 7	模型 8	模型 9	模型 10
Age	0.01	0.01	0.01	0.01	0.01	0.01	0.01	0.01	0.01	0.01
	(0.00)	(0.00)	(0.00)	(0.00)	(0.00)	(0.00)	(0.00)	(0.00)	(0.00)	(0.00)
FIE	0.07	0.08	0.06	0.08	0.06	0.09	0.07	0.08	0.07	0.09
	(0.08)	(0.08)	(0.08)	(0.08)	(0.08)	(0.08)	(0.08)	(0.08)	(0.08)	(0.08)
SOE	-0.06	-0.04	-0.06	-0.04	-0.06	-0.03	-0.06	-0.05	-0.06	-0.03
	(0.11)	(0.11)	(0.11)	(0.11)	(0.11)	(0.11)	(0.11)	(0.11)	(0.11)	(0.11)
LnPS	0.08***	0.10***	0.08***	0.10***	0.08***	0.10***	0.08***	0.10***	0.08***	0.09***
	(0.02)	(0.02)	(0.02)	(0.02)	(0.02)	(0.02)	(0.02)	(0.02)	(0.02)	(0.02)
KC	-0.09	-0.00	-0.09	-0.00	-0.09	0.00	-0.09	-0.00	-0.09	-0.01
	(0.06)	(0.08)	(0.06)	(0.08)	(0.06)	(0.08)	(0.06)	(0.08)	(0.06)	(0.08)

续表

变量	模型 1	模型 2	模型 3	模型 4	模型 5	模型 6	模型 7	模型 8	模型 9	模型 10
KS	0.10	-0.01	0.10	0.01	0.10	-0.02	0.10	-0.01	0.09	0.01
	(0.12)	(0.13)	(0.12)	(0.13)	(0.12)	(0.13)	(0.12)	(0.13)	(0.12)	(0.13)
RDI	0.02*	0.02*	0.02*	0.02*	0.02*	0.02*	0.02*	0.02*	0.02*	0.02*
	(0.01)	(0.01)	(0.01)	(0.01)	(0.01)	(0.01)	(0.01)	(0.01)	(0.01)	(0.01)
RDPD	-0.48***	-0.46***	-0.48***	-0.47***	-0.48***	-0.46***	-0.48***	-0.46***	-0.48***	-0.47***
	(0.10)	(0.10)	(0.10)	(0.10)	(0.10)	(0.10)	(0.10)	(0.10)	(0.10)	(0.10)
MFI	0.01	0.01	0.01	0.01	0.01	0.01	0.01	0.01	0.01	0.01
	(0.01)	(0.01)	(0.01)	(0.01)	(0.01)	(0.01)	(0.01)	(0.01)	(0.01)	(0.01)
AHR	0.00	0.00	0.00	0.00	0.00	0.00	0.00	0.00	0.00	0.00
	(0.01)	(0.01)	(0.01)	(0.01)	(0.01)	(0.01)	(0.01)	(0.01)	(0.01)	(0.01)
MTA	0.00	0.00	0.00	0.00	0.00	0.00	0.00	0.00	0.00	0.00
	(0.00)	(0.00)	(0.00)	(0.00)	(0.00)	(0.00)	(0.00)	(0.00)	(0.00)	(0.00)
GE		0.29**		0.27*		0.32**		0.30**		0.27*
		(0.14)		(0.14)		(0.14)		(0.14)		(0.14)
LE			-0.11**		-0.12**		-0.11**		-0.12**	-0.12**
			(0.06)		(0.06)		(0.06)		(0.06)	(0.06)
GE×MFI				-0.07**						-0.06**
				(0.03)						(0.03)
LE×MFI					0.01					0.01
					(0.02)					(0.02)
GE×AHR						0.08**				0.08**
						(0.04)				(0.04)
LE×AHR							-0.01			0.01
							(0.02)			(0.03)
GE×MTA								0.01		-0.00
								(0.02)		(0.02)
LE×MTA									-0.03**	-0.03**
									(0.01)	(0.01)
Year	控制	控制	控制	控制	控制	控制	控制	控制	控制	控制
Constant	0.15	0.10	0.15	0.11	0.14	0.08	0.15	0.09	0.15	0.09
Wald	385.84	392.83	390.07	398.32	390.29	398.84	390.34	392.95	396.98	414.94
VIF	2.05	2.43	2.01	2.38	1.97	2.38	1.97	2.38	1.98	2.16

注：***代表 $p<0.01$，**代表 $p<0.05$，*代表 $p<0.10$，下同。

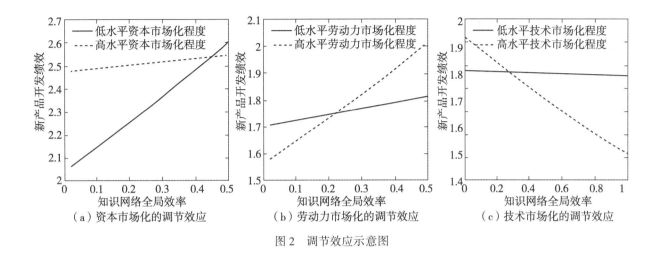

图2 调节效应示意图

4.3 稳健性检验

本文通过变量补充和缩尾处理的方法对实证结果进行稳健性检验。表3和表4分别为加入经济区域（Economic Areas）虚拟变量、进行上下1%的winsorize处理后，运用双向固定效应负二项回归模型重复上述的研究过程得到的回归结果。稳健性检验结果与上述发现基本一致。

表3　　　　　　　　　　　　　　　　　　　　补充变量的实证结果

变量	模型1	模型2	模型3	模型4	模型5	模型6	模型7	模型8	模型9	模型10
MFI	0.02**	0.02**	0.02**	0.02*	0.02**	0.02**	0.02**	0.02**	0.02**	0.02*
	(0.01)	(0.01)	(0.01)	(0.01)	(0.01)	(0.01)	(0.01)	(0.01)	(0.01)	(0.01)
AHR	0.00	0.00	0.00	0.00	0.00	0.00	0.00	0.00	0.00	0.00
	(0.01)	(0.01)	(0.01)	(0.01)	(0.01)	(0.01)	(0.01)	(0.01)	(0.01)	(0.01)
MTA	0.00	0.00	0.00	0.00	0.00	0.00	0.00	0.00	0.00	0.00
	(0.00)	(0.00)	(0.00)	(0.00)	(0.00)	(0.00)	(0.00)	(0.00)	(0.00)	(0.00)
GE		0.29**		0.27*		0.31**		0.29**		0.26*
		(0.14)		(0.14)		(0.14)		(0.14)		(0.14)
LE			−0.12**		−0.12**		−0.12**		−0.13**	−0.13**
			(0.06)		(0.06)		(0.06)		(0.06)	(0.06)
GE×MFI				−0.07**						−0.06**
				(0.03)						(0.03)
LE×MFI					0.01					0.01
					(0.02)					(0.02)

续表

变量	模型 1	模型 2	模型 3	模型 4	模型 5	模型 6	模型 7	模型 8	模型 9	模型 10
GE×AHR						0.08**				0.08**
						(0.04)				(0.04)
LE×AHR							−0.01			0.01
							(0.02)			(0.03)
GE×MTA								0.01		−0.00
								(0.02)		(0.02)
LE×MTA									−0.02**	−0.02**
									(0.01)	(0.01)
Controls	控制	控制	控制	控制	控制	控制	控制	控制	控制	控制
Economic Areas	控制	控制	控制	控制	控制	控制	控制	控制	控制	控制
Year	控制	控制	控制	控制	控制	控制	控制	控制	控制	控制
Constant	0.47	0.41	0.47	0.42	0.47	0.40	0.47	0.41	0.47	0.41
Wald	390.69	397.53	395.61	402.55	396.00	403.44	395.83	397.68	402.05	419.40

表 4　　　　　　　　　　　　　　**winsorize 处理的实证结果**

变量	模型 1	模型 2	模型 3	模型 4	模型 5	模型 6	模型 7	模型 8	模型 9	模型 10
MFI	0.02*	0.02*	0.02*	0.01	0.02*	0.01	0.02*	0.02*	0.02*	0.01
	(0.01)	(0.01)	(0.01)	(0.01)	(0.01)	(0.01)	(0.01)	(0.01)	(0.01)	(0.01)
AHR	−0.00	−0.00	−0.00	−0.00	−0.00	−0.00	−0.00	−0.00	−0.00	−0.00
	(0.01)	(0.01)	(0.01)	(0.01)	(0.01)	(0.01)	(0.01)	(0.01)	(0.01)	(0.01)
MTA	−0.00	−0.00	−0.00	−0.00	−0.00	−0.00	−0.00	−0.00	−0.00	−0.00
	(0.00)	(0.00)	(0.00)	(0.00)	(0.00)	(0.00)	(0.00)	(0.00)	(0.00)	(0.00)
GE		0.27*		0.25*		0.30**		0.27*		0.25*
		(0.14)		(0.14)		(0.14)		(0.14)		(0.15)
LE			−0.11**		−0.12**		−0.11**		−0.13**	−0.13**
			(0.06)		(0.06)		(0.06)		(0.06)	(0.06)
GE×MFI				−0.07**						−0.06**
				(0.03)						(0.03)
LE×MFI					0.01					0.01
					(0.02)					(0.02)
GE×AHR						0.09**				0.09**
						(0.04)				(0.04)

变量	模型 1	模型 2	模型 3	模型 4	模型 5	模型 6	模型 7	模型 8	模型 9	模型 10
LE×AHR							−0.01			0.01
							(0.02)			(0.03)
GE×MTA								0.01		−0.00
								(0.02)		(0.02)
LE×MTA									−0.03**	−0.03**
									(0.01)	(0.01)
Controls	控制	控制	控制	控制	控制	控制	控制	控制	控制	控制
Year	控制	控制	控制	控制	控制	控制	控制	控制	控制	控制
Constant	0.15	0.10	0.15	0.11	0.14	0.09	0.15	0.10	0.15	0.10
Wald	374.45	380.06	378.84	385.90	379.29	386.85	379.11	380.48	386.99	405.11

5. 主要研究结论与政策建议

5.1 主要研究结论

在产业融合创新发展的生态环境中，跨界技术融合成为发明创造的主要推动力。企业的发明创造不仅为产品规划提供思路，也为新产品开发提供技术支持，故而影响了企业新产品开发绩效；同时，企业各项创新活动的开展需要不同要素的有效支持。鉴于此，本文构建知识网络效率、要素市场化与企业新产品开发绩效的理论模型，并利用我国汽车制造企业的面板数据进行实证研究，研究结论如下：

（1）知识网络全局效率与企业新产品开发绩效呈正向关系，知识网络局部效率与企业新产品开发绩效呈负向关系。当知识网络全局效率较高时，知识协同效应在全局范围内的传导不仅为企业带来更多的知识组合机会，还有助于发明人对内部多元化知识进行深入了解，由此带来的高效的基于本地搜索的发明创造活动强化了企业的技术储备并加速技术领先优势的形成，从而促进企业新产品开发绩效提升。当知识网络局部效率较高时，知识协同效应在局部范围内的传导使得企业知识库中存在多个知识簇，并由此形成多种专业化技术能力；中介知识的缺失以及发明团队之间合作的不足阻碍了企业对内部不同技术能力的整合，进而抑制了核心技术能力的形成，并最终对企业新产品开发绩效产生抑制作用。

（2）本文将资本市场化、劳动力市场化和技术市场化作为调节变量纳入模型，结果表明高水平资本市场化程度削减了知识网络全局效率对企业新产品开发绩效的促进作用；高水平劳动力市场化程度增强了知识网络全局效率对企业新产品开发绩效的促进作用；但它们对知识网络局部效率与企业新产品开发绩效之间关系的调节作用均不显著，可能原因是：已有数据表明样本企业普遍拥有较低的知识网络局部效率，发明团队形成的"组织近视"使得企业对高技术人才的稳定性要求更高，从而使得企业对外部劳动力市场的依赖性有所减弱。拥有较低知识网络局部效率的样本企业有着更多的专利存量，说明相关企业的研发强度较高（Guan & Liu, 2016），较高的研发强度往往也是高水平创新能力的体现，可通过发挥范围经济获得可观的收益，从而对资本市场中的资金需求减弱。同时，高水平技术市场化程度增强了知识网络局部效率对企业新产品开发绩效的抑制作用，但对知识网络全局效率与企业新产品开发绩效的调节作用不显著，可能原因是：一项技术是通过内部研发还是通过市场交易获取，由技术的特点和企业所处的发展阶段决定（刘学和靳云汇，2001），我国汽车产业正处于"由大到强"的转型关键期，独占技术领先优势可以形成潜在的垄断并取胜竞争对手。知识网络全局效率较高的汽车制造企业更有可能形成技术领先优势，因此愈发注重内部研发，对技术市场中的交易活动依赖性较低。

5.2 管理启示与政策建议

（1）要素市场是企业开展创新活动的重要保障，应全面推进要素市场化配置改革的纵深发展。一是完善金融支持创新体系。有效的金融支持可以缓解企业融资约束问题，引导企业加大研发投入，加强全社会的人力资本投资，为企业提升自主创新能力提供资本支撑。二是健全以需求为导向的人力资本流动体制。根据产业结构优化目标提升人力资本水平，充分利用人力资本的空间溢出效应，为企业培育自主创新能力提供智力支撑。三是全力建设现代技术要素市场体系。通过技术交易模式的创新、技术市场服务平台的搭建和科技中介服务的完善，打造技术交易的"生态圈"，为企业发展提供科技创新硬核支持。

（2）技术融合是企业实现发明创造的主要途径，企业应根据自身发展情况选择不同的知识组合策略。以我国汽车制造产业为例，汽车的每个零部件几乎都涉及专利的使用，也就是说，每个零部件的开发都离不开技术的支持。对于研发活动所覆盖的产品范围较小的企业，可以采取全局式的知识组合策略，对知识库中的知识依存关系进行全方位搜索与挖掘，推动内部发明人之间的知识流动，加强企业内部的合作与交流，以提高全局范围内的知识组合效率。面对知识库中丰富的知识组合机会和潜在可能，企业可以积极开展基于内部搜索的发明创造活动，同时注重技术领先优势的培养，从而加速新产品开发。对于研发活动所覆盖的产品范围较大的企业，由于所涉及的技术领域较多，全局式的知识组合策略较难实现，可以选择局部式的知识组合策略，围绕不同的产品模块培育专业化技术能力，并基于不同技术能力开展发明创造；同时，企业要注重对不同技术能力进行系统化整合，以推动核心技术能力的形成，助力新产品开发绩效的提升。

（3）为了充分发挥要素市场化发展带来的诸多优势，企业应根据自身实际情况实现内部知识组合策略与各类要素市场的最佳匹配。对于拥有较高知识网络全局效率的企业来说，开展面向全局范围内的本地搜索需要人力资本的智力支持，所以应充分利用劳动力市场化发展带来的丰富人力资本，强化自身技术储备，以助力新产品开发；同时，资本市场化程度的提升通过缓解融资约束促使企业开展更多的跨界搜索，虽然整合外部异质性知识有助于丰富知识库、提升动态能力，但将研发资金过多用于跨界搜索可能导致企业技术储备不足而阻碍新产品开发绩效的提升。对于拥有较高知识网络局部效率的企业来说，实现不同专业化技术能力的协调与整合以构建核心技术能力是提升新产品开发绩效的关键。较高的技术市场厚度和流畅度加速技术成果的转移转化，有助于将科技成果迅速转化为经济效益，从而推动企业对不同专业化技术能力的深化，让更多技术成果走向市场；但过于重视专业化不利于不同技术能力之间的整合，并抑制企业核心技术能力的形成，从而阻碍企业新产品开发绩效的提升。

◎ **参考文献**

[1] 白俊红，刘宇英．金融市场化与企业技术创新：机制与证据 [J]．经济管理，2021，43（4）．

[2] 陈培祯，曾德明．网络位置、知识基础对企业新产品开发绩效的影响 [J]．管理评论，2019，31（11）．

[3] 陈培祯，曾德明，李健．技术多元化对企业新产品开发绩效的影响 [J]．科学学研究，2018，36（6）．

[4] 陈培祯，李健，曾德明．知识替代性和互补性对企业新产品开发数量的影响 [J]．管理科学，2021，34（4）．

[5] 邓程，杨建君，刘瑞佳，等．技术知识与新产品开发优势：战略导向的调节作用 [J]．科学学研究，2021，39（9）．

[6] 李柏洲，孙立梅．创新系统中科技中介组织的角色定位研究 [J]．科学学与科学技术管理，2010，31（9）．

[7] 李健，余悦．合作网络结构洞、知识网络凝聚性与探索式创新绩效：基于我国汽车产业的实证研究 [J]．南开管理评论，2018，21（6）．

[8] 刘大勇，孟悄然，段文斌．科技成果转化对经济新动能培育的影响机制——基于230个城市专利转化的观测与实证分析 [J]．管理科学学报，2021，24（7）．

[9] 刘学，靳云汇．技术市场：功能的局限性与适合交易的技术类型 [J]．研究与发展管理，2001（4）．

[10] 裴政，罗守贵．人力资本要素与企业创新绩效——基于上海科技企业的实证研究 [J]．研究与发展管理，2020，32（4）．

[11] 齐讴歌，赵勇，王满仓．城市集聚经济微观机制及其超越：从劳动分工到知识分工 [J]．中国工业经济，2012（1）．

[12] 孙文凯，赵忠，单爽，等．中国劳动力市场化指数构建与检验 [J]．经济学（季刊），2020，19（4）．

[13] 王泓略, 曾德明, 陈培帧. 企业知识重组对技术创新绩效的影响: 知识基础关系特征的调节作用 [J]. 南开管理评论, 2020, 23 (1).

[14] 王昱, 成力为. 缓解融资约束路径选择对创新投入的影响 [J]. 科学学与科学技术管理, 2013, 34 (10).

[15] 王媛, 曾德明, 陈静, 等. 技术融合、技术动荡性与新产品开发绩效研究 [J]. 科学学研究, 2020, 38 (3).

[16] 徐露允, 龚红. 协作研发伙伴多元化、知识网络凝聚性与企业新产品开发绩效 [J]. 南开管理评论, 2021, 24 (3).

[17] 杨苗苗, 王娟茹. 跨界搜索、知识整合与企业可持续竞争优势 [J]. 科学学研究, 2020, 38 (4).

[18] 杨晓智. 金融发展、人力资本的耦合机制与经济增长的实证分析 [J]. 统计与决策, 2015 (1).

[19] 姚山季. 智力资本对顾客参与的驱动影响: 转化式学习视角 [J]. 管理科学, 2016, 29 (2).

[20] 易定红, 陈翔. 人力资本外部性、劳动要素集聚与城市化形成机制研究 [J]. 经济问题, 2020 (5).

[21] 余维新, 顾新, 熊文明. 产学研知识分工协同理论与实证研究 [J]. 科学学研究, 2017, 35 (5).

[22] 俞立平, 万晓云, 钟昌标, 等. 技术市场厚度、市场流畅度与高技术产业创新 [J]. 中国软科学, 2021 (1).

[23] 詹新宇. 市场化、人力资本与经济增长效应——来自中国省际面板数据的证据 [J]. 中国软科学, 2012 (8).

[24] 张可, 高庆昆. 基于突破性技术创新的企业核心竞争力构建研究 [J]. 管理世界, 2013, 237 (6).

[25] 张文红, 赵亚普. 转型经济下跨界搜索战略与产品创新 [J]. 科研管理, 2013, 34 (9).

[26] 周俊亭, 席彦群, 周媛媛. 区域技术市场、政府扶持与科技创新 [J]. 中国软科学, 2021 (11).

[27] 周业安, 赵坚毅. 我国金融市场化的测度、市场化过程和经济增长 [J]. 金融研究, 2005 (4).

[28] Andersson, F., Burgess, S., Lane, J. Cities, matching and the productivity gains of agglomeration [J]. Journal of Urban Economics, 2007, 61 (1).

[29] Arora, A., Fosfuri, A., Gambardella, A. Markets for technology and their implications for corporate strategy [J]. Industrial and Corporate Change, 2001, 10 (2).

[30] Atuahene-gima, K., Wei, Y. The vital role of problem-solving competence in new product success [J]. Journal of Product Innovation Management, 2011, 28 (1).

[31] Carnabuci, G., Bruggeman, J. Knowledge specialization, knowledge brokerage and the uneven growth of technology domains [J]. Social Forces, 2009, 88 (2).

[32] Carnabuci, G., Operti, E. Where do firms' recombinant capabilities come from? Intraorganizational

networks, knowledge, and firms' ability to innovate through technological recombination ［J］. Strategic Management Journal, 2013, 34 （13）.

［33］ Cesaroni, F. Technological outsourcing and product diversification: Do markets for technology affect firms' strategies? ［J］. Research Policy, 2004, 33 （10）.

［34］ Galunic, D., Rodan, S. Resource recombinations in the firm: Knowledge structures and the potential for Schumpeterian innovation ［J］. Strategic Management Journal, 1998, 19 （12）.

［35］ Grant, R. Prospering in dynamically-competitive environments: Organizational capability as knowledge integration ［J］. Organization Science, 1996, 7 （4）.

［36］ Grant, R., Baden-fuller, C. A knowledge accessing theory of strategic alliances ［J］. Journal of Management Studies, 2004, 41 （1）.

［37］ Grigoriou, K., Rothaermel, F. Organizing for knowledge generation: Internal knowledge networks and the contingent effect of external knowledge sourcing ［J］. Strategic Management Journal, 2017, 38 （2）.

［38］ Guan, J., Liu, N. Exploitative and exploratory innovations in knowledge network and collaboration network: A patent analysis in the technological field of nano-energy ［J］. Research Policy, 2016, 45 （1）.

［39］ Henderson, R., Clark, K. Architectural innovation: The reconfiguration of existing product technologies and the failure of established firms ［J］. Administrative Science Quarterly, 1990, 35 （1）.

［40］ Katz, R., Allen, T. Investigating the not invented here （NIH） syndrome: A look at the performance, tenure, and communication patterns of 50 R&D project groups ［J］. R&D Management, 1982, 12 （1）.

［41］ Latora, V., Marchiori, M. Efficient behavior of small-world networks ［J］. Physical Review Letters, 2001, 87 （19）.

［42］ Oh, S., Choi, J., Ko, N., et al. Predicting product development directions for new product planning using patent classification-based link prediction ［J］. Scientometrics, 2020, 125 （3）.

［43］ Rodan, S., Galunic, C. More than network structure: How knowledge heterogeneity influences managerial performance and innovativeness ［J］. Strategic Management Journal, 2004, 25 （6）.

［44］ Saviotti, P. On the dynamics of generation and utilisation of knowledge. The local character of knowledge ［J］. Structural Change and Economic Dynamics, 2007, 18 （4）.

［45］ Wang, C., Rodan, S., Fruin, M., et al. Knowledge networks, collaboration networks, and exploratory innovation ［J］. Academy of Management Journal, 2014, 57 （2）.

［46］ Wu, L., Liu, H., Zhang, J. Bricolage effects on new-product development speed and creativity: The moderating role of technological turbulence ［J］. Journal of Business Research, 2017, 70.

［47］ Yayavaram, S. , Ahuja, G. Decomposability in knowledge structures and its impact on the usefulness of inventions and knowledge-base malleability ［J］. Administrative Science Quarterly, 2008, 53 （2）.

Effect of Knowledge Network Efficiency on Firms' New Product Development Performance：The Moderating Role of Factor Marketization

Xu Luyun[1,2]　Huang Meiling[3]　Gong Hong[4]　Chen Jing[5]

（1, 3　School of Business, Hunan Normal University, Changsha, 410081;

2, 4　Research Center of Strategic Emerging Industries, Wuhan University, Wuhan, 430072;

5　School of Materials Science and Engineering, Xiangtan University, Xiangtan, 411105）

Abstract：High-quality economic development puts forward higher requirements for firms' innovation capabilities. Firms need to combine internal capabilities with external environment to improve innovation efficiency. Based on the theories of knowledge base and complex network, this paper constructs the model of knowledge network efficiency, factor marketization and new product development (NPD) . Using panel data of China's automobile manufacturers, proposed hypotheses are empirically tested by two-way fixed effect negative binomial regression model. The results show that global efficiency of knowledge network is positively correlated with NPD performance, and local efficiency of knowledge network is negatively correlated with NPD performance. Higher capital marketization reduces the promotion of global efficiency on NPD performance, higher labor marketization enhances the promotion of global efficiency on NPD performance, and higher technology marketization strengthens the inhibition of local efficiency on NPD performance. It is suggested that the in-depth reform of factor marketization is needed to strengthen the firms' dominant position in the innovation system. Technology convergence is vital for inventing, and firms should choose different strategies of knowledge combination. Meanwhile, firms should also take factor marketization into consideration in order to improve NPD performance.

Key words：New product development；Knowledge network；Global efficiency；Local efficiency；Factor marketization

专业主编：陈立敏

数字化转型对股价特质性波动的影响研究

● 葛永波[1]　徐巳萍[2]　孔晓冉[3]

（1　山东财经大学会计学院　济南　250014；2，3　山东财经大学金融学院　济南　250014）

【摘　要】 本文以 2007—2020 年沪深 A 股全部上市公司为研究样本，实证检验了数字化转型对公司股价特质性波动的影响。研究发现，企业数字化转型能够降低公司股价的特质性波动水平。该结果在控制内生性以及一系列其他稳健性测试之后依然成立。信息透明度与信息不对称是数字化转型影响公司股价特质性波动的重要渠道，即企业的数字化转型通过提高信息透明度，改善信息不对称问题，降低了股价特质性波动。异质性分析表明，在数字技术应用方、审计质量低以及机构投资者持股较低的公司中二者负向关系更加显著。本研究有助于进一步打开数字化转型与企业股价特质性波动之间的黑箱，对企业防范和化解风险具有启示意义。

【关键词】 数字化转型　股价特质性波动　信息不对称

中图分类号：F270.7　　　　文献标识码：A

1. 引言

企业股价特质性波动是指股票收益率中不能被市场收益率或行业收益率波动所解释的部分，即超越系统性风险的股票收益波动，常用来衡量公司的特质风险。它反映了独立于市场风险之外的个股风险，对企业投融资决策、资本配置效率以及市场的成熟度等具有重要意义（Hu et al.，2020）。Roll（1988）通过观察美国股票市场股价的波动，发现市场以及产业层面的信息只能解释小部分的股价波动，而未被解释的股价波动，即股价特质性波动，是由特质信息或者噪音引发的。前者解释为，当资本市场充分有效时，特质信息是造成股价特质性波动的重要原因。知情交易者的套利交易可以使这些特质信息充分融入股价。因此，股价特质性波动是企业信息的反映，股价特质性波动越高，市场信息效率越强（朱琳等，2021；周聪等，2021）。噪音解释为，股价特质性波动不仅与特质信息

通讯作者：徐巳萍，E-mail：xsp_19861429362@163.com。

有关，还有可能由噪音交易（Lee and Liu, 2011）、盈余管理恶化（Rajgopal et al., 2011）等因素引起，且大部分的股价波动不能用特质信息解释，而是由与公司特质信息无关的因素引起（West, 1981）。熊伟等（2009）指出投资者非理性投资造成的噪音交易是造成我国上市公司股价特质性波动的主要原因。Aabo 等（2011）也在研究中发现，股价特质性波动与错误定价呈正相关关系。因此，股价波动更多地反映的是噪音交易而非特质信息（王亚平等，2009），股价特质性波动越大，股价中所包含的信息越少。

当今世界，以区块链、大数据、人工智能、云计算等为代表的数字技术迅速发展创新。企业发展环境发生重大变化，人类经济社会已经迈进一个以"数字"为核心特征的新时代（吴非等，2021）。党的十九大报告指出，要推动数字经济与实体企业深度融合，推动制造业、服务业、农业等产业数字化。因此，数字化转型是数字时代企业管理变革的重要方向，也是企业顺应时代潮流的战略选择。目前已有研究从企业经营绩效（Li, 2020；何帆等，2020）、生产与创新效率（刘淑春等，2021；龚强等，2021）、专业化分工水平（袁淳等，2021）等方面，说明数字化转型所带来的积极影响。企业数字化转型赋予了自身新的发展活力，这在一定程度上会反映在资本市场上。因此，本文将企业数字化转型与资本市场股价特质性波动联系起来，这有助于进一步考察数字化转型对资本市场信息效率的重要影响。

从理论上讲，数字化转型可以缓解资本市场上企业长期发展存在的信息不对称问题。企业可以利用数字科技对信息进行处理，最终形成结构化、标准化的信息，提高信息的利用率、解读率，有效降低信息的搜集成本（吴非等，2021）。此外，数字化转型跨界融合特征还可以打破传统部门、利益相关者的边界，使得企业经营管理与公司治理信息更加开放、共享（张新民等，2020），进一步缓解信息不对称问题。当前，我国资本市场并非充分有效，信息披露质量较低，管理层更加倾向于隐瞒坏消息（朱琳等，2021）。与西方资本市场不同，散户投资者是中国股市的重要参与者，他们更加偏好于短期投机交易，容易受这些虚假消息误导（Hu et al., 2019）。因此，噪音交易等非信息因素对股价特质性波动的解释作用可能更强（朱琳等，2021）。数字化转型在缓解信息不对称问题的情况下，可以减少甚至抑制非理性投资造成的噪音交易以及企业的盈余管理等行为的发生，降低股价特质波动。

基于上述思考，本文以 2007—2020 年在上海证券交易所与深圳证券交易所上市的全部 A 股公司为研究样本，实证检验了数字化转型对公司股价特质性波动的影响及其作用机制。研究发现，企业的数字化转型能够降低公司的股价特质性波动。该结论在采取一系列稳健性检验后依然成立。影响机制分析发现，数字化转型可以提升信息透明度，减缓信息不对称问题，降低股价特质性波动。此外文章还从企业数字化特征、公司外部监督以及内部治理三个角度展开分析，发现：（1）在数字技术提供方的样本中，数字化转型与股价特质性波动之间负相关关系更显著；（2）审计质量越低，数字化转型的作用效果越显著；（3）机构投资者持股比例越小，数字化转型对股价特质性波动的抑制作用越显著。

本文的研究贡献主要在以下四个方面：

第一，拓展了企业股价特质性波动变化的研究视角。早期关于股价特质性波动的研究，多是从股价特质性波动与预期回报之间的负相关关系展开（Huang et al., 2010；刘维奇等，2014）。至于股价特质性波动变化的原因，多是从内部控制、信息披露等内部治理特征以及产品市场竞争、分析师关注、投资者博彩偏好等企业外部特征视角展开（Jiang et al.，2009；朱琳等，2022）。文章在中国资本市场有效性背景下，将企业数字化转型与股价特质性波动联系起来。研究发现企业数字化转型可以缓解信息不对称问题，从而抑制股价的特质性波动，提高资本市场信息效率，从噪音交易解释的视角，说明了企业数字化转型降低股价特质性波动的影响机理，为进一步提升资本市场信息效率、防范化解企业风险提供经验证据支持。

第二，丰富了企业数字化转型经济后果相关文献。当前关于企业数字化转型的研究多从公司组织管理效率改革、投入产出效率、公司创新与企业绩效、公司治理等角度展开（祁怀锦等，2020；陈剑等，2020；刘淑春等，2021）。鲜有文章将数字化转型与股价特质性波动联系起来，探究数字化转型的经济后果。因此，文章的研究结论有助于进一步拓宽数字化转型的研究范畴。

第三，本文的研究也为数字化转型对股价特质性波动的作用机制提供了参考。实证结果表明，企业数字化转型程度越高，公司信息透明度越高，信息不对称问题得到改善，股价的特质性波动水平越低。这有助于深入理解数字化转型的治理效应及其对资本市场的影响。

第四，文章在中国资本市场有效性背景下，从企业数字化特征、外部监督以及内部治理角度展开异质性分析，探究了数字化转型在不同条件下对股价特质性波动影响的差异性。为进一步研究数字化转型发挥作用的内外部条件，推动企业数字化转型、更好地发挥其治理作用提供了思考方向。

文章剩余部分安排如下：第二部分是研究假设；第三部分是研究设计；第四部分为实证结果和稳健性检验；第五部分是机制分析以及异质性分析，最后为文章结论和政策建议。

2. 研究假设

首先，企业数字化转型可以提升信息透明度。数字化转型以数字技术的应用为基础，以数据要素为驱动，在转型过程中一个重要表现是将原有的工作场景运用数字技术信息化、数据化。互联网的普及使得信息传递的载体变为"比特"，数字技术则可以进一步将这些"比特"信息转化为数据（戚聿东等，2020），标准化的数据可以突破传统组织边界，实现信息孤岛的互通互联。在数字运营过程中，企业可以利用数字技术动态地记录企业信息，通过区块链技术储存，形成真实有效、不可篡改的经营数据链，抑制了管理层盈余管理的空间，提高信息披露的真实性和完整性（龚强等，2021）。数字化转型也会推动企业管理结构发生变革，去中心化、扁平化的组织结构意味着管理层的权力被大大削弱（戚聿东等，2020），由此可以抑制管理层的盈余管理行为，提高信息透明度。

其次，企业的数字化转型也可以改善信息不对称问题。王守海等（2022）指出，利用数字技术，企业可以更高效地将海量非结构、非标准化的信息处理成结构化、标准化的信息。它们更容易被利益相关者捕捉、识别，由此外部投资者可以掌握比以往更充分的信息，从而减少双方之间的信息不对称。数字化转型之后，企业可以高效整合内外部的各种数据，针对不同工作场景，均有各自的算法和专业的第三方服务商。因此利用第三方建模技术，可以解读并释放出更多资本市场所关注的信息，改善信息不对称问题。企业利用年报信息披露数字化转型相关信息，可以向外界传递一种积极信号。一方面，可以并引导投资者形成较高的预期水平，提升股票流动性（吴非等，2021），缓解信息不对称问题。另一方面，还能够吸引更多分析师关注，而分析师具有较强的专业背景，能够释放出更多的公司层面的特质信息，进而可以缓解公司内外信息不对称的问题。

信息不对称问题的存在使得投资者无法充分、及时地获取公司特质信息。对于一个信息透明度较差的公司来说，噪音会加剧未来发展的不确定性，因此股价特质性波动负向反映了资本市场信息效率（Kelly et al.，2007）。加上作为一个新兴市场，中国资本市场制度建设、监管手段、投资者结构方面尚不完善（朱琳等，2021）。因此，特质信息不是股价特质性波动的唯一要素，股价高的特质波动更可能是由噪音交易、盈余管理恶化、财务报告信息质量差等非信息因素引起（Rajgopal and Venkatachalam，2011；Lee and Liu，2011）。此外，肖浩等（2014）、朱琳等（2021）从融资融券以及分析师负面关注的角度认为，融资融券交易以及分析师负面关注可以提升信息透明度、降低噪音交易，进而降低股价的特质波动，提高资本市场信息效率。企业数字化转型可以提升信息透明度，缓解信息不对称问题，降低股价未来发展的不确定性，进而缓解噪音交易的干扰，降低股价的特质性波动。由此我们提出以下假设：

H1：数字化转型程度越高，股价特质性波动水平越低。

H1a：企业数字化转型可以提升信息透明度抑制股价的特质性波动。

H1b：企业数字化转型可以改善信息不对称问题抑制股价的特质性波动。

3. 研究设计

3.1 数据来源

本文以 2007—2020 年沪深 A 股上市公司作为研究对象。考虑到缺失值以及异常值的影响，文章按照下面程序进行筛选：（1）剔除金融类上市公司；（2）剔除 ST、*ST、PT 公司；（3）为了保证公司股价特质性波动数据的有效性，本文剔除股票正常交易日数不足该月总交易天数 80% 的样本。为避免异常值对回归结果的影响，我们对所有的连续变量进行了 1% 的缩尾，最终得到 15016 个公司—年度观测值。为消除量纲对回归结果的影响，对所有连续型变量都进行了标准化处理。本文数字化转型相关数据来源于上市公司年报，并经手工收集获得；三因子数据来自 RESSET 数据库；媒体关注度数据来源于 CNRDS 数据库；其余相关数据均来自国泰安数据库（CSMAR）。

3.2 变量定义

3.2.1 解释变量

当前关于数字化转型的测度主要分为两种。一种是关于结果的测度，即通过搜集临时和定期公告，对实施数字化转型企业赋值为 1（何帆和刘红霞，2019）。然而这种测度方式无法有效展现出数字化转型的"强度"，且极有可能造成企业数字化转型程度的错估。另一种则是关于数字转型程度的测度。刘飞（2020）将数字化分成三个维度，即数字化投资、数字技术应用和业务模式转型。其中数字化投资用硬件投资即固定资产占比和软件投资即无形资产占比表示；而数字技术应用和业务模式转型采用文本分析法用词频代理。数字化投资可能会受到企业炫耀性投资的影响（袁淳等，2021），而且投资水平也不代表实际应用水平。还有部分学者利用企业信息化系统建设构建数字化转型指标，如 ERP 系统的应用（刘淑春等，2021）。数字信息系统建设与数字化转型的概念不同，难以反映企业数字化转型程度，而且难以涵盖企业生产经营过程中的更多环节。祁怀锦等（2019）用公司财务报告附注披露的年末无形资产明细项中与数字化技术相关部分占无形资产总额的比例来刻画企业数字化转型程度。支出水平在一定程度上反映了企业的数字化转型程度，因此本文将该指标应用于稳健性检验部分。部分学者通过文本分析法，利用年报中的词频数构建数字化转型指标（袁淳等，2021；吴非等，2021）。企业年报披露的文本信息能够在一定程度上反映出企业的经营发展战略、财务经营状况，以及企业未来发展的信心（姚加权等，2020）。而数字化转型作为公司的一项重要经营发展战略，符合当前的经济发展趋势，在年报中积极披露也有利于增加投资者对企业未来发展的信心，应当在年报中有所体现。鉴于此，基于政府在相关政策文件以及研究报告中对数字经济以及数字化转型的相关描述，构建一个相对比较完备的数字化词典，通过文本分析法，利用上市企业年报中涉及"企业数字化转型"的词频来刻画其转型程度，有其可行性和科学性。

文章借鉴吴非（2021）的研究，将年报中披露的数字化转型相关词汇总结为人工智能、区块链、云计算和大数据这四类底层技术应用层面（ABCD 技术）以及更关注数字化场景应用的技术实践应用层面。具体相关关键词图谱如图 1 所示，最终对年报中披露的有效词频数加总（将剔除否定表达以及无效表达后的词汇披露次数进行加总），形成我们的数字化转型强度的指标（DIGITAL）。王守海等（2022）指出，企业的数字化转型正是利用 ABCD 技术来推动企业技术以及组织运营模式的数字化，进而形成有效的数字产出和场景应用，因而我们选用以上词谱中的词频数来刻画企业数字化转型具有一定的科学性与合理性。此外，在稳健性检验部分，我们还借鉴祁怀锦等（2019）的做法，使用无形资产中数字化相关资产占比作为数字化转型的替换变量。

3.2.2 被解释变量

参考已有文献，采用以下两种方式衡量股价特质性波动，具体计算如下。

（1）借鉴 Rajgopal 和 Venkatachalam（2011）、钟凯等（2018）的做法，将日股价收益率数据来计算公司股价特质性波动。具体做法如下：首先，将股价日收益率数据按照模型（1）进行回归，并取得残差；其次，计算得到公司残差的月度方差；最后，考虑到上市公司信息披露的问题，我们将得到的个股残差的月度方差，计算 t 年 5 月份至 $t+1$ 年 4 月份的月平均值作为 t 年公司股价特质性波动的代理变量（IVOL_F）。

$$R_{i,t} - r_{f,t} = \alpha + \beta_1 + \text{MKT}_t + \beta_2 \times \text{SMB}_t + \beta_3 \times \text{HML}_t + \varepsilon_{i,t} \qquad (1)$$

其中，$R_{i,t}$ 为股票 i 在日期 t 考虑现金红利再投资的日收益率；$r_{f,t}$ 为日期 t 的无风险利率，文章选用一年期定期存款利率代替，MKT_t、SMB_t、HML_t 分别对应日期 t 的三因子数据。

（2）借鉴 Durnev 等（2003）、肖浩等（2014）的做法，将日股价收益率数据代入模型（2），取

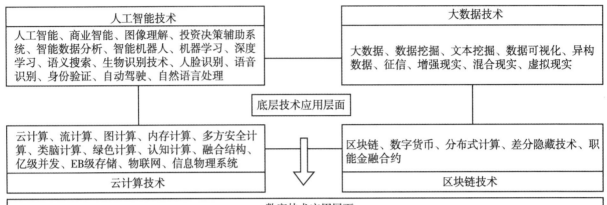

图 1　数字化转型词谱图

得残差，取其 t 年 5 月份至 $t+1$ 年 4 月份的月度标准差的均值来衡量 t 年公司的股价特质性波动（IVOL_C）。

$$R_{i,t} = \alpha + \beta_1 \times R_{M,t} + \beta_2 \times R_{M,t-1} + \beta_3 \times R_{I,t} + \beta_4 \times R_{I,t-1} + \varepsilon_{i,t} \tag{2}$$

其中，$R_{i,t}$ 为股票 i 在日期 t 考虑现金红利再投资的日收益率，$R_{M,t}$ 为 A 股所有股票在日期 t 经流通市值加权的平均收益率，$R_{I,t}$ 为公司所在行业剔除股票 i 后其他股票在日期 t 经流通市值加权的平均收益率。

3.2.3　控制变量

参照已有文献，选择如下影响公司股价特质性波动的变量进行控制：总资产收益率（ROA）、资产负债率（LEV）、账面市值比（BTM）、公司规模（SIZE）、经营活动现金流（CFO）、股票收益率（RET）、机构投资者持股比例（INS）、个股年换手率（TURN）、交叉上市（CLIST）、两职合一（DUAL）、董事会规模（BOARD）、盈余波动（ROA_SD）、产权性质（SOE）。

变量定义具体见表 1。

表 1　　　　　　　　　　　　　　　　变量定义表

变　　量	定　　义
IVOL_F	基于 Fama-French 三因素模型计算的公司股价特质性波动
IVOL_C	基于模型（2）计算的公司股价特质性波动
DIGITAL	数字化转型，即财务报告中数字化转型特征词词频数
ROA	上市公司的总资产收益率，即净利润比总资产

变　量	定　义
LEV	上市公司的资产负债率，即总负债与总资产之比
BTM	账面市值比，即账面价值与市场价值之比
SIZE	公司规模，即企业总资产的自然对数
RET	考虑现金红利再投资的年个股收益率
CFO	经营活动现金流，即经营活动产生的现金流/总资产
INS	机构投资者持股比例
TURN	日均换手率
CLIST	交叉上市，企业还发行 B 股或 H 股时取 1，否则为 0
DUAL	两职合一，若董事长与总经理同为一人则为 1，否则为 0
BOARD	公司董事会人数
ROA_SD	盈余波动，即近三年总资产报酬率的标准差
SOE	产权性质，若公司为国有企业则为 1，否则为 0

3.3　模型设定

借鉴朱琳等（2021）、袁淳等（2021）的研究，模型设定如下所示：

$$\text{IVOL}_{i,t} = \alpha + \beta_1 \times \text{DIGITAL}_{i,t} + \sum \beta_k \times \text{Controls} + \sum \text{Year} + \sum \text{Firm} + \varepsilon_{i,t} \qquad (3)$$

其中，被解释变量 $\text{IVOL}_{i,t}$ 为公司股价特质性波动，解释变量 $\text{DIGITAL}_{i,t}$ 为企业数字化转型程度的代理变量，控制变量 Controls 如表 1 所示，此外还控制了时间和公司固定效应。

4.　实证结果

4.1　描述性统计

全部变量的描述性统计结果如表 2 所示。被解释变量股价特质性波动（IVOL_F、IVOL_C）的均值分别为 0.085、0.023。解释变量企业数字化转型的代理变量均值为 10.72，最大值为 169，最小值为 0，表明上市公司之间数字化转型差异较大，且还有很多公司未进行转型。其他控制变量的分布均在正常范围之内。

表 2   描述性统计表

Variable	N	mean	sd	min	$p25$	$p50$	$p75$	max
IVOL_F	15016	0.085	0.025	0.037	0.067	0.082	0.099	0.156
IVOL_C	15016	0.023	0.007	0.010	0.018	0.022	0.027	0.042
DIGITAL	15016	10.720	26.197	0	0	1	8	169
ROA	15016	0.032	0.072	-0.351	0.012	0.034	0.063	0.200
LEV	15016	0.421	0.203	0.053	0.259	0.413	0.574	0.886
BTM	15016	0.327	0.156	0.042	0.212	0.305	0.421	0.774
SIZE	15016	22.016	1.123	19.795	21.210	21.899	22.683	25.323
CFO	15016	0.045	0.071	-0.172	0.007	0.044	0.086	0.248
RET	15016	0.175	0.630	-0.689	-0.247	0.017	0.413	2.985
INS	15016	24.237	23.070	0.007	2.560	17.690	42.701	77.900
TURN	15016	2.697	1.924	0.338	1.271	2.165	3.603	9.658
CLIST	15016	0.037	0.189	0	0	0	0	1
DUAL	15016	0.288	0.453	0	0	0	1	1
BOARD	15016	10.015	2.507	5	9	9	11	18
ROA_SD	15016	0.034	0.047	0.001	0.009	0.018	0.037	0.303
SOE	15016	0.311	0.463	0	0	0	1	1

4.2 基准回归结果

表 3 报告了数字化转型与公司股价特质性波动之间的回归结果。为了解决单位不一致的影响，本文全部连续变量在回归之前均进行了标准化处理。第（1）、（2）列表示未加入控制变量的回归结果。第（3）、（4）列表示加入全部控制变量的回归结果。第（5）、（6）列在前两列的基础上，进一步采用了公司层面的聚类稳健标准误，所有回归均加入了年份固定效应（Year）和个体固定效应（Firm）。结果表明，加入控制变量以及公司层面的聚类稳健标准误之后，本文主要核心解释变量的符号未发生改变。以第（3）、（4）列为例，企业数字化转型的系数依次为 -0.030、-0.033，t 值分别为 -2.991、-3.427，且在 1% 水平上显著，表明数字化转型与企业股价特质性波动之间是负向相关，即数字化转型可以显著抑制公司的股价特质性波动。这就验证了假设 H1。

另外，控制变量与之前的研究也相对一致（陈作华等，2019；朱琳等，2021），例如，资产回报率、年收益率以及账面市值比与股价特质性波动之间显著负相关；盈余波动与股价特质性波动之间显著正相关。

表3　　　　　　　　　数字化转型对股价特质性波动的影响

Dep. Var	IVOL_F	IVOL_C	IVOL_F	IVOL_C	IVOL_F	IVOL_C
	(1)	(2)	(3)	(4)	(5)	(6)
DIGITAL	**−0.033*****	**−0.040*****	**−0.030*****	**−0.033*****	**−0.030*****	**−0.033*****
	(−2.681)	**(−3.513)**	**(−2.991)**	**(−3.427)**	**(−2.729)**	**(−3.002)**
ROA			−0.099***	−0.113***	−0.099***	−0.113***
			(−12.308)	(−14.869)	(−10.243)	(−12.127)
LEV			−0.117***	−0.104***	−0.117***	−0.104***
			(−8.178)	(−7.682)	(−6.667)	(−6.234)
BTM			−0.232***	−0.207***	−0.232***	−0.207***
			(−21.642)	(−20.459)	(−17.760)	(−17.030)
SIZE			0.014	−0.036**	0.014	−0.036*
			(0.877)	(−2.353)	(0.692)	(−1.855)
CFO			−0.007	−0.004	−0.007	−0.004
			(−1.025)	(−0.716)	(−0.956)	(−0.676)
RET			0.397***	0.356***	0.397***	0.356***
			(44.049)	(41.830)	(40.572)	(37.533)
INS			0.016**	0.011	0.016*	0.011
			(2.136)	(1.597)	(1.947)	(1.464)
TURN			0.321***	0.333***	0.321***	0.333***
			(40.783)	(44.806)	(35.435)	(38.997)
CLIST			−0.058	−0.034	−0.058	−0.034
			(−0.358)	(−0.223)	(−0.554)	(−0.350)
DUAL			0.017	0.020	0.017	0.020
			(0.940)	(1.195)	(0.822)	(1.036)
BOARD			0.017**	0.011	0.017**	0.011
			(2.384)	(1.614)	(2.253)	(1.526)
ROA_SD			0.059***	0.044***	0.059***	0.044***
			(8.100)	(6.452)	(6.849)	(5.364)
SOE			−0.018	−0.021	−0.018	−0.021
			(−0.473)	(−0.589)	(−0.401)	(−0.528)
Constant	0.855***	0.832***	1.418***	1.291***	1.418***	1.291***
	(24.319)	(24.936)	(38.047)	(36.622)	(37.957)	(37.255)
Year FE	Yes	Yes	Yes	Yes	Yes	Yes

续表

Dep. Var	IVOL_F	IVOL_C	IVOL_F	IVOL_C	IVOL_F	IVOL_C
	（1）	（2）	（3）	（4）	（5）	（6）
Firm FE	Yes	Yes	Yes	Yes	Yes	Yes
Observation	15016	15016	15016	15016	15016	15016
R-squared	0.317	0.384	0.552	0.599	0.552	0.599

注：括号内为 t 值；* 表示在 10%水平上显著，** 表示在 5%水平上显著，*** 表示在 1%水平上显著。下同。

4.3 稳健性检验

4.3.1 子样本检验

首先，剔除金融危机的影响。考虑到危机的持续性，文章剔除了 2008 年和 2009 年两年的样本，并对剩余样本进行回归，结果如表 4 列（1）、（2）所示。其次，在剔除金融危机影响的基础上，进一步剔除了中国股灾的影响，即删除了 2015—2016 年的样本数据，回归结果见列（3）、（4）。此外，直辖市具有较强的经济、政治特殊性，使得这几个城市的企业特征相对具有系统性的差异，因此列（5）、（6）为剔除了直辖市的数据重新回归的结果。以上结果都再次支持了前文的结论，数字化转型能够降低股价特质性波动。

表 4   子样本检验

Dep. Var	IVOL_F	IVOL_C	IVOL_F	IVOL_C	IVOL_F	IVOL_C
	（1）	（2）	（3）	（4）	（5）	（6）
DIGITAL	**−0.033*****	**−0.036*****	**−0.037*****	**−0.040*****	**−0.019***	**−0.018***
	（−3.135）	**（−3.645）**	**（−3.243）**	**（−3.703）**	**（−1.673）**	**（−1.723）**
Control Variables	Yes	Yes	Yes	Yes	Yes	Yes
Year FE	Yes	Yes	Yes	Yes	Yes	Yes
Firm FE	Yes	Yes	Yes	Yes	Yes	Yes
Observation	13931	13931	11158	11158	13007	13007
R-squared	0.544	0.597	0.446	0.461	0.553	0.599

4.3.2 替换解释变量

为了保证文章结果的稳健性，借鉴祁怀锦等（2019）的研究，文章采用数字化相关资产占无形资产的比重来衡量企业数字化转型的程度。其中，数字化相关资产定义为，无形资产明细项中包含

"软件""网络""客户端""管理系统""智能平台"等与数字化转型相关的关键词以及与此相关的专利时，该明细项被定义为数字化转型相关资产。表 5 列（1）、（2）为替换核心解释变量之后的结果，系数依然显著为负，再次验证了数字化转型与企业股价特质性波动之间的负相关关系。

表 5　　　　　　　　　　　　　　　　　替 换 变 量

Dep. Var	IVOL_F	IVOL_C
	（1）	（2）
DIGITAL	−0.015*	−0.022***
	（−1.842）	（−2.822）
Control Variables	Yes	Yes
Year FE	Yes	Yes
Industry FE	Yes	Yes
Observations	15016	15016
Adj. R^2	0.552	0.599

4.3.3　进一步排除公司信息披露的问题

本文采用文本分析法构建数字化转型指标，在一定程度上该指标会受到企业策略性信息披露的影响。为了排除企业策略性信息披露行为对结论造成的影响，本文进行了以下检验：

（1）借鉴袁淳等（2021）的研究，通过构建模型估计企业数字化转型相关词汇的正常披露次数，并剔除信息披露夸大嫌疑最高的前 20% 的样本重新检验，结果如表 6 列（1）、（2）所示。

（2）文章剔除样本期间因信息披露相关问题受到证监会或者证券交易所处罚的样本，回归结果如列（3）、（4）所示。

（3）列（5）、（6）为仅保留深圳证券交易所以及上海证券交易所考评上市公司信息披露等级为优秀与良好的样本进行重新回归之后的结果。选择这些样本的原因是，这些公司的信息披露情况较好，相对于信息披露质量较差的公司来说，更不会进行策略性披露。按照上述方法，进一步排除企业策略性信息披露问题后，数字化转型对企业股价特质性波动的关系依然成立。

表 6　　　　　　　　　　　　　　　　排除企业策略性披露行为

Dep. Var	IVOL_F	IVOL_C	IVOL_F	IVOL_C	IVOL_F	IVOL_C
	（1）	（2）	（3）	（4）	（5）	（6）
DIGITAL	−0.040***	−0.047***	−0.029***	−0.031***	−0.026**	−0.030***
	（−3.032）	（−3.724）	（−2.759）	（−3.105）	（−2.423）	（−2.949）
Control Variables	Yes	Yes	Yes	Yes	Yes	Yes

续表

Dep. Var	IVOL_F	IVOL_C	IVOL_F	IVOL_C	IVOL_F	IVOL_C
	（1）	（2）	（3）	（4）	（5）	（6）
Year FE	Yes	Yes	Yes	Yes	Yes	Yes
Firm FE	Yes	Yes	Yes	Yes	Yes	Yes
Observation	12012	12012	13130	13130	12647	12647
R-squared	0.547	0.596	0.564	0.613	0.563	0.615

4.4 内生性处理

为解决遗漏变量、样本自选择以及反向因果导致的内生性问题，文章在本部分利用倾向得分匹配法（PSM）、工具变量法以及处理效应模型缓解可能存在的内生性问题。

4.4.1 PSM 检验

由于不同企业自身特征存在差异，我们无法排除数字化转型程度不同的两类样本是否受企业自身特征的影响而表现出了不同的特质性波动。为克服这种选择性偏误造成的内生性问题，文章借鉴陈作华等（2019）的研究，采用倾向得分匹配法（PSM）对样本进行重新检验。具体做法如下：首先，由于采用文本分析法构建了核心解释变量，那么如果某些企业文本中数字化转型相关词频过低的话，这类企业可能只是在财务报告中提到了数字化转型，但没有真正实施（吴武清和田雅婧，2022）。由此我们设置了一个哑变量（DIG_dum），若企业数字化转型相关词频在 5 次以上（不包含 5次），则该变量为 1，样本作为实验组。随后，将剩余样本按照 1∶1、1∶2 近邻匹配法以及核匹配法与实验组样本进行匹配，建立对照组。其中协变量为总资产回报率（ROA）、资产负债率（LEV）、公司规模（SIZE）、经营现金流（CFO）、机构投资者持股比例（INS）、交叉上市（CLIST）、董事会规模（BOARD）以及盈余波动（ROA_SD）。最后，将匹配之后的样本通过模型（3）进行重新回归，结果如表 7 所示，结果依然显著为负。

表 7   **PSM 检验**

Dep. Var	IVOL_F	IVOL_C	IVOL_F	IVOL_C	IVOL_F	IVOL_C
	（1）	（2）	（3）	（4）	（5）	（6）
DIGITAL	−0.030**	−0.036***	−0.027**	−0.032***	−0.031***	−0.033***
	（−2.219）	（−2.879）	（−2.326）	（−2.895）	（−3.050）	（−3.492）
Control Variables	Yes	Yes	Yes	Yes	Yes	Yes

续表

Dep. Var	IVOL_F	IVOL_C	IVOL_F	IVOL_C	IVOL_F	IVOL_C
	（1）	（2）	（3）	（4）	（5）	（6）
Year FE Firm FE	Yes	Yes	Yes	Yes	Yes	Yes
R-squared	Yes	Yes	Yes	Yes	Yes	Yes
Observation	6608	6608	9466	9466	14966	14966
R-squared	0.565	0.615	0.557	0.605	0.551	0.599

4.4.2　工具变量法

前文的研究指出，数字化转型在一定程度上能够抑制公司的股价特质性波动。孔东民等（2017）认为，异质波动会导致公司管理层与股东特别是外部股东之间更大的信息不对称。那么中小股东可能会通过"用手投票"或者"用脚投票"的方式来迫使管理层提高信息透明度，进而提升公司的数字化转型程度。此外，产业政策、行业竞争等因素也会影响公司的股价特质性波动。为了缓解遗漏变量以及反向因果导致的内生性问题，借鉴黄群慧等（2019）的研究，本文采用1984年各城市邮电数据作为工具变量。首先，邮电事业的发展可能会从数字化基础、社会偏好等方面影响企业数字化相关技术的应用以及转型的接受程度（黄群慧等，2019），满足工具变量相关性的要求。其次，邮局与电话作为社会基础设施，其发展是为民众通信提供便利，并不会直接影响公司的股价波动，作用于其股价特质性波动。随着互联网信息技术的发展，邮局以及固定电话也逐步退出历史舞台，因此也满足外生性的要求。文章的样本为面板数据，使用截面数据作为工具变量会因为固定效应的引入出现难以度量的问题，因此借鉴袁淳等（2021）的研究，文章使用滞后一期的全国互联网上网人数分别与1984年各地市每百万固定电话安装数量以及邮局数量交乘项作为企业数字化转型的工具变量。

工具变量的回归结果如表8所示。列（1）为第一阶段回归结果，结果显示工具变量POST、TEL与DIGITAL的系数均在1%水平上显著为正，这表明各地数字基础发展越好，企业的数字化转型程度越高，满足工具变量与解释变量之间的相关性的要求。列（2）、（3）为第二阶段回归结果，DIGITAL的系数依然显著为负，该结果表明，在控制内生性问题之后，数字化转型依然会显著抑制公司的股价特质性波动。此外，本文还对工具变量的弱有效性以及过度识别问题做了分析，结果表明第一阶段回归的 F 统计量为95.510，远大于 Staiger 和 Stock（1997）所给出的10的要求；且在 Cragg-Donald Wald Test 中，其 F 值均为68.52，高于10%的临界值，由此我们可以拒绝弱工具变量的假设。同时基于 Sargan-Hansen Test，其 Sargan Statistics 值分别为0.017和0.218，在常见显著性水平下均不显著，由此我们不能拒绝"所有工具变量都是外生"的原假设。上述结果进一步验证了基准回归结果的稳健性。

表 8　　　　　　　　　　　　　　　　　　工具变量法

Dep. Var	DIGITAL	IVOL_F	IVOL_C
	First	Second	Second
	（1）	（2）	（3）
DIGITAL		−0.388***	−0.405***
		（−3.821）	（−4.179）
POST	0.030***		
	（5.548）		
TEL	0.046***		
	（8.532）		
Control Variables	Yes	Yes	Yes
Year FE	Yes	Yes	Yes
Firm FE	Yes	Yes	Yes
Observation	13434	13391	13391
R-squared	0.178	0.523	0.569
F statistic in 1st stage	95.510		
Sargan Statistic		0.017	0.218
Cragg-Donald Wald F statistic		68.520	68.520

4.4.3　处理效应模型检验

由于我们借助年报信息构建了数字化转型的代理变量，数字化转型相关信息披露在一定程度上属于企业的自主行为，无法排除存在样本选择问题。为了进一步解决自选择偏差造成的内生性问题，参考高雨辰等（2021）的研究，本文使用了处理效应模型。该模型的思想如下：在第一阶段，选择企业的财务状况、公司治理状况以及当地数字化基础作为解释变量，以企业是否进行数字化转型作为被解释变量，构建一个 Probit 模型，并通过回归计算出逆米尔斯比率（IMR）。在第二阶段，将 IMR 添加到基准回归中，以重新估计企业数字化转型的系数。文章第一阶段中除了使用前文的控制变量外，还添加了当地数字化基础作为协变量，主要包括通信基础设施（INFRASTRUCTURE）、光缆建设水平（CABLE）以及互联网普及率（NET），这些变量与企业数字化转型关系密切，而对公司的股价特质性波动没有直接联系。回归结果如表 9 所示，结果依然显著为负，验证了文章结论的稳健性。

表9　　　　　　　　　　　　　　　处理效应模型检验

Dep. Var	DIG_dum	IVOL_F	IVOL_C
	First	Second	Second
	（1）	（2）	（3）
DIGITAL		−0.039***	−0.042***
		（−3.811）	（−4.392）
IMR		0.042***	0.047***
		（5.036）	（5.909）
Control Variables	Yes	Yes	Yes
Heckman Variables	Yes	No	No
Year FE	Yes	Yes	Yes
Firm FE	Yes	Yes	Yes
Observation	15016	15016	15016
R-squared		0.553	0.601

5. 进一步分析

5.1　机制分析

经过前文基本回归、内生性处理、稳健性检验分析，我们可以得到，数字化转型程度越高，公司的股价特质性波动越低。但是前文的内容仅就数字化转型对公司股价特质性波动的整体效应进行刻画，并没有深入挖掘二者之间的作用机制。对此，我们基于信息不对称视角，探究数字化转型对公司股价特质性波动的作用渠道，构建模型如下：

$$\text{IVOL}_{i,t} = \alpha + \beta_1 \times \text{DIGITAL}_{i,t} + \sum \text{Controls} + \sum \text{Year} + \sum \text{Firm} + \varepsilon_{i,t}$$

$$\text{MEDIATOR}_{i,t} = \alpha_1 + \theta_1 \times \text{DIGITAL}_{i,t} + \sum \text{Controls} + \sum \text{Year} + \sum \text{Firm} + \mu_{i,t}$$

$$\text{IVOL}_{i,t} = \alpha_2 + \gamma_1 \text{DIGITAL}_{i,t} + \gamma_2 \times \text{MEDIATOR}_{i,t} + \sum \text{Controls} + \sum \text{Year} + \sum \text{Firm} + \upsilon_{i,t}$$

$$(4)$$

其中，MEDIATOR 表示中介变量信息不对称水平。借鉴辛清泉等（2014）的研究，文章选用 Dechow 和 Dichev（2002）模型计算的盈余质量（DD）作为信息透明度的代理变量。借鉴于蔚等（2012）的研究，构建信息不对称的代理指标（ASY）。对流动性比率、非流动性比率以及收益率反转指标进行主成分分析得到 ASY。机制检验的回归结果如表10所示，列（1）与列（4）显示企业数字化转型与盈余质量以及信息不对称之间显著负相关，即企业的数字化转型可以显著提升公司的信息透明度，缓解信息不对称问题。列（2）、（3）与列（5）、（6）的系数说明信息透明度的提升、信息不对称问题的改善能够显著抑制公司股价的特质性波动。此外 Boostrap 检验（抽样自助样本 1000 次）结果表明，p 值为 0.000 且 Boot 置信区间不包含 0，中介效应成立。由此可知，信息透明度与信息不对称在数字化转型显著降低公司股价特质性波动中发挥了中介效应。

表 10 信息不对称的机制分析

Dep. Var	盈余质量			信息不对称		
	DD	IVOL_F	IVOL_C	ASY	IVOL_F	IVOL_C
	（1）	（2）	（3）	（4）	（5）	（6）
DIGITAL	−0.037**	−0.031***	−0.031***	−0.075***	−0.019*	−0.020**
	（−2.250）	（−2.936）	（−3.103）	（−11.993）	（−1.882）	（−2.128）
DD		0.027***	0.022***			
		（4.428）	（3.931）			
ASY					0.148***	0.164***
					（10.661）	（12.539）
Control Variables	Yes	Yes	Yes	Yes	Yes	Yes
Year FE	Yes	Yes	Yes	Yes	Yes	Yes
Firm FE	Yes	Yes	Yes	Yes	Yes	Yes
Observation	13504	13504	13504	15016	15016	15016
R-squared	0.055	0.561	0.611	0.777	0.556	0.604
Boostrap 检验		$P=0.000$			$P=0.000$	

5.2 异质性检验

5.2.1 数字化特征的异质性分析

数字技术提供方与数字技术应用方，在企业数字化转型过程中可能对股价特质性波动的影响存在差异。相较于数字化技术提供方而言，数字技术应用方在转型之前，数字化技术的应用与实践不足，而转型之后在数字技术应用和实践应用在与业务的融合过程中，赋能业务发展，更能推动企业组织管理变革，提高信息披露质量，促进内外部信息的互通。高新技术企业具备数字化转型的客观基础资源，因而在推动数字化转型的过程中更加有效（吴非等，2021）。因此，借鉴彭红星等（2017）的研究，选用高科技企业进行分组检验，进一步将受数字化转型影响大的行业，包括农林牧渔业，制造业，交通运输、仓储和邮政业，批发和零售业作为数字技术的应用方，将剔除电信广播电视和卫星传输行业后的信息传输、软件和信息技术服务业作为数字技术的提供方。回归结果如表

11 所示。在数字技术应用方的样本中，企业数字化转型更有可能通过提升信息透明度降低股价特质性波动。

表 11　　　　　　　　　　　　基于数字化特征的异质性分析

Dep. Var	IVOL_F	IVOL_F	IVOL_C	IVOL_C
	数字技术应用方	数字技术提供方	数字技术应用方	数字技术提供方
	（1）	（2）	（3）	（4）
DIGITAL	−0.040***	0.024	−0.041***	0.028
	（−2.643）	（1.113）	（−2.820）	（1.382）
Control Variables	Yes	Yes	Yes	Yes
Year FE	Yes	Yes	Yes	Yes
Firm FE	Yes	Yes	Yes	Yes
Observation	8191	941	8191	941
R-squared	0.552	0.672	0.599	0.748

5.2.2　外部监督的异质性分析

　　严格的外部监督有利于改善公司治理和信息披露。四大会计师事务所审计更加专业严格，审计质量更高，因而由四大会计师事务所审计的公司，很难掩盖负面消息，且其信息披露更加及时准确、信息透明度较高（Huang et al.，2022）。即使企业数字化转型程度比较低，投资者也可以获得充分、准确的信息。因此，在非四大会计师事务所审计的样本中，数字化转型带来的特质信息披露对企业股价特质性波动的抑制作用可能更加显著。借鉴 Huang 等（2022）的研究，文章按照是否由四大会计师事务所审计分组，进行分样本回归。结果如表 12 所示。在低审计质量（非四大审计）的样本中，数字化转型对股价特质性波动的抑制作用更加显著。

表 12　　　　　　　　　　　　基于外部监督的异质性分析

Dep. Var	IVOL_F	IVOL_F	IVOL_C	IVOL_C
	审计质量高	审计质量低	审计质量高	审计质量低
	（1）	（2）	（3）	（4）
DIGITAL	−0.101	−0.030***	−0.117	−0.032***
	（−1.226）	（−2.967）	（−1.477）	（−3.352）
Control Variables	Yes	Yes	Yes	Yes
Year FE	Yes	Yes	Yes	Yes
Firm FE	Yes	Yes	Yes	Yes

续表

Dep. Var	IVOL_F	IVOL_F	IVOL_C	IVOL_C
	审计质量高	审计质量低	审计质量高	审计质量低
	（1）	（2）	（3）	（4）
Observation	516	14500	516	14500
R-squared	0.570	0.555	0.577	0.603

5.2.3 内部治理的异质性分析

谭劲松等（2016）的研究表明，投资者对公司信息披露质量存在治理效应，可以使信息披露更加准确、及时。此外，机构投资者作为公司股权的重要组成部分，为避免信息不对称造成的损失，具有积极参与公司治理的动机。花冯涛（2018）指出，机构投资者可以通过公司治理，降低噪音交易和私有信息套利，从而抑制股价特质性波动。因此，数字化转型在机构投资者持股较高的企业中对股价特质性波动的抑制作用可能更不明显。基于以上考虑，文章按照机构投资者持股的年度中位数进行分组回归。结果如表 13 所示，在机构投资者持股较低的样本，数字化转型对股价特质性波动的抑制作用更加显著。

表 13　　　　　　　　　　基于内部治理的异质性分析

Dep. Var	IVOL_F	IVOL_F	IVOL_C	IVOL_C
	机构投资者持股高	机构投资者持股低	机构投资者持股高	机构投资者持股低
	（1）	（2）	（3）	（4）
DIGITAL	−0.026	−0.038 ***	−0.024	−0.044 ***
	（−1.482）	（−2.822）	（−1.438）	（−3.408）
Control Variables	Yes	Yes	Yes	Yes
Year FE	Yes	Yes	Yes	Yes
Firm FE	Yes	Yes	Yes	Yes
Observations	7504	7512	7504	7512
R-squared	0.567	0.560	0.610	0.612

6. 结论和政策建议

党的二十大报告指出，加快建设数字中国，推动经济高质量发展。对于企业而言，数字化转型之后，企业可以利用更多、更精准的信息，实现经营管理的优化设计，为未来成长创造尽可能多的价值，从而更好地适应竞争环境，加强核心竞争力。本文就企业数字化转型对股价特质性波动的影响展开研究，借助中国沪深两市 A 股上市企业 2007—2020 年数据，利用上市公司年报中与“数字化转型”有关的关键词来刻画数字化转型程度，实证检验企业数字化转型对股价特质性波动的影响、机制和内外部基础条件等问题，主要得到以下研究结论。

首先，企业的数字化转型能够缓解信息不对称问题，降低公司的股价特质性波动。该结果在经过子样本检验、更换解释变量、PSM 检验、工具变量法以及处理效应两阶段模型等一系列稳健性测试之后依然成立。其次，信息透明度与信息不对称问题是数字化转型影响公司股价特质性波动的重要渠道。最后，异质性分析表明，数字化特征、外部监管、内部治理是影响数字化转型对股价特质性波动的抑制作用的重要因素。分组回归结果显示，在数字技术应用方、审计质量低、机构投资者持股比例较少的样本中，数字化转型对股价特质性波动的抑制作用更加显著。本研究有助于进一步打开数字化转型与企业股价特质性波动之间的黑箱，对于提升资本市场信息效率具有启示意义。

针对本文的研究结论，相关政策建议如下：

第一，政府应积极顺应数字化转型迅猛发展的趋势，继续推行政策激励企业开展数字化转型，提高上市公司信息披露透明度，改善投资者与管理层之间的信息不对称，进一步完善资本市场的信息传导效率。

第二，企业的数字化发展应遵循差异化的原则。政府应当兼顾企业数字化特征、内部治理与外部监督之间的差异，依据不同企业的特殊情况制定数字化转型的具体目标和重点任务，发展具有特色的数字化路径。

◎ 参考文献

[1] 陈剑，黄朔，刘运辉 . 从赋能到使能——数字化环境下的企业运营管理 [J]. 管理世界，2020，36（2）.

[2] 陈作华，刘子旭 . 政企关系与企业特质风险 [J]. 管理科学，2019，32（4）.

[3] 高雨辰，万滢霖，张思 . 企业数字化、政府补贴与企业对外负债融资——基于中国上市企业的实证研究 [J]. 管理评论，2021，33（11）.

[4] 龚强，班铭媛，张一林 . 区块链、企业数字化与供应链金融创新 [J]. 管理世界，2021，37（2）.

[5] 何帆，刘红霞 . 数字经济视角下实体企业数字化变革的业绩提升效应评估 [J]. 改革，2019（4）.

[6] 何玉润，林慧婷，王茂林 . 产品市场竞争、高管激励与企业创新——基于中国上市公司的经验证据 [J]. 财贸经济，2015（2）.

[7] 花冯涛 . 机构投资者如何影响公司特质风险：刺激还是抑制？——基于通径分析的经验证据 [J]. 上海财经大学学报，2018，20（1）.

[8] 黄群慧，余泳泽，张松林 . 互联网发展与制造业生产率提升：内在机制与中国经验 [J] . 中国工业经济，2019（8）.

[9] 姜付秀，马云飙，王运通 . 退出威胁能抑制控股股东私利行为吗？[J] . 管理世界，2015（5）.

[10] 孔东民，刘莎莎，应千伟 . 公司行为中的媒体角色：激浊扬清还是推波助澜？[J] . 管理世界，2013（7）.

[11] 孔东民，刘莎莎 . 中小股东投票权、公司决策与公司治理——来自一项自然试验的证据 [J] . 管理世界，2017（9）.

[12] 雷光勇，买瑞东，左静静 . 数字化转型与资本市场效率——基于股价同步性视角 [J] . 证券市场导报，2022（8）.

[13] 李子健，李春涛，冯旭南 . 非财务信息披露与资本市场定价效率 [J] . 财贸经济，2022，43（9）.

[14] 刘淑春，闫津臣，张思雪等 . 企业管理数字化变革能提升投入产出效率吗 [J] . 管理世界，2021，37（5）.

[15] 刘维奇，邢红卫，张信东 . 投资偏好与"特质波动率之谜"——以中国股票市场 A 股为研究对象 [J] . 中国管理科学，2014，22（8）.

[16] 彭红星，毛新述 . 政府创新补贴、公司高管背景与研发投入——来自我国高科技行业的经验证据 [J] . 财贸经济，2017，38（3）.

[17] 彭正银，黄晓芬，隋杰 . 跨组织联结网络、信息治理能力与创新绩效 [J] . 南开管理评论，2019，22（4）.

[18] 戚聿东，肖旭 . 数字经济时代的企业管理变革 [J] . 管理世界，2020，36（6）.

[19] 祁怀锦，曹修琴，刘艳霞 . 数字经济对公司治理的影响——基于信息不对称和管理者非理性行为视角 [J] . 改革，2020（4）.

[20] 谭劲松，林雨晨 . 机构投资者对信息披露的治理效应——基于机构调研行为的证据 [J] . 南开管理评论，2016，19（5）.

[21] 谭志东，赵洵，潘俊等 . 数字化转型的价值：基于企业现金持有的视角 [J] . 财经研究，2022，48（3）.

[22] 王守海，徐晓彤，刘烨炜 . 企业数字化转型会降低债务违约风险吗？[J] . 证券市场导报，2022（4）.

[23] 王亚平，刘慧龙，吴联生 . 信息透明度、机构投资者与股价同步性 [J] . 金融研究，2009（12）.

[24] 吴非，胡慧芷，林慧妍等 . 企业数字化转型与资本市场表现——来自股票流动性的经验证据 [J] . 管理世界，2021，37（7）.

[25] 吴武清，田雅婧 . 企业数字化转型可以降低费用黏性吗——基于费用调整能力视角 [J] . 会计研究，2022（4）.

［26］肖浩，孔爱国．融资融券对股价特质性波动的影响机理研究：基于双重差分模型的检验［J］．管理世界，2014（8）．

［27］辛清泉，孔东民，郝颖．公司透明度与股价特质性波动［J］．金融研究，2014（10）．

［28］姚加权，张锟澎，罗平．金融学文本大数据挖掘方法与研究进展［J］．经济学动态，2020（4）．

［29］袁淳，肖土盛，耿春晓等．数字化转型与企业分工：专业化还是纵向一体化［J］．中国工业经济，2021（9）．

［30］张新民，陈德球．移动互联网时代企业商业模式、价值共创与治理风险——基于瑞幸咖啡财务造假的案例分析［J］．管理世界，2020，36（5）．

［31］赵宸宇，王文春，李雪松．数字化转型如何影响企业全要素生产率［J］．财贸经济，2021，42（7）．

［32］周聪，张宗新．信息挖掘还是噪声交易：债券特质风险如何影响信用利差？［J］．统计研究，2021，38（6）．

［33］朱琳，陈妍羽，伊志宏．分析师报告负面信息披露与股价特质性波动——基于文本分析的研究［J］．南开管理评论，2021．

［34］Chen, C., Huang, A. G., Jha, R. Idiosyncratic return volatility and the information quality underlying managerial discretion［J］. Journal of Financial and Quantitative Analysis, 2012, 47（4）.

［35］Durnev, A., Morck, R., Yeung, B. Value-enhancing capital budgeting and firm-specific stock return variation［J］. Journal of Finance, 2004, 59（1）.

［36］Flannery, M. J., Kwan, S. H., Nimalendran, M. Market evidence on the opaqueness of banking firms' assets［J］. Journal of Financial Economics, 2004, 71（3）.

［37］Hu, M., Zhang, D., Ji, Q., et al. Macro factors and the realized volatility of commodities: A dynamic network analysis［J］. Resources Policy, 2020, 68.

［38］Huang, W., Liu, Q., Rhee, S. G., et al. Return reversals, idiosyncratic risk, and expected returns［J］. Review of Financial Studies, 2010, 23（1）.

［39］La Porta, R., Lopez-de-Silanes, F., Shleifer, A. Corporate ownership around the world［J］. Journal of Finance, 1999, 54（2）.

［40］Lee, D. W., Liu, M. H. Does more information in stock price lead to greater or smaller idiosyncratic return volatility?［J］. Journal of Banking and Finance, 2011, 35（6）.

［41］Li, F. The digital transformation of business models in the creative industries: A holistic framework and emerging trends［J］. Technovation, 2020, 92.

［42］Liu, S. Investor sentiment and stock market liquidity［J］. Journal of Behavioral Finance, 2015, 16（1）.

［43］Morgan, D. P. Rating banks: Risk and uncertainty in an opaque industry［J］. American Economic Review, 2002, 92（4）.

［44］Rajgopal, S., Venkatachalam, M. Financial reporting quality and idiosyncratic return volatility ［J］. Journal of Accounting and Economics, 2011, 51 (1-2).

Enterprise Digital Transformation and Stock Price Idiosyncratic Volatility

Ge Yongbo[1]　Xu Siping[2]　Kong Xiaoran[3]

(1　School of Accounting, Shandong University of Finance and Economics, Jinan, 250014;

2, 3　School of finance, Shandong University of Finance and Economics, Jinan, 250014)

Abstract：This paper takes all A-share listed companies in Shanghai and Shenzhen from 2007 to 2020 as research samples. It is found that enterprise digital transformation can reduce the stock price idiosyncratic volatility. This result held true after controlling for endogeneity and a series of other robustness tests. Information transparency and information asymmetry are important channels for digital transformation to affect the idiosyncrasies of corporate stock prices. In other words, the digital transformation of firms restrain the stock price idiosyncratic volatility by improving information transparency and relieving information asymmetry. Heterogeneity analysis shows that the negative correlation is more significant in the firms with digital technology application, low audit quality and low institutional investor shareholding. This study is helpful to further open the black box between the digital transformation and the characteristic volatility of stock price and has implications for firms to prevent and resolve risks.

Key words：Enterprise digital transformation; Stock price idiosyncratic volatility; Information asymmetry

专业主编：潘红波

珞珈 管理评论
2022 年卷第 6 辑（总第 45 辑）

Luojia Management Review
No. 6, 2022（Sum. 45）

国有资本参股能抑制民营企业并购"三高"现象吗?*

● 毛志宏[1]　魏延鹏[2]　王浩宇[3]

（1，2　吉林大学商学与管理学院　长春　130012；3　吉林大学数量经济研究中心　长春　130012）

【摘　要】 并购"三高"现象俨然成为影响资本市场资源配置效率和广泛利益相关者权益的重要因素。以 2009—2021 年发生并购交易事件的民营上市公司为样本的研究发现，国有资本参股抑制了民营企业并购过程中高估值、高承诺和高商誉的"三高"现象。影响机制检验发现，国有资本参股通过降低内部人自利动机和缓解信息不对称风险抑制了并购"三高"现象。事后检验分析发现，国有资本参股进一步提升了业绩承诺的完成概率和比例，降低了商誉减值的计提比例，同时抑制了股价崩盘风险。基于外部监管视角的研究发现，国有资本参股对并购"三高"现象的抑制作用在政府干预较强、监管问询概率较低、分析师跟踪人数较多以及媒体关注度较高的民营企业中更加显著。研究结论表明，国有资本作为广大利益相关者的重要代表，不仅有利于引导民营企业更加重视中小股东的权利，而且有利于优化民营经济的并购资源配置效率。

【关键词】 混合所有制改革　国有资本　并购"三高"现象　外部监管

中图分类号：F272　　　　文献标识码：A

1. 引言

随着我国经济进入新常态，"三期叠加"的持续影响不断深化，企业通过并购重组实现资源再配置的高质量发展模式成为贯彻新发展理念的重要手段。据 CSMAR 数据库，我国上市公司 2008—2021 年，交易成功的并购事项从 1188 件提升至 6429 件，增长超 5 倍①。企业借助并购手段拓宽业务边界，统合供应链资源，提升行业规模效应，进一步实现了资本流动和产业升级。但是，与如火如荼

---

* 基金项目：吉林省科技发展计划项目"创新驱动吉林省企业高质量发展问题研究"（项目批准号：20210601059FG）；2021 年吉林大学廉政建设专项研究课题"混合所有制企业廉政建设研究"（项目批准号：2021LZY003）。

通讯作者：魏延鹏，E-mail：13251813436@ 163. com。

① 本文关于并购事件的相关数据通过 CSMAR 数据库"中国上市公司并购重组研究数据库"手工整理所得，以上市公司首次公告日所在年度为基准，统计交易成功的并购数量。

的并购浪潮伴生出现的，是并购事件中"高估值、高承诺、高商誉"的并购"三高"现象。近年来关于上市公司并购"三高"现象的负面经济影响在媒体报道中屡见不鲜①。并购"三高"现象引发的无序化并购交易，俨然成为大股东及管理层与被并购方实现利益合谋，通过市值管理借机精准减持套现，进而侵占中小股东利益的常用手段（邓鸣茂和梅春，2019；徐莉萍等，2021；叶会和陈君萍，2022）。而并购"三高"现象产生的经济后果，亦使得业绩承诺协议失败导致的公司业绩下滑甚至爆雷的现象（关静怡和刘娥平，2019；李晶晶等，2020），以及超额商誉导致的巨额商誉减值甚至股价崩盘现象频发（邓鸣茂和梅春，2019；韩宏稳等，2019），严重搅乱了资本市场秩序，增加了资本市场风险，为资本市场有序发展埋下了隐患。

企业通过并购实现利益最大化的前提是收益和风险的相互匹配，这就要充分发挥市场机制在资源配置中的决定性作用。中国正处于经济转轨阶段，单纯依靠市场本身难以实现跨越式经济发展任务，发展混合所有制改革有助于国有企业将稀缺资源投向关键行业，为经济发展提供基础性条件（杨瑞龙，2022）。随着混合所有制改革步入深水区，国有资本在经济活动中发挥的资源配置作用逐步凸显。国有资本通过参股民营企业实现了国有资产保值增值的基本目标，并通过提升公司治理水平，降低企业经营风险，保护中小股东利益，进而维护了资本市场秩序（余汉等，2017；李增福等，2021；赵璨等，2021；于瑶和祁怀锦，2022）。然而，并购"三高"现象的出现直接降低了市场机制对资源的配置效率，造成了资源的过度聚集与严重浪费，破坏了通过并购实现资源再配置的底层逻辑，同时也使得民营企业中的国有资本面临着资产流失的风险。据此，国有资本能否通过股权结构治理表达自身利益诉求，抑制民营企业并购"三高"现象的产生，实现国有资本保值增值，维护中小股东权益，进而促进资本市场有序发展，便是本文探索与讨论的核心问题。有鉴于此，本文拟以2009—2021 年发生并购交易事件的民营上市公司为研究样本，考察国有资本参股对并购"三高"现象的影响。

本文的贡献主要体现在：

其一，拓展了国有资本参股的经济后果研究。现有研究从公司治理、经营风险和企业价值等多个方面证实了国有资本参股对民营企业高质量发展产生的积极影响，但对国有资本在并购事项中作用的研究相对匮乏。本文在已有研究理论框架下，综合讨论了国有资本参股对民营企业并购"三高"现象的作用方式，拓展了国有资本研究的视角和领域。

其二，拓展了并购"三高"现象的影响因素研究。现有研究多集中探讨某一个具体现象的影响因素或经济后果，而忽略了并购"三高"现象背后的整体逻辑。本文从股权结构角度相对全面地考察了不同所有制股东对并购"三高"现象的决策过程的影响，证实国有资本参股抑制了民营企业并购"三高"现象。

其三，基于事后检验视角与外部监管视角对国有资本行为的考察，细化了相关研究内容与研究

---

① 《中国证券报》2016 年 8 月 31 日报道"溢价率不断攀升业绩承诺屡成空　并购重组'双高'逻辑探秘"；《中国证券报》2017 年 11 月 13 日报道"业绩承诺大限将至，'三高'并购风险高悬"；《经济日报》2018 年 9 月 14 日报道"上市公司并购重组频现'后遗症'"；《中国证券报》2019 年 2 月 16 日报道"从严监管 防范'三高'并购风险"；《证券日报》2019 年 6 月 24 日报道"证监会对并购重组'三高'持续从严监管 坚决打击恶意炒壳等违法违规行为"。

思路。对业绩承诺完成情况、商誉减值确认情况以及股价崩盘风险抑制情况的考察，有助于进一步验证国有资本参股抑制并购"三高"现象的动机。通过探讨地方政府、监管部门、分析师以及媒体等外部监管手段的差异化影响，有助于为混合所有制改革和市场经济发展提供多重视角的思考。

2. 文献回顾与研究假设

2.1　抑制并购"三高"现象的动机

随着市场化改革的不断深化，为了实现规模经济、增强核心竞争力，并购重组已然成为上市公司实现高质量发展的重要手段。为了进一步吸收优质资产，实现企业间的强强联合，采取高溢价并购逐渐成为一种常态（Shleifer and Vishny，2003；Kim et al.，2011）。随着高溢价并购的不断涌现，签订业绩承诺作为一种确保并购交易成功的价格调整机制应运而生。并购方可以通过签订业绩承诺协议，根据标的公司以往的经营数据预测未来的盈利能力，并据此修改具体条款以达到降低未来经营风险的目标（吴兴宇和王满，2022）。已有研究发现，合理的业绩承诺能够缓解并购双方的信息不对称和道德风险（Cain et al.，2011），降低由高溢价并购引发的定价风险和股价崩盘风险（Song et al.，2019），从而创造更高的企业价值。

然而，过高的并购估值和业绩承诺带来了更多的操作空间，很有可能沦为企业内部人自利的工具（Fu et al.，2013）。签订了业绩承诺协议的公司，其大股东可能会利用自身信息优势在并购交易成功后的业绩承诺期内进行更加频繁的减持行为，且业绩承诺金额越高减持行为的规模越大（叶会和陈君萍，2022）。一旦过高的业绩承诺无法实现甚至出现业绩爆雷的情况，那么此前通过签订业绩承诺这一"增信"行为所带来的竞争优势，很可能直接诱发一连串影响企业正常经营甚至破产重组的连锁反应（关静怡和刘娥平，2019；李晶晶等，2020）。

此外，高估值和高承诺的并购交易势必会为企业带来更高的并购商誉。商誉的确认及后续的减值计提在会计处理上存在很强的主观性和操纵空间（Ramanna and Watts，2012；原红旗等，2021），这使得巨额的商誉积累了大量的信息不对称（徐静静和王宽亮，2021），显著增加了企业经营风险和不确定性，降低了企业并购效率（Ahern and Sosyura，2014），进而影响企业长期价值。

2.2　国有资本参股的经济后果

发展混合所有制改革就是通过所有制主体的多元化和分散化实现企业不同利益相关者的共同治理目标（Wang et al.，2021）。深化混合所有制改革，不仅有助于提高以实物形态存在的国有企业与市场经济的高度融合，同时还促使以价值形态存在的国有资本得以更加有效地实现资源优化配置（杨瑞龙，2022）。国有资本通过参股民营企业实现了不同所有制主体通过资本博弈实现股权结构的动态优化配置。国有资本因其拥有显性的资源优势和隐性的政治优势，使其能够在企业中获得更多的话语权（陈建林，2015），因而更有能力通过股权制衡降低民营企业因信息不对称产生的逆向选择和道德风险，缓解委托代理问题（赵璨等，2021），进而提升公司治理水平（Lin et al.，1998）。此外，作为民营企业中小股东的利益共同体，国有资本更能够站在中小股东的角度，确保在企业出现亏损的经营状态下，帮助受损失的中小股东通过平等谈判实现利益的再次分配（梁上坤等，2020），进而保护中小股东的利益。

防止国有资产流失、实现资本保值增值是国有资本投资的前置要求，加之以"管资本"为主的国有资产监管体制的外部监管，使得国有资本的风险偏好较低，因而更加重视企业在决策制定、企业投资和日常经营中面临的不确定性风险。已有研究发现，国有企业与政府达成的"共生关系"促使国有资本拥有更强的政策感知能力，有助于拥有国有资本参股的民营企业更加准确识别和精准把握政策变化，进而降低民营企业面临的决策风险（余汉等，2017）。进一步，国有资本携带的政治资源优势有助于减少民营企业面临的政策性歧视，提高民营企业的信用评级（陈建林，2015）。而国有资本在贷款获取上的信息成本优势以及来自政府背书的保证加持有助于缓解民营企业的融资约束（董小红等，2021），进而降低民营企业面临的投资风险。更进一步，国有资本在民营企业之中担任着监督者而非庇护者的角色，能够通过抑制管理层的违规倾向并增加违规行为被稽查可能性抑制企业违规事件的发生（于瑶和祁怀锦，2022），进而降低民营企业面临的经营风险。

综上所述，现有文献对企业并购"三高"现象的研究分别探讨了单独出现"高估值""高承诺"和"高商誉"现象的影响因素以及各自带来的经济后果，而忽视了并购交易过程环环相扣，如何在事前并购标的选择到事中条款签订再到事后监督完成的交易实施过程中，同时抑制并购"三高"现象才是重中之重。现有文献对国有资本参股的研究集中探讨了国有资本通过发挥治理效应和资源效应，从提高公司治理水平、保护中小股东利益和降低不确定性风险等方面对民营企业产生的积极影响，但尚未将研究视域扩展至企业并购事项。国有资本在企业内的治理作用发挥与保值增值目标表达，恰是能够抑制并购"三高"现象，防止民营资本无序扩张，维护资本市场有序发展的关键力量。基于此，本文将探讨国有资本参股对民营企业以并购"三高"现象为代表的重大经营决策的影响，并进一步探究不同的外部监管手段对二者关系的差异化影响。

2.3　研究假设

从并购交易实施动机来看，内部人自利动机是并购"三高"现象出现的重要因素。民营企业所有制主体存在的股权结构集中、产权保护薄弱以及内外部监管缺失等一系列制度缺陷，导致趋利动机下的大股东会以实现自身价值最大化为目标执行战略决策从而忽略其他利益相关者的权益（Young et al.，2008）。企业并购作为能够快速积累资本并实现超额收益的重大公司战略，一旦缺乏有效的内部监管，自利动机下的大股东或管理层就会选择从中谋取私利（El-Khatib et al.，2015）。这势必会导致并购"三高"现象的发生，扭曲收益和风险的匹配性，导致中小投资者的利益受损。国有资本天然地拥有或携带部分国家或政府宏观战略层面的意识，能够协助抑制资本市场的并购乱象。民营企业中的国有资本以保值为底线的投资逻辑使其有更强的意愿和更专业的能力发挥监督和检查职能，通过监督董事会和管理层处理好收益和风险的匹配性，强调收益的同时防止出现过高估值和过度承诺导致业绩承诺无法实现甚至业绩变脸，以及过高商誉导致后续商誉大幅减值甚至股价崩盘等极端风险。进一步，以"管资本"为主的国有资产监管体制以及国有资本管理层特殊的政治晋升激励模式，使得国有资本在经营运作上更为保守，以避免因企业违规或高风险经营导致的国有资产流失和政治声誉受损。此外，国有资本依托政治资源带来的特殊话语地位（陈建林，2015），自然而然地成为中小股东的"领头羊"与发声人，促使中小股东的话语权得到进一步保障，大幅提升其他中小股东参与决策和监督执行的意愿，同时更加注重维护自身的利益。这在一定程度上抑制了内部人自利动机，减少了利益攫取行为的发生，从并购动机的根源上抑制了并购"三高"现象。

从并购交易实施过程来看，信息不对称风险是并购"三高"现象出现的重要因素。寻找优质的并购交易标的以及签订合理的并购条款是保证并购交易顺利完成，防止并购"三高"现象出现的关键。国有资本依靠强大的国家资源，利用其在信息获取上的优势可以帮助民营企业董事会获取和整合更加全面、细致的并购信息资源，并对并购交易公司的筛选和并购交易标的的估值给予更加专业的指导；同时利用其与政府良好的政治关联改善并购双方的信息交流机制，把关并购项目的后续走向，降低整个并购流程中的信息不对称风险。更进一步，即使寻找到了高质量的并购交易标的，倘若无法合理评估和签订符合公司实际情况的业绩承诺，同样会因董事会或高管层的非理性行为导致并购"三高"现象的发生。过度自信的高管会出于乐观的心理预期和认知偏差而无视信息不对称问题带来的风险，给予并购交易标的更高的估值（Malmendier and Tate，2008；曾宪聚等，2020），同时签订虚高的业绩承诺（窦炜等，2019）。国有资本代表的国家行政力作为重要的外部监管机制能够很好地约束管理层按照各利益相关方权益最大化的原则行使决策权和经营权，同时将国有资本以保值增值优先的低风险行为模式融入民营企业的决策制定。国有资本可以通过派驻富有经验的董事或高管参与民营企业经营决策，强化内部控制和加强监督力度，降低管理层非理性行为在并购交易条款签订时面临的信息不对称风险，从并购交易实施过程方面抑制并购"三高"现象。

因此，本文提出如下假设：

H1：国有资本参股抑制了民营企业并购"三高"现象。

3. 研究设计

3.1 样本选择与数据来源

关于并购"三高"现象中"高估值和高承诺"的数据，本文基于事件研究法，选取2009—2021年A股民营上市公司并购事件为初始研究样本。参考已有研究（徐莉萍等，2021；叶会和陈君萍，2022），数据经过如下处理：（1）剔除购买方为ST、*ST、金融类、无法确定企业性质以及样本期内企业性质发生改变的样本；（2）剔除并购进度尚未完成的样本；（3）剔除交易金额小于100万元的样本；（4）剔除交易目的为借壳上市的样本；（5）对同一交易日从不同卖方购买同一标的公司的多笔交易，合并视为一起并购事件，但同一年度不同交易日公告的交易视为多起并购事件；（6）剔除样本期内主要变量存在缺失值的样本。最终得到539家上市公司的1036个并购事件，其中506个并购事件签订了业绩承诺协议。

关于并购"三高"现象中"高商誉"的数据，不同于"高估值、高承诺"的研究，"高商誉"问题的形成不仅与并购事件有关，同样涉及企业并购事件后的行为策略，因此本文选用前述研究中发生并购事项的 539 家企业后续所有年份的非平衡面板数据作为研究样本，在进一步剔除存在主要变量缺失值后得到了 4193 个企业—年度观测样本。为了消除极端值对实证结果的影响，对上述研究样本的重要连续型变量进行了上下 1%分位数的缩尾（Winsorize）处理。

本文数据来源有三个。国有资本参股数据来自 RESSET 数据库，参考前期研究（李增福等，2021；赵璨等，2021），根据 RESSET 数据库中公司"股东关联关系"和"与其他股东同属一致行动人说明"，将民营企业前十大股东中具有关联关系的股东的持股量手工合并，并根据第一大控股股东的性质定义企业性质。企业并购以及其他财务数据均来自 CSMAR 数据库。行业类别数据来自色芬诺数据库的 GICS 全球行业分类系统，利用行业分类代号的前 2 码对样本公司进行行业分类。

3.2 模型设定与变量定义

为了验证国有资本参股与民营企业并购"三高"现象的关系，本文构建了模型（1）和模型（2）进行检验。为了尽可能地厘清变量间因果关系，使用领先一期的被解释变量。具体而言，本文被解释变量使用 2009—2021 年数据，解释变量和控制变量使用 2008—2020 年数据。

$$\text{MAP/MAC}_{i,\,t+1} = \beta_0 + \beta_1\,\text{StateTS}_{i,\,t} + \beta_2\,\text{Controls}_{i,\,t} + \sum \text{Year} + \sum \text{Industry} + \varepsilon_{i,\,t+1} \quad (1)$$

$$\text{MAG}_{j,\,t+1} = \gamma_0 + \gamma_1\,\text{StateTS}_{j,\,t} + \gamma_2\,\text{Controls}_{j,\,t} + \sum \text{Year} + \sum \text{Industry} + \varepsilon_{j,\,t+1} \quad (2)$$

其中，模型（1）变量的下角标 i 表示并购事件，t 表示并购首次公告日所在年度，MAP 和 MAC 分别表示并购估值和业绩承诺，StateTS 表示国有资本参股，Controls 表示控制变量组，包括公司层面和并购事件层面；模型（2）中变量的下角标 j 表示并购公司，t 表示公司年度，MAG 表示超额商誉，Controls 仅包括公司层面的控制变量①。具体变量定义如下所示：

被解释变量为企业并购的"三高"现象。参考任力和何苏燕（2020）、徐莉萍等（2021）和张新民等（2018）的研究，本文使用并购溢价率加 1 取自然对数衡量并购估值（MAP）；使用业绩承诺总额与交易额之比衡量业绩承诺（MAC）；使用期末商誉账面价值与该企业所在行业商誉均值的差值与总资产之比衡量超额商誉（MAG）。

解释变量为国有资本参股。参考赵璨等（2021）以及李增福等（2021）的研究，本文使用前十大股东中的国有资本持股比例（StateTS）衡量国有资本参股。

Controls 表示一系列控制变量组。参考已有研究，本文选取如下控制变量：公司层面的控制变量包括企业规模（Size）即营业收入取自然对数、经营绩效（ROA）即总资产收益率、财务杠杆（LEV）即资产负债率、企业成长性（Growth）即营业收入增长率、现金持有（Cash）即期末现金与总资产账面价值之比、公司年龄（Age）即公司上市年限取自然对数、董事会人数（Board）以及两职合一（Dual）；并购事件层面的控制变量包括是否关联并购（Relate）、是否重大资产重组（Major）

---

① 根据事件研究法，并购事件层面的控制变量仅用于并购估值和并购承诺的回归，并购商誉使用公司—年度数据，故无须控制。

以及目标方企业规模（Tsize）即目标方总资产取自然对数。此外，模型中同时加入了年度（Year）和行业（Industry）固定效应。

4. 实证结果与分析

4.1 描述性统计分析

表1报告了变量的描述性统计结果。并购估值的均值为1.331，折算为并购溢价率为2.788，即民营企业并购交易总额平均超过标的账面价值的2.788倍，其最大最小值相差9.458，可见民营企业并购的"高估值"现象普遍存在，且企业间存在较大差异；业绩承诺的样本量为506，即签订业绩承诺协议的并购事件占全部样本的48.842%，并购业绩承诺的均值为0.511，平均而言，业绩承诺总额占交易总额的51.1%，其最大值与最小值相差13.997，可见民营企业并购中普遍存在签订业绩承诺协议以及"高承诺"的现象；超额商誉的均值为0.000，中位数为−0.012，均值大于中位数，呈右偏分布，可见部分民营企业的超额商誉规模较高，即存在"高商誉"现象。国有资本参股的均值为0.022，标准差为0.057，结合其他统计数据可知，国有资本在民营企业中实现了不同程度的参股，但是大部分以非大股东形式参与经营。

表1　描述性统计

变量	样本量	均值	标准差	最小值	中位数	最大值
MAP	1036	1.331	1.016	0.000	1.191	9.458
MAC	506	0.511	0.703	0.003	0.388	14.000
MAG	4193	0.000	0.081	−0.147	−0.012	0.423
StateTS	4193	0.022	0.057	0.000	0.000	0.600
Size	4193	21.405	1.204	17.908	21.314	25.202
ROA	4193	0.048	0.064	−0.336	0.046	0.356
LEV	4193	0.403	0.176	0.042	0.404	0.844
Growth	4193	0.227	0.722	−0.601	0.133	16.096
Cash	4193	0.155	0.117	0.005	0.122	0.711
Age	4193	1.893	0.789	−0.087	2.004	3.308
Board	4193	8.465	1.397	5.000	9.000	15.000
Dual	4193	0.316	0.465	0.000	0.000	1.000
Relate	1036	0.363	0.481	0.000	0.000	1.000
Major	1036	0.226	0.418	0.000	0.000	1.000
Tsize	1036	0.246	0.652	0.000	0.068	7.852

4.2 基准回归分析

表 2 报告了国有资本参股与民营企业并购"三高"现象的回归结果①。表 2 第（1）列报告了国有资本参股对并购估值的影响，结果显示 StateTS 的系数在 1%水平显著为负，表明国有资本参股比例越高，并购过程中对交易标的的估值金额越低。本文使用 Tobit 模型检验了国有资本参股对业绩承诺的影响②，结果如表 2 第（2）列所示，StateTS 的系数在 1%水平显著为负，表明国有资本参股比例越高，并购过程中签订的业绩承诺金额越低。表 2 第（3）列报告了国有资本参股对超额商誉的影响，结果显示 StateTS 的系数在 1%水平显著为负，表明国有资本参股比例越高，企业的超额商誉越低。由表 2 结果可知，国有资本参股显著地抑制了民营企业并购中存在的"高估值、高承诺、高商誉"现象，假设 H1 成立。

表 2　　　　　　　国有资本参股与民营企业并购"三高"现象

变量	MAP	MAC	MAG
	（1）	（2）	（3）
StateTS	-2.616^{***}	-2.945^{***}	-0.078^{***}
	（-3.86）	（-2.93）	（-5.64）
Controls	YES	YES	YES
Constnat	2.627^{***}	0.600	0.188^{***}
	（3.00）	（0.75）	（6.84）
Year/Industry	YES	YES	YES
Adj. R^2/AIC	10.25%	1924.42	4.69%
N	1036	1036	4193

注：*、**、*** 分别代表在 10%、5%、1%的统计水平上显著，括号内 t 值采用 Robust 修正，下同。

4.3 内生性与稳健性检验

4.3.1 倾向得分匹配法检验

为减少可能存在的样本自选择偏误对实证结果造成的影响，本文采用倾向得分匹配法进行检验。首先，根据样本公司是否存在国有资本参股赋值 1 和 0；其次，使用 Logit 模型估算出各公司国有资

---

① 篇幅所限，未报告控制变量实证结果，留存备索。
② 并非所有的并购交易都签订了业绩承诺协议，因此高承诺数据属于左侧受限的归并数据，适用于 Tobit 模型。

本参股的倾向得分，本阶段回归的因变量为是否存在国有资本参股，自变量为影响国有资本是否参股民营企业的因素如公司规模、企业绩效、财务杠杆、公司年龄、董事会人数以及两职合一，同时控制年度和行业固定效应。最后，采用1∶1最近邻匹配法为样本进行配对。表3结果显示，StateTS的系数至少在5%水平显著为负。实证结果表明结论未发生改变。

表3　　　　　　　　　　　　　　　　倾向得分匹配回归

变量	MAP	MAC	MAG
	（1）	（2）	（3）
StateTS	-1.789**	-3.158**	-0.085***
	（-1.98）	（-1.99）	（-5.24）
Controls	YES	YES	YES
Constnat	1.456	-4.345	0.237***
	（1.23）	（0.00）	（5.95）
Year/Industry	YES	YES	YES
Adj. R^2	10.12%	971.99	5.11%
N	436	436	2490

4.3.2　Heckman 两阶段检验

为减少可能存在的样本选择偏误对实证结果造成的影响，本文采用 Heckman 两阶段法进行检验。参考余汉等（2017）以及于瑶和祁怀锦（2022）的研究，使用市场化指数中的"非国有经济发展"指数（Nosoe）作为 Heckman 两阶段检验中的排他性变量，原因在于地区内非国有经济发展比重会在一定程度上影响国有资本参股民营企业的比例，但对民营企业并购行为较难产生直接影响。第一阶段，使用 Nosoe 和主回归模型中的全部控制变量（Controls）作为自变量，是否存在国有资本参股（State）作为因变量构建 Tobit 模型，计算逆米尔斯比率（Lamda）。第二阶段，在主回归模型中加入逆米尔斯比率（Lamda）作为控制变量进行回归。表4中的结果显示，第一阶段回归中 Nosoe 的系数至少在5%水平显著为负，说明非国有经济发展水平较低地区的民营企业更有可能引入国有资本。第二阶段回归中，StateTS 的系数均在1%水平显著为负。实证结果表明结论未发生改变。

表4　　　　　　　　　　　　　　　　Heckman 两阶段回归

变量	MAP		MAC		MAG	
	第一阶段	第二阶段	第一阶段	第二阶段	第一阶段	第二阶段
Nosoe	-0.076**		-0.076**		-0.041***	
	（-2.19）		（-2.19）		（-2.60）	

续表

变量	MAP		MAC		MAG	
	第一阶段	第二阶段	第一阶段	第二阶段	第一阶段	第二阶段
StateTS		-2.465***		-2.954***		-0.073***
		(-3.70)		(-2.93)		(-5.30)
Lamda		1.700*		-0.144		0.239***
		(1.94)		(-0.16)		(4.32)
Controls	YES	YES	YES	YES	YES	YES
Constant	-10.523***	-0.470	-10.523***	0.858	-5.327***	-0.225**
	(-5.64)	(-0.31)	(-5.64)	(0.47)	(-6.96)	(-2.30)
Year/Industry	YES	YES	YES	YES	YES	YES
Pseudo. R^2/Adj. R^2/AIC	14.59%	10.50%	14.59%	1926.39	8.31%	4.99%
N	1036	1036	1036	1036	4193	4193

4.3.3 工具变量法检验

在上述分析中，本文一定程度上识别了因果关系对实证结果的影响。原因在于：一方面主回归模型中的被解释变量使用了领先一期数据，而解释变量和控制变量使用了当期数据，这在时间维度上缓解了反向因果造成的内生性问题；另一方面本文的研究样本有两组，分别是并购事件研究样本（高估值和高承诺）和并购公司研究样本（高商誉）。关于"高估值和高承诺"的研究属于事件研究，且并购事件为非连续型事件，其很难在样本期内通过反向因果关系对国有资本参股产生直接且持续的影响。因此，本文重点关注国有资本参股与高商誉之间的因果关系。

本文使用工具变量法进行内生性检验。如前所述，使用市场化指数中的"非国有经济发展"指数（Nosoe）作为本文的工具变量，该工具变量通过了不可识别检验和弱工具变量检验。由表 5 第（1）列可知，Nosoe 的系数在 1% 水平显著为负，说明非国有经济发展水平越低的地区，民营企业越有动机引入部分国有资本以加强政治关联。由表 5 第（2）列可知，StateTS 的系数在 5% 水平显著为负。实证结果表明结论未发生改变。

表 5　　　　　　　　　　　　　　**工具变量法回归**

变量	第一阶段	第二阶段
StateTS		-0.801**
		(-2.20)
Nosoe	-0.002***	
	(-3.87)	
Controls	YES	YES

变量	第一阶段	第二阶段
Constant	0.056 **	0.216 ***
	(2.18)	(6.83)
Year/Industry	YES	YES
R^2	8.86%	5.20%
N	4193	4193
F-value	14.99 ***	

4.3.4　其他稳健性检验

此外，本文还进行了以下稳健性检验：

（1）新增控制变量检验。包括独立董事比例、管理层持股比例、董事会持股比例、最终控制人持股比例、控股股东控制力以及审计质量。

（2）替换被解释变量。使用并购估值的年度—行业中位数为标准区分的二元变量衡量并购估值；使用并购业绩承诺的年平均额与交易总额之比衡量业绩承诺；使用并购商誉的年度—行业中位数为标准区分的二元变量衡量超额商誉。

（3）替换解释变量检验。使用国有资本持股与第一大股东持股之比以及国有资本持股与非国有资本持股之比作为国有资本参股的代理变量。

上述实证结果与已有研究结论保持一致。

5. 进一步分析

5.1　机制分析

上述实证结果表明国有资本参股对民营企业并购"三高"现象具有显著的抑制作用。在理论分析中，本文认为国有资本可以发挥治理效应和资源效应，一方面通过抑制大股东利益侵占行为，降低并购动机中的内部人自利动机，从而抑制并购"三高"现象；另一方面通过抑制高管过度自信等非理性行为，缓解并购过程中的信息不对称问题，从而抑制并购"三高"现象。为了证实我们的分析，本文借鉴李增泉等（2004）的做法，从资金占用角度衡量大股东利益侵占行为（Tun），使用应收账款与预付账款及其他应收款之和减去应付账款与预收账款及其他应付款之和的差值与总资产之比衡量资金占用情况，大于年度—行业中位数取值为 1，否则为 0；借鉴余明桂等（2013）的做法，从管理者个人特征角度衡量高管过度自信（Oc_Ch），对男性、年龄小于平均值、学历为本科以上、不具有经管类专业背景以及董事长兼任总经理分别赋值 1，若取值总和为 4 或 5，则将其定义为管理者过度自信，Oc_Ch 为 1，否则为 0。表 6 报告了机制分析的回归结果。

由表 6 第（1）、（2）列结果可知，StateTS 的系数在并购事件样本组和并购公司样本组中至少在 5% 水平显著为负，表明国有资本参股抑制了大股东利益侵占行为；由表 6 第（3）、（4）列结果可知，StateTS 的系数在并购事件样本组和并购公司样本组中至少在 10% 水平显著为负，表明国有资本参股抑制了管理者过度自信。总体而言，国有资本参股能够降低内部人自利动机，缓解信息不对称风险，从而抑制民营企业并购"三高"现象。

表 6   机 制 分 析

变量	Tun	Tun	Oc_Ch	Oc_Ch
	（1）并购事件样本	（2）并购公司样本	（3）并购事件样本	（4）并购公司样本
StateTS	-6.704^{**}	-2.632^{***}	-6.602^{***}	-1.366^{*}
	（-2.19）	（-3.06）	（-2.75）	（-1.91）
Controls	YES	YES	YES	YES
Constnat	-2.743	-0.530	1.860	2.351
	（-0.06）	（-0.02）	（0.05）	（0.07）
Year/Industry	YES	YES	YES	YES
Pseudo. R^2	11.76%	2.93%	20.50%	13.12%
N	894	3508	894	3508

5.2 事后检验

5.2.1 业绩承诺完成情况

并购业绩承诺协议的签订，既可能源于业绩承诺制度真实反映了被并购标的未来绩效的超额回报，也可能是上市公司和标的公司进行合谋的工具（窦炜等，2019）。因此，企业签订并购业绩承诺协议提升股价的同时也蕴藏着风险（徐莉萍等，2021）。倘若业绩不达标，短期会触发股价急速下跌甚至崩盘风险（李晶晶等，2020），中长期则会导致大股东掏空行为。一旦上述情形发生，国有资本利用签订业绩承诺协议进行的风险规避和保障自身与中小股东利益的行为将会大打折扣。因此，本文预期民营上市公司在并购交易过程中签订了业绩承诺协议之后，国有资本会进一步督促公司尽可能地完成业绩承诺以降低未来可能存在的风险。

基于上述分析，本文参考徐莉萍等（2021）的研究，使用业绩承诺完成度（Finish）衡量业绩完成概率情况，即完成当年业绩承诺取值为 1，否则为 0；并使用业绩承诺年度实际完成利润与承诺利润的差额除以承诺利润衡量业绩承诺完成比例（Ratio）。由表 7 第（1）、（2）列结果可知，StateTS 的系数至少在 10% 水平显著为正，实证结果表明国有资本参股促进了民营企业并购业绩承诺的完成。

表 7　　　　　　　　　　　　　　　　　事 后 检 验

变量	Finish	Ratio	GWI_D	GWI	Ncskew	Duvol	Crash
	（1）	（2）	（3）	（4）	（5）	（6）	（7）
StateTS	4.751*	1.815***	-0.247	-0.031*	-0.307*	-0.168	-2.540**
	（1.65）	（3.25）	（-0.29）	（-1.65）	（-1.80）	（-1.39）	（-2.10）
Controls	YES	YES	YES	YES	YES	YES	YES
Constnat	6.614	0.395	-11.300***	-0.058	-0.828***	-0.515***	1.132
	（0.08）	（1.20）	（-9.66）	（-1.43）	（-2.99）	（-2.84）	（0.84）
Year/Industry	YES	YES	YES	YES	YES	YES	YES
Adj. R^2/ Pseudo. R^2	12.32%	4.83%	4.36%	0.66%	4.44%	5.18%	3.08%
N	1007	1007	4193	4193	4117	4117	4117

5.2.2　并购商誉减值情况

企业出现商誉减值的原因在于高溢价并购产生的高商誉无法真实反映高估值带来的超额收益的本质，既可能是上市公司为提升短期股价进行的伪市值管理（邓鸣茂和梅春，2019），也可能是管理层为满足私利提供实施机会主义行为的空间（卢煜和曲晓辉，2016）。商誉减值会对股价崩盘风险产生正向影响，且年度商誉规模越大影响作用越显著（韩宏稳等，2019）。国有资本作为制衡民营企业大股东的重要力量，提升企业的内部控制水平的同时，进一步完善了内部监管机制（梁上坤等，2020）。因此，本文预期，国有资本在抑制并购"三高"现象前提下，会进一步抑制商誉减值确认以降低民营企业面临的不确定性风险。

基于上述分析，本文参考邓鸣茂和梅春（2019）以及原红旗等（2021）的研究，使用是否存在商誉减值（GWI_D）衡量商誉减值计提的可能性，即当年计提商誉减值取值为 1，否则为 0；并使用当期商誉减值金额与年初商誉余额之比衡量商誉减值比例（GWI）。由表 7 第（3）列结果可知，StateTS 的系数虽为负但不显著，表明国有资本参股可能会对企业当期计提商誉减值产生负向影响。由表 7 第（4）列结果可知，StateTS 的系数在 10% 水平显著为负，表明国有资本参股比例越高，民营企业当期确认的商誉减值比例越低。由此可见，国有资本在一定程度上减少了民营企业商誉减值的确认。

5.2.3　股价崩盘风险抑制情况

已有研究表明，并购"三高"现象可能暗藏了股价崩盘风险，对企业持续经营与投资者资产保值增值产生了严重的威胁。倘若盈利能力不足的标的公司通过签订高承诺的对赌协议伪装成优质资产并获取高溢价，那么对于并购公司而言将存在巨大风险（关静怡和刘娥平，2019）。随着业绩承诺期的临近，标的公司的真实盈利情况暴露而无法实现承诺业绩，将会加剧并购公司的股价崩盘风险（李晶晶等，2020）。一旦高溢价并购无法提升并购后的公司业绩，由此带来的巨额商誉势必要进行减值处理，会直接导致上市公司业绩下滑甚至亏损，同样会出现股价崩盘风险（邓鸣茂和梅春，2019）。国有资本以保值为首要目标的投资逻辑以及低风险的投资偏好，将进一步协助民营企业处理好并购交易过程中收益和风险的匹配问题。因此，本文预期，国有资本在抑制并购"三高"现象前提下，会进一步抑制股价崩盘风险。

基于上述分析，本文参考许年行等（2013）和吴晓晖等（2019）的研究，使用股票收益负偏态系数（Ncskew）、股票收益波动比率（Duvol）以及股价崩盘风险哑变量（Crash）来衡量股价崩盘风险。由表 7 第（5）到（7）列结果可知，StateTS 与 Ncskew 以及 Crash 分别在 10% 和 5% 水平显著为负，与 Duvol 的系数虽为负但不显著。由此可见，国有资本参股在一定程度上抑制了民营企业的股价崩盘风险。

6. 外部监管环境影响分析

6.1 政府干预程度的影响

市场化改革的核心在于发挥市场机制的决定性作用与更好地发挥政府作用（杨瑞龙，2022）。不同地区的经济资源和制度禀赋存在差异，政府干预程度越强，意味着政府与国有资本的关系越紧密，加强与国有资本的合作有利于更加全面地了解地区发展规划和产业扶持政策，这在一定程度上增加了拥有国有资本参股的民营企业的筹码，使其与目标公司在并购交易谈判中存在更大的议价空间。此外，政府干预程度较高的地区，地方政府对国有资本的约束力更强，为保证地方经济的稳定发展以及防止国有资产流失，会进一步降低国资本投资的风险偏好，从而降低并购交易条款的价格上限。基于此，本文预期政府干预程度越高，国有资本参股对民营企业并购"三高"现象的抑制作用越强。

为验证上述预期，本文以王小鲁等发布的分省份市场化指数中"政府与市场的关系"指数为依据①，根据上市公司注册地所在省份评分是否大于中位数分为两组进行检验。由表 8 结果可知，StateTS 的系数在政府干预程度高组中均在 1% 水平显著为负，显著高于政府干预程度低组的系数。结果表明，国有资本参股对并购"三高"现象的抑制作用在政府干预程度高的民营企业中更加显著。

表 8   **政府干预程度的影响**

变量	政府干预程度高			政府干预程度低		
	（1）MAP	（2）MAC	（3）MAG	（4）MAP	（5）MAC	（6）MAG
StateTS	−2.557***	−2.393***	−0.101***	−3.841**	−0.824	0.004
	（−3.47）	（−3.68）	（−6.62）	（−2.31）	（−0.31）	（0.11）

① 由于王小鲁、樊纲和余静文编制的《中国分省份市场化指数报告（2016）》仅报告了截至 2016 年的市场化指数，2017 年及以后的数据由前期数据衍生计算得到。

续表

变量	政府干预程度高			政府干预程度低		
	(1) MAP	(2) MAC	(3) MAG	(4) MAP	(5) MAC	(6) MAG
Controls	YES	YES	YES	YES	YES	YES
Constnat	1.438	0.312	0.153 ***	3.059 **	0.618	0.234 ***
	(1.51)	(0.48)	(4.41)	(2.40)	(0.42)	(5.24)
Year/Industry	YES	YES	YES	YES	YES	YES
Adj. R^2/AIC	7.80%	678.32	6.47%	15.38%	1148.82	5.80%
N	473	473	2066	563	563	2127

6.2 证监会监管问询的影响

证监会作为资本市场的直接参与者，是维护资本市场秩序，监督上市公司发展的中坚力量，随着"严监管"时代的来临以及证监会发审监察委的成立，逐步对并购重组交易展开了更加全面的监察。已有研究发现，作为一种非行政处罚性事前监管机制，证监会通过交易所对上市公司的监管问询提高了公司信息透明度，优化了客户环境信息（王文姣和傅超，2022），并通过改善并购信息披露缓解了并购过程中的信息不对称问题（李晓溪等，2019），从源头上减少了并购乱象的发生。结合前文所述，监管问询对并购交易的事前监管机制与国有资本的作用机制存在一定的替代关系。基于此，本文预期对于未收到问询函的民营企业，国有资本参股对其并购"三高"现象的抑制作用更强。

为验证上述预期，本文根据上市公司上一年度是否收到问询函分为两组进行检验①。由表9结果可知，StateTS 的系数在未收到证监会问询函组分别在1%、5%和1%水平显著为负，显著高于收到证监会问询函组的系数。结果表明，国有资本参股对并购"三高"现象的抑制作用在未收到问询函的民营企业中更加显著。

表9   证监会监管问询的影响

变量	收到证监会问询函			未收到证监会问询函		
	(1) MAP	(2) MAC	(3) MAG	(4) MAP	(5) MAC	(6) MAG
StateTS	−7.316 **	−16.066 *	−0.072	−1.997 ***	−1.366 **	−0.129 ***
	(−2.28)	(−1.79)	(−1.47)	(−2.89)	(−2.26)	(−4.00)
Controls	YES	YES	YES	YES	YES	YES
Constnat	3.108 **	−8.497	0.261 ***	1.528 *	−8.497	0.244 ***
	(2.20)	(0.00)	(3.04)	(1.94)	(0.00)	(5.06)

① 由于证监会问询函从2014年开始发布，故此分组检验的样本起始期为2014年。

续表

变量	收到证监会问询函			未收到证监会问询函		
	（1）MAP	（2）MAC	（3）MAG	（4）MAP	（5）MAC	（6）MAG
Year/Industry	YES	YES	YES	YES	YES	YES
Adj. R^2/AIC	15.15%	458.72	8.53%	14.90%	983.45	8.67%
N	174	174	737	627	627	1868

6.3 分析师关注度的影响

分析师作为外部监管机制的重要一环，其在降低交易成本、缓解代理问题以及提升公司透明度等方面发挥的积极作用被广泛认可。分析师有别于普通投资者，能够通过更专业的渠道和更低的信息搜寻成本获取更多数量和更高质量的公司私有信息并将其公开（Fischer and Stocken，2010），有助于提升并购双方信息透明度的同时增强决策有用性，进而降低因信息不对称问题导致的并购"三高"现象的可能性。此外，分析师关注度高的企业能够吸引更多专业投资机构和投资者的目光，促使企业更加谨慎地处理并购交易事项，以防出现并购决策失误而被过度解读和放大，以致影响后续的投融资计划。基于此，本文预期分析师关注程度越高，国有资本参股对民营企业并购"三高"现象的抑制作用越强。

为验证上述预期，本文使用分析师跟踪团队数量衡量分析师关注度，根据是否大于中位数分为两组进行检验。由表 10 结果可知，在分析师关注度高组中 StateTS 的系数分别在 5%、1% 和 1% 水平显著为负，在分析师关注度低组中 StateTS 与 MAP 和 MAG 在 1% 水平显著为负，与 MAC 的系数虽为负但并不显著。结果表明，总体来说国有资本参股对民营企业并购"三高"现象的抑制作用在分析师关注度高的民营企业中更加显著。

表 10　　　　　　　　　　　　　　　　　**分析师关注度的影响**

变量	分析师关注度高			分析师关注度低		
	（1）MAP	（2）MAC	（3）MAG	（4）MAP	（5）MAC	（6）MAG
StateTS	−2.749**	−3.487***	−0.114***	−3.296***	−2.292	−0.049***
	（−2.38）	（−3.39）	（−4.84）	（−3.85）	（−1.40）	（−2.77）
Controls	YES	YES	YES	YES	YES	YES
Constnat	2.680**	−0.478	0.299***	1.138	−4.478	0.155***
	（2.10）	（−0.65）	（6.45）	（1.09）	（0.00）	（3.94）
Year/Industry	YES	YES	YES	YES	YES	YES
Adj. R^2/AIC	7.85%	806.3	7.05%	15.00%	1061.63	3.62%
N	476	476	2103	560	560	2090

6.4　媒体关注度的影响

高效的媒体监督是实现企业高质量发展的重要推手。新闻媒体作为企业与普通投资者以及广大利益相关者的重要信息中介，通过及时向市场传递信息帮助中小投资者快速做出价值判断和行为响应（Bushee et al.，2010）。媒体关注度越高，意味着企业的一系列交易行为越容易被放大观察，一方面迫使管理层通过并购交易侵占中小股东利益的机会成本显著提升；另一方面约束国有资本的行为更加规范，出于自身权益的维护和政府声誉的保护，国有资本将进一步监督民营企业并购交易。此外，媒体关注度越高，国有资本通过不同渠道获取的信息将越全面，有助于进一步整合信息资源，降低信息不对称风险。基于此，本文预期媒体关注度越高，国有资本参股对民营企业并购"三高"现象的抑制作用越强。

为验证上述预期，本文使用网络媒体报道中标题出现公司名称总数加 1 取自然对数衡量媒体关注度，根据是否大于中位数分为两组进行检验。由表 11 结果可知，StateTS 的系数在媒体关注度高组均在 1% 水平显著为负，在媒体关注度低组中 StateTS 与 MAP 和 MAG 分别在 5% 和 1% 水平显著为负，与 MAC 的系数虽为负但并不显著。实证结果表明，国有资本参股对并购"三高"现象的抑制作用在媒体关注度高的民营企业中更加显著。

表 11　　　　　　　　　　　　　　媒体关注度的影响

变量	媒体关注度高			媒体关注度低		
	（1）MAP	（2）MAC	（3）MAG	（4）MAP	（5）MAC	（6）MAG
StateTS	-2.822^{***}	-3.041^{***}	-0.087^{***}	-2.348^{**}	-2.002	-0.054^{***}
	(-3.05)	(-3.17)	(-4.01)	(-2.13)	(-1.10)	(-3.00)
Controls	YES	YES	YES	YES	YES	YES
Constnat	3.837^{***}	-0.433	0.220^{***}	0.034	-3.633	0.159^{***}
	(3.37)	(-0.61)	(5.65)	(0.03)	(0.00)	(4.01)
Year/Industry	YES	YES	YES	YES	YES	YES
Adj. R^2/AIC	13.68%	834.83	8.14%	6.78%	1046.03	3.66%
N	563	563	2120	473	473	2073

7.　研究结论与启示

本文以 2009—2021 年发生并购事件的民营上市公司为研究样本，从国有资本参股角度考察了异质性股东对民营企业并购"三高"现象的影响。研究发现，随着国有资本参股比例的提升，民营企业并购"三高"现象得到了显著抑制，上述结论在进行一系列内生性和稳健性检验后依旧成立。机制检验发现，降低内部人自利动机和缓解信息不对称问题是国有资本参股抑制民营企业并购"三高"现象的有效机制。国有资本对并购"三高"现象的抑制作用还体现在能够进一步提升业绩承诺协议的完成度、降低巨额商誉减值的风险以及抑制股价崩盘风险。异质性检验发现，当民营企业面临的政府干预程度越高、监管问询概率越低、分析师关注度越高以及媒体关注度越高时，国有资本参股对其并购"三高"现象的抑制作用越显著。

基于上述结论，本文得到如下启示：

其一，对于国有资本，积极推进国有经济布局优化，通过参股民营企业进一步发挥国有资本在市场经济中的引领力，维护资本市场秩序，放大国有资本功能，实现对既定的资源总量的优化配置。优化民营企业股权结构治理，充分揭示并购交易动机风险，引导并购交易定价回归市场理性，抑制民营企业并购"三高"现象，进一步助力民营企业缓冲决策失误带来的不利冲击以规避风险，实现国有经济与民营经济高质量协同发展。

其二，对于民营企业，通过引入国有资本作为战略投资者，借助国有资本的治理优势，改善内部治理环境，提升公司信息透明度，降低管理层机会主义行为，督促管理层理性评估并购交易的可行性，优化民营资本配置；借助国有资本的资源优势，提升企业在并购交易中的地位，为并购交易争取更多的议价空间，提高民营资本收益，降低并购"三高"现象导致后续风险积聚影响正常经营的可能性。

其三，对于监管部门，依靠市场监管与国有资产监管部门，利用混合所有制改革完善多元多层次多主体的国家治理结构，降低市场风险，维护市场秩序，促进社会主义市场经济良性有序发展。充分发挥不同外部监管手段的协同作用，建立地方政府和证监会等强制监管以及分析师和媒体等舆论监督相互促进、相互融合的协调发展关系，从而对企业在并购交易各个环节中可能出现的非理性行为实现全方位的监督。

◎ 参考文献

[1] 陈建林. 家族控制、非控股国有股权与民营企业债务融资 [J]. 经济科学，2015 (4).

[2] 邓鸣茂，梅春. 高溢价并购的达摩克斯之剑：商誉与股价崩盘风险 [J]. 金融经济学研究，2019，34 (6).

[3] 董小红，孙文祥，李哲. 民营企业引入国有资本能缓解融资约束吗？[J]. 管理学刊，2021，34 (4).

[4] 窦炜，Sun Hua，方俊. 管理层过度自信、独立财务顾问与业绩承诺可靠性 [J]. 审计与经济研究，2019，34 (6).

[5] 关静怡，刘娥平. 业绩承诺增长率、并购溢价与股价崩盘风险 [J]. 证券市场导报，2019 (2).

[6] 韩宏稳，唐清泉，黎文飞. 并购商誉减值、信息不对称与股价崩盘风险 [J]. 证券市场导报，2019 (3).

[7] 李晶晶，郭颖文，魏明海. 事与愿违：并购业绩承诺为何加剧股价暴跌风险？[J]. 会计研究，

2020 (4).

[8] 李晓溪，杨国超，饶品贵. 交易所问询函有监管作用吗?——基于并购重组报告书的文本分析 [J]. 经济研究，2019，54 (5).

[9] 李增福，云锋，黄家惠，等. 国有资本参股对非国有企业投资效率的影响研究 [J]. 经济学家，2021 (3).

[10] 李增泉，孙铮，王志伟. "掏空"与所有权安排——来自我国上市公司大股东资金占用的经验证据 [J]. 会计研究，2004 (12).

[11] 梁上坤，徐灿宇，司映雪. 混合所有制程度与公司违规行为 [J]. 经济管理，2020，42 (8).

[12] 卢煜，曲晓辉. 商誉减值的盈余管理动机——基于中国 A 股上市公司的经验证据 [J]. 山西财经大学学报，2016，38 (7).

[13] 任力，何苏燕. 并购溢价对股权质押时机选择影响的经验研究 [J]. 会计研究，2020 (6).

[14] 王文姣，傅超. 上市公司并购商誉与异常审计收费——基于年报问询函中介作用的分析 [J]. 中南财经政法大学学报，2022 (5).

[15] 吴晓晖，郭晓冬，乔政. 机构投资者抱团与股价崩盘风险 [J]. 中国工业经济，2019 (2).

[16] 吴兴宇，王满. 董事会财务专业性对业绩承诺协议方式与方向的影响研究 [J]. 现代财经 (天津财经大学学报)，2022，42 (3).

[17] 徐莉萍，关月琴，辛宇. 控股股东股权质押与并购业绩承诺——基于市值管理视角的经验证据 [J]. 中国工业经济，2021 (1).

[18] 许年行，于上尧，伊志宏. 机构投资者羊群行为与股价崩盘风险 [J]. 管理世界，2013 (7).

[19] 杨瑞龙. 以国企分类改革理论构建中国经济学的微观分析基础 [J]. 经济科学，2022 (4).

[20] 叶会，陈君萍. 内部人减持自利动机与并购业绩承诺 [J]. 财贸研究，2022，33 (2).

[21] 余汉，杨中仑，宋增基. 国有股权能够为民营企业带来好处吗?——基于中国上市公司的实证研究 [J]. 财经研究，2017，43 (4).

[22] 余明桂，李文贵，潘红波. 管理者过度自信与企业风险承担 [J]. 金融研究，2013 (1).

[23] 于瑶，祁怀锦. 混合所有制与民营经济健康发展——基于企业违规视角的研究 [J]. 财经研究，2022，48 (3).

[24] 原红旗，高翀，施海娜. 企业并购中的业绩承诺和商誉减值 [J]. 会计研究，2021 (4).

[25] 曾宪聚，陈霖，严江兵，等. 高管从军经历对并购溢价的影响：烙印—环境匹配的视角 [J]. 外国经济与管理，2020，42 (9).

[26] 张新民，卿琛，杨道广. 内部控制与商誉泡沫的抑制——来自我国上市公司的经验证据 [J]. 厦门大学学报 (哲学社会科学版)，2018 (3).

[27] 赵璨，宿莉莎，曹伟. 混合所有制改革：治理效应还是资源效应?——基于不同产权性质下企业投资效率的研究 [J]. 上海财经大学学报，2021，23 (1).

[28] Ahern, K. R. , Sosyura, D. Who writes the news? Corporate press releases during merger negotiations [J]. Journal of Finance, 2014, 69 (1).

[29] Bushee, B. J. , Core, J. E. , Guay, W. , et al. The role of the business press as an information

intermediary [J]. Journal of Accounting Research, 2010, 48 (1).

[30] Cain, M. D., Denis, D. J., Denis, D. K. Earnouts: A study of financial contracting in acquisition agreements [J]. Journal of Accounting and Economics, 2011, 51 (1-2).

[31] El-Khatib, R., Fogel, K., Jandik, T. CEO network centrality and merger performance [J]. Journal of Financial Economics, 2015, 116 (2).

[32] Fischer, P. E., Stocken, P. C. Analyst information acquisition and communication [J]. The Accounting Review, 2010, 85 (6).

[33] Fu, F. J., Lin, L., Officer, M. S. Acquisitions driven by stock overvaluation: Are they good deals? [J]. Journal of Financial Economics, 2013, 109 (1).

[34] Kim, J. Y., Haleblian, J., Finkelstein, S. When firms are desperate to grow via acquisition: The effect of growth patterns and acquisition experience on acquisition premiums [J]. Administrative Science Quarterly, 2011, 56 (1).

[35] Lin, J. Y., Cai, F., Li, Z. Competition, policy burdens and state-owned enterprise reform [J]. American Economic Review, 1998, 88 (2).

[36] Malmendier, U., Tate, G. Who makes acquisitions? CEO overconfidence and the market's reaction [J]. Journal of Finance Economics, 2008, 89 (1).

[37] Ramanna, K., Watts, R. L. Evidence on the use of unverifiable estimates in required goodwill impairment [J]. Review of Accounting Studies, 2012, 17 (4).

[38] Shleifer, A., Vishny, R. W. Stock market driven acquisitions [J]. Journal of Financial Economics, 2003, 70 (3).

[39] Song, D., Su, J., Yang, C., et al. Performance commitment in acquisitions, regulatory change and market crash risk—Evidence from China [J]. Pacific-basin Finance Journal, 2019, 57.

[40] Wang, W., Wang, H., Wu, J. G. Mixed ownership reform and corporate tax avoidance: Evidence of Chinese listed firms [J]. Pacific-basin Finance Journal, 2021, 69.

[41] Young, M. N., Peng, M. W., Ahlstrom, D., et al. Corporate governance in emerging economies: A review of the principal-principal perspective [J]. Journal of Management Studies, 2008, 45 (1).

Can State-owned Capital Participation Restrain the "Three Highs" Phenomenon of Private Enterprises' Mergers and Acquisitions?

Mao Zhihong[1] Wei Yanpeng[2] Wang Haoyu[3]

(1, 2 Business and Management School, Jilin University, Changchun, 130012;

3 Center for Quantitative Economics, Jilin University, Changchun, 130012)

Abstract: The "three high" phenomenon of mergers and acquisitions has become an important factor affecting the efficiency of capital market resource allocation and the rights and interests of a wide range of stakeholders. Taking private listed companies with M&A events from 2009 to 2021 as samples, the study found that state-owned capital participation inhibited the "three high" phenomenon of high valuation, high commitment and high goodwill in the M&A process of private enterprises. From the test of the influence mechanism, it is found that the participation of state-owned capital inhibits the "three high" phenomenon of M&A by reducing the self-interest motivation of the insider and alleviating the risk of information asymmetry. From the perspective of post-inspection analysis, it is found that state-owned capital participation further improves the completion probability and proportion of the performance commitment, reduces the proportion of the impairment of goodwill, and restrains the risk of stock price collapse. From the perspective of external regulation, it is found that the inhibitory effect of state-owned capital participation on the "three high" phenomenon of M&A is more significant in private enterprises with strong government intervention, low probability of regulatory inquiry, large number of analysts following and high media attention. The conclusion shows that the state-owned capital, as an important representative of the majority of stakeholders, is not only conducive to guiding private enterprises to pay more attention to the rights of minority shareholders, but also conducive to optimize the efficiency of mergers and acquisitions resource allocation of private economy.

Key words：Mixed-ownership reform; State-owned capital; "Three high" phenomenon of M&A; External supervision

专业主编：潘红波

纳税信用评级披露对公司价值的影响和机制研究*

● 李　汛[1]　刘　羽[2]　李　越[3]

（1，2，3　武汉大学经济与管理学院　武汉　430072）

【摘　要】 纳税信用评级是由国家税务总局发布的公司非主动披露的信息，公信力较强。当前研究纳税信用评级对公司价值影响的文献非常有限。本文以 2009 年第一季度至 2016 年第一季度 A 股上市公司为样本，将纳税信用评级披露制度作为准自然实验，用双重差分法首次研究纳税信用评级披露对公司价值影响的净效应，并用中介效应模型分析影响机制。实证结果显示，随着纳税信用 A 级公司名单的公开，A 级公司的公司价值显著增加。中介效应表明，纳税信用评级披露既直接提高 A 级公司的公司价值，又通过缓解融资约束间接提高公司价值。然而，纳税信用评级披露没有通过提高股票流动性提高公司价值。本文拓展了企业社会责任信息披露经济后果的研究，并为政府税收征管等提供建议。

【关键词】 纳税信用评级　社会责任信息　公司价值

中图分类号：F270　　　　　文献标识码：A

1. 引言

1.1　研究背景

伴随着中国经济的迅速发展，公司重经济利益、轻社会发展的现象日益严重。公司履行社会责任与否会影响公司的财务绩效、融资能力、声誉等（沈洪涛等，2011；沈艳和蔡剑，2009；温素彬和方苑，2008），因此公众和投资者也越来越关注公司的社会责任承担情况。近年来，由于经济下行以及减税降费政策，公司良好履行纳税义务显得尤为重要。公司是否良好履行了纳税义务不仅体现在税款缴纳情况，还体现在账簿及凭证管理情况、纳税申报情况等。在此背景下，国家税务总局在

---

* 基金项目：国家自然科学基金"不对称信息下我国 P2P 网贷平台进出决策与投资者动态学习行为研究"（项目批准号：71602149）。

通讯作者：李越，E-mail：liyue_@ whu. cn. cn。

2014 年 7 月出台并于 2014 年 10 月 1 日起开始实行《纳税信用管理办法（试行）》。该办法规定，将公司纳税信用等级分为 A、B、C、D、M 五个等级。国家税务总局会在官方网站向社会公众主动公告纳税信用 A 级公司的名单及相关信息，而不会披露其他纳税信用评级的公司。每年进行一次评定。该政策改变了税务机关之前对公司纳税信用评级但不向社会披露的情况，首次向公众披露了 A 级纳税公司名单。

纳税信用评级政策是一种创新型税收征管手段。激励型柔性税收征管是指征管部门采用柔性的经济激励方式引导被征管主体主动缴纳税款，这种方式下被征管主体自觉认可度、服从性更高，回应性更强，征管部门更容易达到征管目的。纳税信用评级政策就是一种柔性税收征管方式。对纳税信用 A 级公司，税务部门及其他相关部门会采取联合激励方式对其进行激励，在融资、税收服务、资质审核等多方面为其提供优惠及优先政策。对纳税信用 D 级公司，税务部门及其他相关部门会通报其纳税信用评级结果，并在融资、政府采购、资质审核等方面对其进行一定的限制及禁止。在这种情况下，纳税公司会为了寻求激励而自觉减少避税失信行为，良好履行纳税义务。

由于公司比税务机关更加了解自身的财务状况，在强制性税收征管情况下，公司会为了获得更多利润而隐瞒部分信息，从而能够实现避税，减少税款缴纳额。而由于纳税信用评级披露制度存在激励机制，公司会为了寻求激励而减少避税。避税具有复杂性，强制性税收征管手段下公司采取的避税行为会降低公司信息的透明度（Desai & Dharmapala，2006）。因此，在纳税信用评级披露制度下，公司减少避税行为能够提高信息的透明度，使信息不对称得以改善，从而有利于上市公司降低融资成本，增加股票流动性、提高股票价格及增加投资（Bloomfield & Wilks，2000；Healy & Wahlen，1999；姚曦，2016）。

此外，公司的纳税信用评级为 A 不仅代表公司良好履行了纳税义务，也代表公司财务账目良好。纳税信用评级结果由国税总局发布在国家税务总局官方网站，具有较高的公信力。对于纳税信用 A 级的公司，评级结果的披露相当于公司对外披露更多正面消息，能够缓解公司与社会公众之间的信息不对称程度。

公司信息披露是公司与外部投资者沟通的渠道，能够对外部投资者投资行为、银行信贷决策、股票表现、公司绩效和公司价值产生重大影响（Baek et al.，2004；Healy & Palepu，2001；Welker，1995）。具体来说，公司社会责任信息披露有利于公司树立良好的形象和声誉，降低公司与投资人间的信息不对称，降低资本成本，创造公司价值（Falck & Heblich，2007；Robb et al.，2001）。作为公司对政府承担的社会责任，纳税信用评级披露对公司同样产生了值得关注的影响，使得纳税信用 A 级公司的声誉提高、融资约束水平下降，税收遵从度提高（孙雪娇等，2019；陶东杰等，2019）。但纳税信用评级披露的研究相对较少，基于此，本文首次从社会责任信息披露的视角采用倾向性评分匹配（Propensity Score Matching，PSM）和双重差分法（Differences-in-Differences，DID）评估了纳税信用评级披露对公司价值的净影响。与杜剑等（2021）相比，本文采用季度数据，样本颗粒更小，因而能更好地评估纳税信用评级对公司价值的影响。此外，本文沿用之前经典文献的做法，使用第一次纳税信用评级披露作为冲击事件，这样可以清楚地识别其对公司价值的影响。

1.2　研究意义

文章研究公司纳税信用评级披露的经济后果，以 2009 年第一季度至 2016 年第一季度 A 股上市公司为样本，将国家税务总局 2014 年 10 月出台纳税信用评级披露制度作为自然实验，刻画公司社会责任信息披露。采用 PSM-DID 方法检验纳税信用评级披露与公司价值之间的因果关系，实证证明了公司价值会受到公司纳税信用评级披露的影响。结果表明，纳税信用评级结果披露能够缓解外部投资人与公司的信息不对称，缓解公司的融资约束，从而促进公司价值的显著增加。研究结果具有重要的理论和现实意义。

（1）理论意义：该研究是对纳税信用评级披露制度政策效应相关研究的补充。纳税信用评级披露制度是国家税务总局在税收征管方式上的重要创新，但目前相关的政策评估主要是从税收效应视角展开，本文则首次从社会责任信息披露的角度使用双重差分法评估了纳税信用评级披露制度对上市公司价值的政策净效应。此外，目前社会责任信息的相关研究大多围绕公司公开的社会责任报告展开，鲜少关注纳税信用信息。文章扩展了社会责任信息披露后果的文献范围。

（2）现实意义：对政府来说，纳税信用评级披露制度是政府出台的重要税收征管政策，也是政府部门采取的柔性税收征管方式。研究该制度对公司的经济后果，可以为税务机关检验政策有效性和合理性提供理论依据，同时也能为政府进一步提升税收征管能力提供一定的政策启示。对公司来说，分析纳税信用评级披露对自身的影响有利于公司进行更加合理有效的税收筹划。纳税信用评级披露对公司价值的正面影响会促使公司改善自身纳税行为，提高纳税信用评级。对社会来说，纳税信用信息披露可以在一定程度上节省社会监督成本、缓解信息不对称程度，从而有利于促进公司与社会的双赢。

2.　研究现状

2.1　信息披露对公司融资的影响

外部融资是公司获取资金的重要渠道，公司获取外部融资的难易程度对自身发展非常重要（罗党论和甄丽明，2008）。公司信息披露的水平和质量能够影响融资成本。具体来说，增加信息披露会降低企业与外部投资人的信息不对称程度，进而使企业资本成本减少（汪炜和蒋高峰，2004）。在公司的信息披露中，除了对财务信息的披露外，内部控制自我评价信息的披露也会缓解公司的融资约束，降低公司的资本成本（张然、王会娟和许超，2012）。

在公司信息披露对公司融资的影响文献中，社会责任信息披露是研究的重点。沈艳和蔡剑（2009）使用 12 个城市 1200 多家公司为样本，研究发现相较于不知道社会责任的公司，知道社会责任的公司获取正规金融机构贷款的概率平均高出 8%。倪娟和孔令文（2016）通过研究重污染行业上市公司的样本，发现重污染行业的上市公司进行环境信息的披露有利于公司获得银行贷款，降低融资成本，缓解融资约束。

2.2　信息披露对股票表现的影响

股票交易市场上，投资者往往会参考公司披露的各类信息来判断股票及整个市场的价格走势，做出投资决策。公司的信息披露水平和质量有效反映了公司的实际价值，从而影响投资者对公司股价不确定性程度的认知和股票交易时逆向选择的水平（Healy & Palepu，2001）。公司提高信息披露的质量，既有利于吸引更多投资者进入股票市场，提高公司股票的流动性（Welker，1995），也有利于公司在金融危机时维持较高市值（Baek et al.，2004）。

在社会责任信息披露对股票表现的影响方面，学者主要围绕社会责任信息披露对股票回报、股票市场反应的关系进行研究。公司的社会责任信息披露会影响投资者投资决策，进而影响公司的股票价格、公司形象和市场收益率（Anderson & Frankle，1980）。对于社会信息披露质量较高的公司，股票能够被投资者准确估值。在这种情况下，投资者认为股票价格是公允价格，因此股票流动性会更高（Hung et al.，2013）。李姝和肖秋萍（2012）使用沪深 A 股上市公司为样本也得到了相似结论，即企业对社会责任履行情况越好，该企业股票的市场表现越好，股票流动性、交易量及交易额越高。

2.3　信息披露对公司价值的影响

公司的发展与公司能否为其重要的利益相关方提供充分有效的信息披露有关（段钊等，2021）。外部投资者和公司管理层之间存在信息不对称，会产生"次品车市场"，从而导致绩效良好的公司价值被低估，而信息披露能够缓解该问题，提高公司价值（Healy & Palepu，2001）。国内学者通过实证研究也得到了类似结论。张宗新等（2007）用深交所上市公司为样本，实证证明了公司信息披露水平提高能够促进业绩表现和财务绩效的改善。陆正华和黄加瑶（2007）将沪深上市公司年报数据进行回归，发现公司自愿性披露的非财务信息有利于提高公司价值。

对于公司社会责任信息披露，Ruf 等（2011）通过调查问卷方式发现公司当期及之后期间的财务业绩变动与公司的社会责任披露水平呈正相关关系。此外，社会责任信息披露能够提高公司的盈利水平和公司价值（Johnson，2003）。相较国外，国内关于社会责任信息披露对公司价值影响的研究起步较慢，目前尚未达成统一的结论。陈玉清和马丽丽（2005）以深沪两市上市公司为样本，发现公司社会责任信息与公司价值的关联不大，不同行业的相关性不同。而温素彬和方苑（2008）通过分析上市公司的年报披露数据，构造公司对利益相关方的社会责任评价指标，实证检验了社会责任信息披露对公司价值的影响。长期来看，公司的财务绩效与社会责任信息呈显著正相关关系。

2.4　纳税信用评级披露的经济后果研究

对于 2014 年出台的纳税信用评级披露制度，相关研究文献较为有限。已有研究多使用年度数据实证分析，结果表明纳税信用评级披露可以显著减缓公司的融资约束（孙雪娇等，2019），进而增加公司的信贷融资规模，提高公司的研发投入及创新投资（窦程强等，2020；叶永卫等，2021）。此外，纳税信用评级披露能够减缓信息不对称，从而促进企业减少偷税、逃税等行为，提高税法的依从度（陶东杰等，2019；赵双等，2020）。纳税信用评级披露也能够借助声誉效应，提高外部投资人的信心，从而减小企业的股价崩盘概率（李建军和范源源，2021）。

3. 理论分析与研究假说

公司价值是企业有形资产和无形资产价值的市场评价。公司价值体现了企业资金的时间价值、风险及持续发展能力，并且与企业的财务决策密切相关。而纳税信用评级披露带来的税收优惠等将会直接影响到企业的财务决策。因此，公司价值极有可能受到纳税信用评级披露的影响。纳税信用评级制度作为一种政府对企业的激励措施，能提升企业的社会评价，进而提高投资者对该公司的市场估值。

一方面，企业纳税信用评级为 A 可以有效缓解企业与外界债权人之间的信息不对称问题，从而缓解融资约束，提升企业的外部融资能力。企业获得更高的资金投入，公司价值自然就会得到提升。纳税信用评级披露帮助企业缓解融资约束主要体现在两个方面：（1）纳税信用评级是国家税务机关对公司账目、偿债能力、财务杠杆结构等财务信息的核验评价，并就会计账簿、记账凭证、关联方交易业务信息等财务会计资料设计了详细的评价指标，要想达到纳税信用 A 级，企业的纳税信用评价指标得分要在 90 分以上。因此，企业纳税信用 A 级在一定程度上反映了该企业严格遵守财务会计制度的相关规定。国税总局出具的公司纳税信用 A 级的信息不仅向公司的外界投资人等利益相关方传递出公司良好履行纳税义务的正面信号，并且还对外提供了高质量的财务会计报告。（2）根据《纳税信用评价指标和评价方式（试行）》，一旦公司出现涉税犯罪或涉税违法被行政处罚行为，公司的纳税评级将直接被判定为 D 级。因此，纳税信用 A 级反映出企业避税程度更低，避税行为的减少将降低公司与社会公众之间的信息不对称水平（Desai & Dharmapala，2006）并带来更高的财务报告质量（王跃堂等，2009）。综上所述，获得纳税信用 A 级反映出公司能对外披露更高质量的财务报告，而财务会计报告的质量是银行信用贷款授予决策的重要依据。财务会计报告质量的提高有助于缓解企业与银行之间的信息不对称程度，企业更容易从银行机构获得信用贷款。同时更高质量的财务报告增加市场透明度，有利于提高投资者对公司的信任，降低投资者对公司的监督成本，从而有利于企业顺利开展债务融资活动。融资成本及融资约束水平的降低使得公司更容易获得资金，增加公司的投资，从而提高公司价值（Myers & Majluf，1984）。

另一方面，纳税信用评级制度增加了对评级为 A 企业"好消息"的披露，向外界传递了官方认可的积极信号，提高了企业的社会声誉。社会声誉的提高带来了企业知名度的曝光。在股市中投资者信息接收和处理能力、信息资源有限的情况下，个人投资者更容易关注和购买有更高知名度的股票（Barber & Odean，2008）。Odean（1999）提出，投资者通过将选购股票的范围限定在引起他们注意的股票中来解决面临成千上万种股票时的选购问题。而投资者在卖出时不会面临该选购问题。在股票知名度提高以后，投资者对该股票的买入需求会得到提高，其相关的卖出决策则不会受到影响。因此，纳税信用的披露增强了股票的流动性，进而提高股票需求，提升股价。股价的提升反映出金融市场上公司价值的提高。

基于上述分析，本文提出以下假设：

H1：纳税信用评级披露能够提高纳税信用 A 级公司的公司价值。

H2：纳税信用评级披露通过缓解融资约束提高纳税信用 A 级公司的公司价值。

H3：纳税信用评级披露通过提高股票流动性提高纳税信用 A 级公司的公司价值。

4. 研究方法

4.1　研究思路

文章考察纳税信用评级披露对公司价值的影响。因为纳税信用评级披露制度是中央制定的，所以纳税信用评级披露对上市公司价值来说是外生的，不存在逆向因果问题。因此，纳税信用评级披露制度提供了很好的外生实验。纳税信用评级披露制度于 2014 年 10 月 1 日起正式实施，并于次年 4 月披露，针对所有的企业。为了控制其他因素的影响，得到纳税信用评级披露与公司价值之间的净因果关系，文章使用 PSM 进行样本匹配、运用 DID 模型进行实证检验，从而增加研究结论的可信度与稳健性。

4.2　样本与数据来源

《纳税信用管理办法（试行）》规定，税务部门会在各年 4 月披露上一年度纳税信用评级数据。考虑到 2016 年 4 月之后的公司价值会受到 2015 年 4 月披露和 2016 年 4 月披露的复合影响，在考察 2015 年 4 月披露的纳税信用评级对公司价值的影响时，文章选取 2009 第一季度至 2016 年第一季度 A 股非 ST、非金融保险行业上市公司为初始样本，收集了相关的季度财务数据以及纳税信用评级数据，并剔除了数据缺失的样本。最终得到 51400 个样本观测值。为了规避极端值的影响，对各连续变量在 1%和 99%分位上采取 Winsorize 处理。

文章使用的数据来源如下：基于国税总局官方网站，手动汇总了纳税信用评级指标；其他变量数据均来源于国泰安数据库和 Wind 数据库。

4.3　变量设置

（1）被解释变量：文章采用 Tobin's Q 值衡量公司价值。公司的市场价值受到公司股票价格的影响，而投资者对于公司纳税信用信息披露的反应表现在股票价格上。因此 Tobin's Q 值能够准确地表示纳税信用评级披露制度实施后，公司价值受到的影响。作为衡量公司价值的指标，Tobin's Q 概念出现之后，被广泛地应用于国内外学者的研究中。

（2）解释变量：纳税信用评级政策在 2014 年颁布，于 2015 年 4 月在国家税务总局网站上公开披露 2014 年的纳税信用 A 级的公司。文章使用 A 表示纳税信用等级的评定，如果企业纳税信用等级为 A，则 A 取值为 1，否则为 0；用 POST 表示纳税信用等级结果公开的时间（2015 年 4 月），结果公开后即 2015 年第二季度之后 POST 取值为 1，否则为 0。

（3）控制变量：控制公司特征变量包括公司规模、资本结构、成长性、盈利能力、经营活动产生的净现金流量、最终控制人性质、股权集中度、大股东持股占比等。

（4）中介变量：现有研究对于融资约束的衡量指标主要有四种：投资—现金流敏感系数，公司规模、债务评级等指标，对公司信贷融资情况等的感知，KZ、WW、SA 指数等指数。不同指标各有利弊，投资—现金流敏感系数不会随着融资约束发生单调变化；公司规模、债务评级等单项指标反映的信息较为片面；而主观判断受个人影响较大，难以标准化。在指数构建中，公司定性和定量指标同时存在于 KZ 指数和 WW 指数的自变量和因变量中，因此可能出现测度偏误。Hadlock 和 Pierce 在 KZ 指数的基础上进行了改进，指标公式中只包含公司规模和年龄两个外生变量，规避了衡量偏差。自提出以来，SA 指数被广泛地应用于学术研究中（余明桂等，2019）。

SA 指数的计算公式如下所示，其中 SIZE1 为以百万元为单位的期初总资产的对数，AGE 是公司成立年限。

$$SA = -0.737SIZE1 + 0.043 SIZE1^2 - 0.04AGE \qquad (1)$$

如果投资者可以在较短时间以预期价格交易资产，那么资产就具有流动性。现有研究对于股票流动性的衡量指标主要有：买卖价差指标、非流动性指标和换手率。纳税信用评级披露主要通过提高投资者关注增加投资者对公司股票的交易行为，因此采用换手率衡量股票流动性。

主要变量定义如表 1 所示：

表 1　　　　　　　　　　　　　　　　　主要变量定义

	名　　称	符号	说　　明
被解释变量	公司价值	TOBINQ	市场价值/期末总资产（市场价值为股权和净债务市值之和，非流通股权市值用净资产代替）
解释变量	纳税信用评级为 A 的公司	A	当样本公司纳税信用评级在 2015 年被评为 A 进行披露，则 A 取值为 1，否则取值为 0
	纳税信用评级披露日期	POST	纳税信用评级披露后（2015 年第二季度之后）取值为 1，之前取值为 0
控制变量	资本结构	LEV	期初总负债/期初总资产
	盈利能力	ROA	税前利润/总资产
	公司规模	SIZE	期初总资产的自然对数
	成长性	GROWTH	（本期营收−上期营收）/上期营收
	经营活动净现金流	CF	经营活动产生的现金净流量/期初总资产

	名　　称	符号	说　　明
控制变量	最终控制人性质	SOE	当实际控股股东为国家股、国有股、国有法人股取值为 1，否则取 0
	股权集中度	HHI	前 10 位大股东持股比重的平方和
	第一大股东持股比例	TOP1	第一大股东持股数/总股数
中介变量	融资约束	SA	SA = −0.737SIZE1 + 0.043 SIZE1^2 − 0.04AGE，其中 SIZE1 为以百万元为单位的期初总资产的对数，AGE 为公司年龄
	股票换手率	LTURNOVER	区间换手率的自然对数

4.4　模型设计

对于假设 H1，采用倾向得分匹配方法为纳税信用 A 级公司匹配条件相当的公司作为对照组，构建如下双重差分模型来检验：

$$\text{TOBINQ}_{i, t} = \alpha_0 + \alpha_1 A_i \times \text{POST}_t + \alpha_2 A_i + \alpha_3 \text{POST}_t + bX + \lambda_i + \gamma_t + \varepsilon_{i, t} \tag{2}$$

其中，TOBINQ 为公司价值 Tobin's Q 的取值，TOBINQ 越大，公司价值越高。A 代表纳税信用评级结果，POST 为纳税信用评级结果披露时间。X 表示控制变量，包括负债能力（LEV）、盈利能力（ROA）、公司规模（SIZE）、公司成长性（GROWTH）、经营活动净现金流（CF）、最终控制人性质（SOE）、股权集中度（HHI）、第一大股东持股比例（TOP1）。λ_i 和 γ_t 分别是个体和时间固定效应。

对于假设 H2，通过中介效应模型（3）和（4）检验融资约束对于纳税信用评级披露提高公司价值的中介效应。其中，SA 为公司融资约束，SA 越大，融资约束水平越高（余明桂等，2019）。

$$\text{SA}_{i, t} = \alpha_0 + \alpha_1 A_i \times \text{POST}_t + \alpha_2 A_i + \alpha_3 \text{POST}_t + bX + \lambda_i + \gamma_t + \varepsilon_{i, t} \tag{3}$$

$$\text{TOBINQ}_{i, t} = \alpha_0 + \alpha_1 A_i \times \text{POST}_t + \alpha_2 \text{SA}_{i, t} + \alpha_3 A_i + \alpha_4 \text{POST}_t + bX + \lambda_i + \gamma_t + \varepsilon_{i, t} \tag{4}$$

对于假设 H3，通过中介效应模型（5）和（6）检验股票流动性对于纳税信用评级披露提高公司价值的中介效应。其中，TURNOVER 为股票换手率。

$$\text{TURNOVER}_{i, t} = \alpha_0 + \alpha_1 A_i \times \text{POST}_t + \alpha_2 A_i + \alpha_3 \text{POST}_t + bX + \lambda_i + \gamma_t + \varepsilon_{i, t} \tag{5}$$

$$\text{TOBINQ}_{i, t} = \alpha_0 + \alpha_1 A_i \times \text{POST}_t + \alpha_2 \text{TURNOVER}_{i, t} + \alpha_3 A_i + \alpha_4 \text{POST}_t + bX + \lambda_i + \gamma_t + \varepsilon_{i, t} \tag{6}$$

5. 实证结果与分析

5.1　描述性统计

表 2 报告了变量的描述性统计。A 指标的均值为 0.59，说明评级为 A 的公司占 59.0%。

表 2   描述性统计

变量	变量个数	均值	标准差	最小值	最大值
TOBINQ	51400	2.11	1.23	0.97	7.38
A	51400	0.59	0.49	0.00	1.00
POST	51400	0.12	0.32	0.00	1.00
LEV	51400	0.44	0.25	0.09	1.08
ROA	51400	0.03	0.04	−2.75	1.21
SIZE	51400	21.90	1.27	18.16	28.52
GROWTH	51400	0.11	0.50	−0.79	4.03
SOE	51400	0.42	0.49	0.00	1.00
CF	51400	0.01	0.07	−0.57	0.65
HHI	51400	0.17	0.12	0.01	0.57
TOP1	51400	35.97	15.17	8.92	75.10
SA	51400	−3.67	0.25	−5.09	−2.11
LTURNOVER	51400	4.83	0.92	−4.63	7.55

5.2 倾向性得分匹配

文章对变量 A 进行配对，将纳税信用评级披露后为 A 级的上市公司作为处理组，被评为 A 的上市公司作为对照组。在倾向性得分匹配协变量的选择上，这里参考孙雪娇等（2019），考虑公司规模、负债水平、年龄、成长能力、盈利性与公司纳税信用评级的相关性，将其作为匹配变量。具体理由如下：（1）规模越大，公司越容易受到税务机关等机构的监管和社会公众的关注，公司的经营和纳税行为越规范，公司取得 A 级纳税信用评级的可能性越大；（2）公司负债率越高，财务风险越高，越有可能寻求避税等行为来减少纳税支出，公司取得 A 级纳税信用评级的可能性越小；（3）公司成长性越高，越容易寻求避税，公司取得 A 级纳税信用评级的可能性越小；（4）公司盈利能力越差，运营风险越大，越容易寻求避税来获得更高利润，公司取得 A 级纳税信用评级的可能性越小（孙雪娇等，2019）；（5）公司成立越久，经营越规范，但同时公司可能有更多避税的经验，从而影响公司纳税行为和纳税信用评级（孙雪娇等，2019）。

基于上述分析，文章将负债能力（LEV）、盈利能力（ROA）、公司规模（SIZE）、公司成长性（GROWTH）、年龄（AGE）作为协变量，进行近邻有放回匹配，匹配比例为 1∶1。设定处理组为 2015 年纳税信用 A 级公司，对照组为其他公司。平衡性检验结果如表 3 和图 1 所示，PSM 后两组之间的偏差绝对值均小于 1%，且 PSM 后 5 个匹配变量的处理组和控制组均值均在 1% 的显著性水平下不存在显著差异，PSM 的结果满足要求。

协变量	是否匹配	处理组均值	控制组均值	%偏差	t 值	p 值
LEV	未匹配	0.4244	0.4640	−16.2000	−17.9900	0.0000
	匹配	0.4227	0.4240	−0.0000	−0.0400	0.9670
AGE	未匹配	14.8210	14.5080	5.9000	6.5600	0.0000
	匹配	14.8030	14.7670	0.7000	0.8400	0.3990
ROA	未匹配	0.0265	0.0230	7.9000	8.9200	0.0000
	匹配	0.0266	0.0269	−0.8000	−1.0600	0.2870
SIZE	未匹配	21.9200	21.8760	3.5000	3.8600	0.0000
	匹配	21.9210	21.9270	−0.5000	−0.6400	0.5220
GROWTH	未匹配	0.1058	0.1084	−0.5000	−0.5800	0.5640
	匹配	0.1059	0.1077	−0.4000	−0.4300	0.6640

表 3　　　　　　　　　　　　　　　　平衡性检验

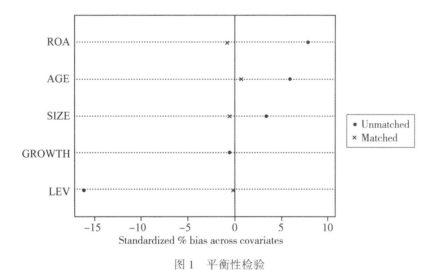

图 1　平衡性检验

5.3　平行趋势检验

这里使用纳税信用评级披露前五期及后三期的独立季度与分组变量 A 的交乘项作为解释变量，同时为了避免完全共线性的影响，将政策实施前一期与 A 的交乘项作为基期。结果如表 4 所示，纳税信用评级披露前，相较于对照组，处理组的公司价值没有明显的区别，而纳税信用评级披露之后，相对于对照组，处理组公司价值显著增加，符合平行趋势假设。

表 4   平行趋势检验

变量	公司价值	变量	公司价值
pre_5	−0.0110	LEV	−0.3023***
	(−0.1820)		(−6.7753)
pre_4	0.0038	ROA	2.2368***
	(0.0458)		(12.8663)
pre_3	−0.0142	SIZE	−0.3343***
	(−0.1679)		(−40.0690)
pre_2	−0.0221	GROWTH	−0.0117
	(−0.2663)		(−0.9705)
current	0.1371	SOE	−0.1269***
	(1.6125)		(−6.1424)
post_1	0.2250***	CF	0.6704***
	(2.6546)		(6.2452)
post_2	0.1953**	HHI	−2.1776***
	(2.3538)		(−8.0994)
post_3	0.2320***	TOP1	0.0109***
	(2.8138)		(5.2162)
POST	0.1992***	常数项	9.4266***
	(3.4835)		(51.1909)
时间固定效应	控制	个体固定效应	控制
样本量	27170	R^2	0.1227

注：括号里数字为 t 统计值；*、**、*** 分别代表在 10%、5%、1%的水平下显著。

5.4 纳税信用评级披露对公司价值的影响

表 5 报告了模型（2）的回归结果，即纳税信用评级披露与公司价值的固定效应回归结果。在第（2）至（6）列中，POST×A 的回归系数在 5%的水平上均显著为正，说明 2015 年 4 月国税网站上披露纳税信用评级后，纳税信用 A 级公司的公司价值显著提高。考虑公司价值 Tobin's Q 衡量了公司市场价值与当期公司重置成本的比率，说明纳税信用评级这一信息的披露作为国家机构的官方认可，有助于公司的市场价值提高，从而验证了假设 H1。

表5　　　　　　　　　　　　　　　　　　纳税信用评级披露对公司价值的影响

变量	（1）公司价值	（2）公司价值	（3）公司价值	（4）公司价值	（5）公司价值	（6）公司价值
POST×A	0.0730	0.1548 **	0.2127 ***	0.2266 ***	0.2244 ***	0.2151 ***
	（0.9891）	（2.2324）	（3.3861）	（3.6195）	（3.5885）	（3.4148）
POST	0.1815	0.2194	0.1468	0.1701	0.1657	0.1468
	（0.6490）	（0.8383）	（0.6085）	（0.7206）	（0.6942）	（0.6114）
LEV		−0.9684 ***	−0.1692	−0.1516	−0.1598	−0.1994 *
		（−9.1238）	（−1.6250）	（−1.4524）	（−1.5391）	（−1.9019）
ROA		1.4441 ***	2.4129 ***	2.3975 ***	2.0434 ***	2.1813 ***
		（3.3118）	（5.4660）	（5.4582）	（4.7735）	（4.9319）
SIZE			−0.3544 ***	−0.3437 ***	−0.3446 ***	−0.3283 ***
			（−19.4295）	（−19.0335）	（−19.1369）	（−17.7437）
GROWTH			−0.0156	−0.0160	−0.0182	−0.0173
			（−1.2783）	（−1.3086）	（−1.4938）	（−1.4226）
SOE				−0.1241 ***	−0.1260 ***	−0.1129 ***
				（−3.0212）	（−3.0656）	（−2.7237）
CF					0.7241 ***	0.7417 ***
					（4.1237）	（4.2169）
HHI						−1.9832 ***
						（−3.8382）
TOP1						0.0096 **
						（2.3408）
常数项	1.9928 ***	2.3881 ***	9.7586 ***	9.5663 ***	9.5890 ***	9.2449 ***
	（49.2818）	（37.2193）	（25.9191）	（25.7188）	（25.8566）	（23.6201）
时间固定效应	控制	控制	控制	控制	控制	控制
个体固定效应	控制	控制	控制	控制	控制	控制
样本量	27170	27170	27170	27170	27170	27170
R^2	0.0362	0.0652	0.1323	0.1335	0.1351	0.1396

注：括号里数字为 t 统计值；＊、＊＊、＊＊＊分别代表在10%、5%、1%的水平下显著。

5.5 稳健性检验

5.5.1 更换公司价值衡量指标

前文采用国泰安数据库中的 Tobin's Q 值的 A 值来代表公司价值水平。这里更换被解释变量 Tobin's Q 值的计算方式，分别采用国泰安数据库中的 Tobin's Q 值的 B 值、C 值、D 值来度量公司价值水平，模型（2）的回归结果如表 6 所示，可以发现，在更换公司价值的衡量指标后，POST×A 的系数依然显著为正，这说明纳税信用评级披露促进 A 评级公司的价值增加的结果仍然保持稳健。

表 6 改变公司价值衡量指标

变量	（1） TOBINB	（2） TOBINC	（3） TOBIND
POST×A	0.2527***	0.3039***	0.3436***
	(3.4194)	(3.8760)	(3.8744)
POST	0.0513	0.0190	−0.1010
	(0.1797)	(0.0776)	(−0.3545)
LEV	−0.2883**	−0.6869***	−0.7915***
	(−2.3488)	(−4.6431)	(−4.7695)
ROA	2.0750***	3.8782***	3.7924***
	(4.1677)	(6.2472)	(5.5977)
SIZE	−0.3277***	−0.4838***	−0.4859***
	(−15.0502)	(−20.2788)	(−17.9985)
GROWTH	−0.0097	0.0066	0.0158
	(−0.6436)	(0.3990)	(0.8099)
SOE	−0.1878***	−0.2351***	−0.3204***
	(−3.9188)	(−4.6622)	(−5.6657)
CF	0.9747***	0.7479***	1.0774***
	(4.7537)	(3.2224)	(4.0674)
HHI	−1.8593***	1.4450**	1.7529**
	(−2.9606)	(2.3300)	(2.3473)
TOP1	0.0066	−0.0102**	−0.0144**
	(1.3182)	(−2.0405)	(−2.4073)
常数项	9.5440***	13.4756***	13.9003***
	(20.7860)	(27.1150)	(24.6490)

变量	（1） TOBINB	（2） TOBINC	（3） TOBIND
时间固定效应	控制	控制	控制
个体固定效应	控制	控制	控制
样本量	27078	27077	27025
R^2	0.1201	0.1956	0.1708

注：括号里数字为 t 统计值；*、**、***分别代表在10%、5%、1%的水平下显著。

5.5.2　更换倾向性得分匹配方式

前文将2015年纳税信用A级公司作为处理组，其他公司作为对照组，进行了1∶1比例的近邻有放回匹配。这里改变倾向性得分匹配的比例，按照1∶2比例进行近邻有放回匹配，匹配后的样本按照模型（2）进行公司价值对POST×A的回归，结果如表7所示。改变匹配比例后，第（2）至（6）列POST×A依然在5%的显著性水平下显著为正，纳税信用评级披露能够提高纳税信用A级公司价值的结论依然成立。

表7　　　　　　　　　　　改变 PSM 匹配比例

变量	（1） 公司价值	（2） 公司价值	（3） 公司价值	（4） 公司价值	（5） 公司价值	（6） 公司价值
POST×A	0.0840 （1.2461）	0.1570** （2.5020）	0.2019*** （3.5504）	0.2128*** （3.7543）	0.2104*** （3.7188）	0.1972*** （3.4494）
POST	0.1576 （0.6268）	0.1850 （0.7782）	0.1068 （0.4858）	0.1248 （0.5778）	0.1237 （0.5660）	0.1121 （0.5086）
LEV		-0.9609*** （-9.5772）	-0.1496 （-1.5831）	-0.1349 （-1.4207）	-0.1422 （-1.5045）	-0.1773* （-1.8633）
ROA		1.5108*** （4.0964）	2.5541*** （6.8992）	2.5374*** （6.8796）	2.1807*** （6.0836）	2.3211*** （6.3247）
SIZE			-0.3575*** （-21.3066）	-0.3488*** （-20.9542）	-0.3501*** （-21.1061）	-0.3321*** （-19.5062）
GROWTH			-0.0154 （-1.5689）	-0.0158 （-1.6078）	-0.0177* （-1.8002）	-0.0176* （-1.7951）
SOE				-0.1044*** （-2.6410）	-0.1061*** （-2.6838）	-0.0912** （-2.3010）

续表

变量	（1）公司价值	（2）公司价值	（3）公司价值	（4）公司价值	（5）公司价值	（6）公司价值
CF					0.6941***	0.7112***
					(4.5915)	(4.7104)
HHI						-1.9811***
						(-4.2042)
TOP1						0.0093**
						(2.4641)
常数项	2.0324***	2.4242***	9.8523***	9.6993***	9.7294***	9.3568***
	(57.2975)	(41.3226)	(28.3625)	(28.1861)	(28.3820)	(25.8595)
时间固定效应	控制	控制	控制	控制	控制	控制
个体固定效应	控制	控制	控制	控制	控制	控制
样本量	39121	39121	39121	39121	39121	39121
R^2	0.0365	0.0646	0.1318	0.1327	0.1341	0.1392

注：括号里数字为 t 统计值；*、**、*** 分别代表在 10%、5%、1%的水平下显著。

5.5.3　Placebo 检验

这里将评级 A 级随机分配给样本中的公司，新生成的处理组和对照组按照模型（2）重新进行 500 次固定效应回归，被解释变量为公司价值，主要解释变量为 A 和 POST 的交乘项。图 2 展示了 500 次随机分配纳税信用 A 级的固定效应回归中 POST×A 的估计系数分布及相应的 p 值，其中 POST×A 回归系数的数据分布在 X 轴，回归系数的 p 值数据分布在 Y 轴，曲线代表系数的核密度分布，圆点是系数对应的 p 值，垂直虚线是纳税信用评级披露与公司价值的固定效应回归的 POST×A 真实系数 0.22，水平虚线代表 p 值为 0.1，即显著性水平 10%。从图 2 可以看出，500 次回归的系数主要集中在 0 附近，真实系数 0.22 是明显的异常值，绝大多数系数对应的 p 值大于 0.1，在 10% 的显著性水平下不显著。因此，这里排除了前文的实证结论是偶然情况的可能性，也排除了结论受到其他政策原因干扰的可能性。

6. 影响机制分析

6.1　纳税信用评级披露通过缓解融资约束提高纳税信用 A 级公司价值

为了验证假设 H2，首先按照模型（3）进行回归。被解释变量为公司融资约束 SA 指数，SA 指

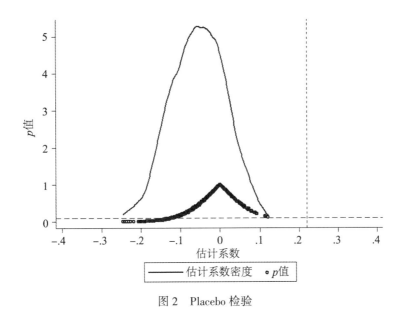

图 2　Placebo 检验

数越大，公司的融资约束水平越高（余明桂等，2019）。表 8 显示了回归结果，在第（1）至（6）列中 POST×A 的回归系数在 1% 的水平上均显著为负，说明 2015 年 4 月国税网站上披露纳税信用评级后，纳税信用 A 级公司的融资约束得到缓解。

为了进一步检验融资约束对纳税信用评级披露提高公司价值的中介效应，接下来使用模型（4）进行回归，同时控制个体固定效应和时间固定效应。回归结果如表 9 所示，当解释变量同时包含融资约束和 POST×A 时，第（3）至（6）列中，融资约束 SA 指数和 POST×A 的系数均在 1% 的水平上显著，这说明直接效应和中介效应都存在，即纳税信用评级披露一方面直接提高 A 评级公司的公司价值，另一方面通过缓解融资约束间接提高公司价值，融资约束水平下降有利于公司外部融资，进而加大投资，提高公司价值。

表 8　　　　　　　　　　　　　　纳税信用评级对公司融资约束的影响

变量	（1）融资约束	（2）融资约束	（3）融资约束	（4）融资约束	（5）融资约束	（6）融资约束
POST×A	−0.0863***	−0.0796***	−0.0749***	−0.0742***	−0.0743***	−0.0713***
	(−6.3890)	(−5.9487)	(−5.5564)	(−5.4983)	(−5.5104)	(−5.3363)
POST	−0.0192	−0.0165	−0.0223	−0.0210	−0.0213	−0.0138
	(−0.3838)	(−0.3261)	(−0.4219)	(−0.3959)	(−0.4009)	(−0.2655)
LEV		−0.0720***	−0.0072	−0.0063	−0.0067	0.0073
		(−4.3106)	(−0.4348)	(−0.3756)	(−0.4029)	(0.4487)

续表

变量	（1） 融资约束	（2） 融资约束	（3） 融资约束	（4） 融资约束	（5） 融资约束	（6） 融资约束
ROA		0.1575*** （3.2935）	0.2250*** （4.8758）	0.2242*** （4.8630）	0.2046*** （4.3224）	0.1577*** （3.5193）
SIZE			−0.0295*** （−5.9460）	−0.0289*** （−5.8823）	−0.0289*** （−5.8959）	−0.0346*** （−7.3949）
GROWTH			0.0090*** （5.1406）	0.0090*** （5.1194）	0.0089*** （5.0444）	0.0085*** （4.8657）
SOE				−0.0068 （−0.7682）	−0.0069 （−0.7799）	−0.0109 （−1.2146）
CF					0.0400 （1.5476）	0.0342 （1.3598）
HHI						0.7179*** （6.2448）
TOP1						−0.0036*** （−4.1714）
常数项	−3.6540*** （−518.5877）	−3.6258*** （−346.5295）	−3.0130*** （−28.3854）	−3.0234*** （−28.7523）	−3.0222*** （−28.7578）	−2.8972*** （−29.0951）
时间固定效应	控制	控制	控制	控制	控制	控制
个体固定效应	控制	控制	控制	控制	控制	控制
样本量	27170	27170	27170	27170	27170	27170
R^2	0.0649	0.0727	0.0925	0.0927	0.0929	0.1145

注：括号里数字为 t 统计值；*、**、*** 分别代表在 10%、5%、1%的水平下显著。

表 9　　　　　　　　　　　　　融资约束的中介效应

变量	（1） 公司价值	（2） 公司价值	（3） 公司价值	（4） 公司价值	（5） 公司价值	（6） 公司价值
融资约束	−0.1270 （−1.4437）	−0.2308*** （−2.5809）	−0.4848*** （−5.5865）	−0.4880*** （−5.6119）	−0.4920*** （−5.6587）	−0.4334*** （−4.9686）
POST×A	0.0621 （0.8387）	0.1364* （1.9584）	0.1763*** （2.7683）	0.1904*** （2.9988）	0.1878*** （2.9619）	0.1842*** （2.8939）

变量	（1）公司价值	（2）公司价值	（3）公司价值	（4）公司价值	（5）公司价值	（6）公司价值
POST	0.1791	0.2156	0.1360	0.1598	0.1552	0.1408
	（0.6440）	（0.8337）	（0.5735）	（0.6888）	（0.6617）	（0.5957）
LEV		−0.9850***	−0.1727	−0.1547	−0.1632	−0.1962*
		（−9.1371）	（−1.6365）	（−1.4616）	（−1.5501）	（−1.8524）
ROA		1.4804***	2.5220***	2.5069***	2.1441***	2.2497***
		（3.3424）	（5.5725）	（5.5664）	（4.8863）	（5.0031）
SIZE			−0.3687***	−0.3578***	−0.3588***	−0.3433***
			（−19.4599）	（−19.0407）	（−19.1330）	（−17.9860）
GROWTH			−0.0112	−0.0116	−0.0139	−0.0136
			（−0.9207）	（−0.9490）	（−1.1369）	（−1.1204）
SOE				−0.1274***	−0.1294***	−0.1176***
				（−3.0783）	（−3.1238）	（−2.8125）
CF					0.7438***	0.7566***
					（4.2166）	（4.2845）
HHI						−1.6720***
						（−3.2473）
TOP1						0.0080*
						（1.9585）
常数项	1.5288***	1.5514***	8.2977***	8.0908***	8.1020***	7.9891***
	（4.7956）	（4.7954）	（16.5684）	（16.3237）	（16.3918）	（15.8169）
时间固定效应	控制	控制	控制	控制	控制	控制
个体固定效应	控制	控制	控制	控制	控制	控制
样本量	27170	27170	27170	27170	27170	27170
R^2	0.0366	0.0664	0.1375	0.1389	0.1405	0.1437

注：括号里数字为 t 统计值；*、**、***分别代表在10%、5%、1%的水平下显著。

6.2　纳税信用评级披露通过提高股票流动性提高 A 级公司价值

为了检验假设 H3，首先按照模型（5）进行回归，同时控制个体固定效应和时间固定效应，被解释变量为股票换手率。表10显示了回归结果，在第（1）至（6）列中 POST×A 的回归系数在10%的水平上均不显著，说明2015年4月国家税务总局网站上披露纳税信用 A 级公司名单后，纳税信用

147

A 级公司的股票流动性水平没有提高，这和吴文锋等（2007）的结果相似，虽然理论上公司社会责任等各类信息的公开能够影响股票投资者的投资决策，但实际上，结合中国特殊的资本市场环境，公司社会责任等各类信息的公开难以对股票投资者产生预期的结果。主要原因有两个方面：一方面，中国上市公司披露的信息质量差距较大，较为良莠不齐，股票投资者对其关注相对较低。另一方面，目前中国的股票投资者尚未充分利用公司公开的信息，因此中国的股票投资者并未具有参考公开的相关公司社会责任等信息做出股票购买或出售的习惯。在纳税信用评级披露的短时间内，股票投资者未过多地将纳税信用评级披露作为重要的判断因素，因此无法在短时间内显著影响股票流动性。

接下来将股票流动性加入纳税信用评级披露提高公司价值的中介模型中，使用模型（6）进行回归，同时考虑个体固定效应和时间固定效应。回归结果如表 11 所示，结果表明当解释变量同时包含股票换手率和 POST×A 时，第（3）到（6）列中，POST×A 的系数均在 1% 的水平上显著，这说明纳税信用评级披露能够直接提高 A 评级公司的公司价值。但在第（1）到（6）列中，股票换手率的系数均不显著，说明纳税信用评级披露没有通过提高股票流动性提高 A 评级公司的公司价值，股票流动性对纳税信用评级披露提高公司价值的中介效应不成立，假设 H3 不成立。

表 10　　　　　　　　　　　　纳税信用评级对股票流动性的影响

变量	（1）股票流动性	（2）股票流动性	（3）股票流动性	（4）股票流动性	（5）股票流动性	（6）股票流动性
POST×A	−0.0339	−0.0332	−0.0334	−0.0267	−0.0268	−0.0280
	（−0.9699）	（−0.9533）	（−0.9634）	（−0.7683）	（−0.7688）	（−0.8039）
POST	−0.8976***	−0.8974***	−0.8969***	−0.8857***	−0.8858***	−0.8790***
	（−8.2577）	（−8.2493）	（−8.2504）	（−8.1290）	（−8.1288）	（−8.0479）
LEV		−0.0068	−0.0103	−0.0019	−0.0020	0.0006
		（−0.1777）	（−0.2546）	（−0.0463）	（−0.0486）	（0.0157）
ROA		0.0250	0.0030	−0.0043	−0.0083	−0.0025
		（0.2139）	（0.0259）	（−0.0366）	（−0.0682）	（−0.0210）
SIZE			0.0003	0.0054	0.0054	0.0052
			（0.0376）	（0.6864）	（0.6850）	（0.6427）
GROWTH			0.0168**	0.0166**	0.0166**	0.0165**
			（2.3775）	（2.3530）	（2.3497）	（2.3353）
SOE				−0.0594***	−0.0595***	−0.0555***
				（−3.1068）	（−3.1091）	（−2.8421）
CF					0.0082	0.0102
					（0.1021）	（0.1277）

续表

变量	（1） 股票流动性	（2） 股票流动性	（3） 股票流动性	（4） 股票流动性	（5） 股票流动性	（6） 股票流动性
HHI						0.2434
						（0.9752）
TOP1						−0.0023
						（−1.1766）
常数项	5.6035***	5.6059***	5.5997***	5.5076***	5.5079***	5.5535***
	（272.7138）	（205.6251）	（33.5680）	（32.6948）	（32.6933）	（32.2953）
时间固定效应	控制	控制	控制	控制	控制	控制
个体固定效应	控制	控制	控制	控制	控制	控制
样本量	27167	27167	27167	27167	27167	27167
R^2	0.3317	0.3317	0.3318	0.3323	0.3323	0.3324

注：括号里数字为 t 统计值；*、**、*** 分别代表在 10%、5%、1% 的水平下显著。

表 11　　　　　　　　　　　　　　换手率的中介效应

变量	（1） 公司价值	（2） 公司价值	（3） 公司价值	（4） 公司价值	（5） 公司价值	（6） 公司价值
股票流动性	0.0000	−0.0007	−0.0005	−0.0021	−0.0022	−0.0023
	（0.0014）	（−0.0540）	（−0.0380）	（−0.1706）	（−0.1750）	（−0.1801）
POST×A	0.0730	0.1547**	0.2126***	0.2266***	0.2243***	0.2151***
	（0.9894）	（2.2328）	（3.3876）	（3.6199）	（3.5888）	（3.4148）
POST	0.1817	0.2189	0.1464	0.1683	0.1638	0.1449
	（0.6478）	（0.8341）	（0.6057）	（0.7112）	（0.6848）	（0.6022）
LEV		−0.9684***	−0.1692	−0.1516	−0.1598	−0.1994*
		（−9.1230）	（−1.6249）	（−1.4523）	（−1.5390）	（−1.9018）
ROA		1.4440***	2.4128***	2.3975***	2.0434***	2.1813***
		（3.3116）	（5.4659）	（5.4579）	（4.7734）	（4.9318）
SIZE			−0.3544***	−0.3437***	−0.3446***	−0.3283***
			（−19.4289）	（−19.0308）	（−19.1342）	（−17.7408）
GROWTH			−0.0156	−0.0159	−0.0182	−0.0173
			（−1.2780）	（−1.3060）	（−1.4906）	（−1.4193）
SOE				−0.1242***	−0.1262***	−0.1131***
				（−3.0233）	（−3.0678）	（−2.7263）

续表

变量	（1）公司价值	（2）公司价值	（3）公司价值	（4）公司价值	（5）公司价值	（6）公司价值
CF					0.7240 ***	0.7417 ***
					（4.1230）	（4.2162）
HHI						−1.9826 ***
						（−3.8369）
TOP1						0.0096 **
						（2.3391）
常数项	1.9927 ***	2.3920 ***	9.7613 ***	9.5782 ***	9.6011 ***	9.2575 ***
	（23.2342）	（24.0900）	（25.5352）	（25.3369）	（25.4701）	（23.3087）
时间固定效应	控制	控制	控制	控制	控制	控制
个体固定效应	控制	控制	控制	控制	控制	控制
样本量	27167	27167	27167	27167	27167	27167
R^2	0.0362	0.0652	0.1323	0.1336	0.1351	0.1396

注：括号里数字为 t 统计值；* 、** 、*** 分别代表在 10%、5%、1%的水平下显著。

7. 结论与政策建议

文章基于公司社会责任信息披露这一研究视角，就纳税信用评级披露与公司价值的相关性进行了理论分析，通过国家税务总局颁布的纳税信用评级披露制度的自然实验，使用 PSM-DID 模型进行实证研究，并进一步通过中介效应模型分析了纳税信用评级披露对公司价值的作用机理。

实证结果表明公开纳税信用评级 A 级名单能够提高 A 级公司的价值。一方面，纳税信用评级披露向公众传递了纳税信用 A 级公司良好履行纳税义务，在银行等机构的历史信用良好、财务账目规范的信号。另一方面，纳税信用评级能够激励公司减少避税行为，从而缓解了避税行为造成的公司信息不透明情况。纳税信用 A 级公司与外界投资者的信息不对称问题的缓解降低了公司的资本成本和融资约束。公司更容易获得投资资金进行投资活动，有利于其价值的上升。

上述结论对政府、公司有一定的启示：对于政府来说，作为柔性税收征管方式的纳税信用评级制度对公司具有激励作用，可以有效缓解公司的融资约束，提高公司价值。这说明在现有税收征管制度下，纳税信用评级制度能够完善国家的税收管理，政府可以扩大其适用范围。对于公司来说，纳税信用评级披露使得信用 A 级公司融资约束水平降低，公司价值提高。因此，资金需求较高的公司可以通过改进税务行为成为信用 A 级公司，向资本市场传达积极信号。

◎ 参考文献

[1] 陈玉清，马丽丽．我国上市公司社会责任会计信息市场反应实证分析 [J]．会计研究，2005 (11)．

[2] 窦程强，张为杰，王建炜．纳税信用评级结果披露与研发投入 [J]．技术经济，2020 (2)．

[3] 杜剑，史艳敏，杨杨．柔性税收征管对企业价值的影响——基于研发投入的遮掩效应 [J]．管理学刊，2021，34 (3)．

[4] 段钊，涂秋阳，胡颖．上市公司对社会责任的自述"言之有据"吗？——信息披露实据性质量评估方法与实证研究 [J]．宏观质量研究，2021，9 (5)．

[5] 李建军，范源源．信用如金：纳税信用评级披露与股价崩盘风险 [J]．当代经济科学，2021，43 (1)．

[6] 李姝，肖秋萍．企业社会责任、投资者行为与股票流动性 [J]．财经问题研究，2012 (3)．

[7] 陆正华，黄加瑶．上市公司自愿性信息披露对提升公司价值的影响——基于我国证券市场的进一步验证 [J]．特区经济，2007 (5)．

[8] 罗党论，甄丽明．民营控制，政治关系与企业融资约束——基于中国民营上市公司的经验证据 [J]．金融研究，2008 (12)．

[9] 倪娟，孔令文．环境信息披露、银行信贷决策与债务融资成本——来自我国沪深两市 A 股重污染行业上市公司的经验证据 [J]．经济评论，2016 (1)．

[10] 沈洪涛，王立彦，万拓．社会责任报告及鉴证能否传递有效信号？——基于企业声誉理论的分析 [J]．审计研究，2011 (4)．

[11] 沈艳，蔡剑．企业社会责任意识与企业融资关系研究 [J]．金融研究，2009 (12)．

[12] 孙雪娇，翟淑萍，于苏．柔性税收征管能否缓解企业融资约束——来自纳税信用评级披露自然实验的证据 [J]．中国工业经济，2019 (3)．

[13] 陶东杰，李成，蔡红英．纳税信用评级披露与企业税收遵从——来自上市公司的证据 [J]．税务研究，2019 (9)．

[14] 汪炜，蒋高峰．信息披露，透明度与资本成本 [J]．经济研究，2004 (7)．

[15] 王跃堂，王亮亮，贡彩萍．所得税改革、盈余管理及其经济后果 [J]．经济研究，2009 (3)．

[16] 温素彬，方苑．企业社会责任与财务绩效关系的实证研究——利益相关者视角的面板数据分析 [J]．中国工业经济，2008 (10)．

[17] 吴文锋，吴冲锋，芮萌．提高信息披露质量真的能降低股权资本成本吗 [J]．经济学（季刊），2007 (4)．

[18] 姚曦．融资约束、财务信息披露质量与投资不足的实证检验 [J]．中国注册会计师，2016 (8)．

[19] 叶永卫，曾林，李佳轩．纳税信用评级制度与企业创新——"赏善"比"罚恶"更有效 [J]．南方经济，2021 (5)．

[20] 余明桂，钟慧洁，范蕊．民营化、融资约束与企业创新——来自中国工业企业的证据 [J]．金融研究，2019 (4)．

［21］张然，王会娟，许超．披露内部控制自我评价与鉴证报告会降低资本成本吗？——来自中国 A
股上市公司的经验证据［J］．审计研究，2012（1）．

［22］张宗新，杨飞，袁庆海．上市公司信息披露质量提升能否改进公司绩效？——基于 2002—2005
年深市上市公司的经验证据［J］．会计研究，2007（10）．

［23］赵双，袁晨，李玫洁．柔性税收征管与企业逃税——来自纳税信用评级披露的自然实验［J］.
公共经济与政策研究，2020（00）．

［24］Anderson, J., Frankle, A. Voluntary social reporting: An iso-beta portfolio analysis ［J］. The
Accounting Review, 1980（3）．

［25］Baek, J. S., Kang, J. K., Park, K. S. Corporate governance and firm value: Evidence from the
Korean financial crisis ［J］. Journal of Financial Economics, 2004（2）．

［26］Barber, B. M., Odean, T. All that glitters: The effect of attention and news on the buying behavior of
individual and institutional investors ［J］. Review of Financial Studies, 2008（2）．

［27］Bloomfield, R. J., Wilks, T. J. Disclosure effects in the laboratory liquidity, depth and the cost of
capital ［J］. The Accounting Review, 2000（1）．

［28］Desai, M. A., Dharmapala, D. Corporate tax avoidance and high-powered incentives ［J］. Journal of
Financial Economics, 2006（1）．

［29］Falck, O., Heblich, S. Corporate social responsibility: Doing well by doing good ［J］. Business
Horizons, 2007（3）．

［30］Healy, P. M., Palepu, K. G. Information asymmetry, corporate disclosure, and the capital markets:
A review of the empirical disclosure literature ［J］. Journal of Accounting & Economics, 2001, 31.

［31］Healy, P. M., Wahlen, J. M. A review of the earnings management literature and its implications for
standard setting ［J］. Accounting Horizons, 1999, 13（4）．

［32］Hung, M., Shi, J., Wang, Y. The effect of mandatory CSR disclosure on information asymmetry:
Evidence from a quasi-natural experiment in China ［J］. Social Science Electronic Publishing, 2013,
33（5）．

［33］Johnson, H. H. Does it pay to be good? Social responsibility and financial performance ［J］. Business
Horizons, 2003（6）．

［34］Myers, S. C., Majluf, N. S. Corporate financing decisions when firms have information investors do
not have ［J］. Journal of Financial Economics, 1984（2）．

［35］Odean, T. Do investors trade too much? ［J］. American Economic Review, 1999, 89（5）．

［36］Robb, S. W. G., Single, L. E., Zarzeski, M. T. Nonfinancial disclosures across Anglo-American
countries ［J］. Journal of International Accounting Auditing & Taxation, 2001（1）．

［37］Ruf, B. M., Muralidhar, K., Brown, R. M., et, al. An empirical investigation of the relationship
between change in corporate social performance and financial performance: A stakeholder theory
perspective ［J］. Journal of Business Ethics, 2001（2）．

［38］Welker, M. Disclosure policy, information asymmetry, and liquidity in equity markets ［J］.

Contemporary Accounting Research, 1995 (2).

The Impact of Tax-paying Credit Rating Disclosure on Firm Value and Mechanism Analysis

Li Xun[1]　Liu Yu[2]　Li Yue[3]

(1, 2, 3　Economics and Management School, Wuhan University, Wuhan, 430072)

Abstract：As the non-active disclosure information of the firm issued by State Taxation Administration of The People's Republic of China, the tax-paying credit rating has strong credibility. Existing research on the impact of tax-paying credit rating disclosure on firm value is very limited. Taking the A-share listed companies over the period 2009q1-2016q1 as a sample, this paper uses the natural experiment of the tax-paying credit rating disclosure system, and adopt the DID method to study the net effect of the tax-paying credit rating disclosure system on firm value for the first time. In addition, the intermediary effect model is used to analyze the mechanism. The empirical results show that after the disclosure of the tax-paying credit rating, the firm value of tax-paying credit A-level firms has increased significantly. The results of the intermediary effect model show that the tax-paying credit rating disclosure can directly increase firm value on the one hand, and indirectly increase firm value by reducing financing constraints on the other. The decline in the level of financing constraints is conducive to the firm's external financing, which in turn can increase investment and increase the firm value. However, the tax-paying credit rating disclosure did not increase the firm value of tax-paying credit A-level firms by improving stock liquidity. The conclusion not only expands the theory of the economic consequences of corporate social responsibility information disclosure, and also provides policy recommendations for government tax enforcement and corporate tax-paying behavior.

Key words：Tax-paying credit rating；Corporate social responsibility information；Firm value

专业主编：潘红波

珞珈管理评论
2022 年卷第 6 辑（总第 45 辑）

Luojia Management Review
No. 6，2022（Sum. 45）

消费者权力感对混合情绪广告分享意愿的影响 *

● 姚 琦[1] 周 赟[2] 贺钟祥[3] 吴章建[4]

（1 重庆交通大学经济与管理学院 重庆 400074；

2，3 重庆交通大学旅游与传媒学院 重庆 400074；4 南开大学商学院 天津 300072）

【摘 要】 混合情绪广告作为情绪营销的重要构成要素，已成为众多商家通过社交媒体平台扩大品牌影响力和提升传播效果的手段之一。本文基于信息处理理论，探究消费者权力感对混合情绪广告分享意愿的影响及其内在机制。研究发现：高权力感（vs. 低权力感）个体在面对混合情绪广告时，态度更好，分享意愿更高；情绪不适感在此起中介作用。本研究不仅丰富了混合情绪广告和权力感的研究文献，并为广告商针对不同特质消费者进行个性化广告推送提供了有效的理论借鉴。

【关键词】 信息处理 权力感 混合情绪广告 广告态度 分享意愿

中图分类号：F731 文献标识码：A

1. 引言

情绪营销已成为社交媒体平台争夺受众注意力的重要手段（Guitart & Stremersch，2020），甚至出现了情感传播超过信息传播的现象，基于消费者情绪推送广告比基于消费者行为推送广告点击率提高了 40%（Chan-Olmsted & Sylvia，2019）。例如，以打"情感牌"出圈的泰国广告使受众在"悲喜交加"的混合情感中反复回味，进而促进了广告的点击率和转发量。这种"悲喜交加"的情绪广告即混合情绪广告（mixed emotion advertising）。

作为情绪营销的一种，混合情绪广告能够与消费者更好地建立情感连接并促进社交裂变，成为广告场景中常用的营销手段。然而，易被忽视的是，由于混合情绪同时包含积极和消极两种相反的冲突情绪（Hong & Lee，2010），容易激起个体的矛盾情感，因此并非所有的消费者对此类广告都持

---

* 项目基金：国家自然科学基金面上项目"权力感对消费者决策方式及产品选择的影响机制研究：情感—认知系统响应视角"（项目批准号：71772021）和国家自然科学基金面上项目"消费者对 AI 机器人使用意愿的影响因素及作用机制研究：'信用—体验'服务差异视角"（项目批准号：72172021）。

通讯作者：周赟，E-mail：zhouyun0126@163.com。

积极态度。研究表明，混合情绪的接受能力与消费者的年龄、文化等背景因素密切相关（Abby & Fredda，2008），但少有文献从消费者心理特质角度展开深入研究。以往文献认为，权力感作为一种人们在日常生活中普遍存在的心理状态，会影响个体的信息处理以及认知、情感与行为（Rucker & Galinsky，2012）。高权力感个体在处理具有冲突的信息时表现出更高的认知灵活性，而低权力感个体则相反（Guinote，2008）。那么，不同权力感状态的消费者在面对混合情绪广告时，态度和分享意愿是否存在差异呢？本研究基于信息处理理论和权力感（sense of power）的相关研究，探究消费者权力感对混合情绪广告分享意愿的影响机制，以期在丰富和拓展权力感与混合情绪广告研究文献的同时，为平台精准推送混合情绪广告和提升营销绩效提供理论借鉴和实践指导。

2. 文献综述

2.1　混合情绪广告

积极和消极的情绪传统上被视为一个连续体的两端，因此被认为是相互排斥的（Russell，1979）。然而，后来表明，人们可以同时体验到不同的、相反的情感（Cacioppo et al.，1999），即混合情绪。混合情绪是指积极情绪和消极情绪同时存在的情感体验，更准确地说，它是指个体对同一刺激同时体验到积极和消极情绪的一种心理状态（刘书青等，2014），且在中国情境下更为普遍（Deng et al.，2016）。因此，本文将混合情绪广告定义为能够使消费者同时体验到积极情绪和消极情绪的广告（Hong & Lee，2010）。

对混合情绪的研究最早开始于心理学领域，主要聚焦于混合情绪产生的负面后果，如焦虑和压力、悲伤与冲突（Aaker & Williams，2002）。但也有研究发现，混合情绪可以减少决策中的偏见，提高集体创造力和决策准确性（Hostler & Berrios，2020），帮助人们更好地认识目标，促进矛盾的解决（Franki & Melody，2019）。有学者把混合情绪的概念引入广告营销领域，并对其说服效果进行了研究。如 Aaker 和 Willams（2002）从跨文化的角度发现，由于东西方文化的差异，相比英裔美国人，混合情绪广告对亚裔美国人的吸引力更高。此外，有研究发现，慈善广告中的文字、图片等信息（如严重的身体残疾、对动物的残酷虐杀等）更易激发消费者的混合情绪体验，并影响其对广告的态度和行为意图（Chang & Lee，2010）。

2.2　权力感

权力是影响他人的能力或不受他人影响的能力（Galinsky et al.，2003）。近年来，研究者开始认识到权力的心理属性，将权力看作一种主观的心理体验，即权力感（Rucker et al.，2012）。权力感是个体在社会关系中感知到的控制他人的能力（Galinsky et al.，2014），往往通过提供或拒绝提供有价值资源的方式实现（Anderson et al.，2012），它既可以是一种长期个体差异，也可以因情境因素激发而产生（Rucker et al.，2012）。

权力感会对人们的认知、情感与行为产生潜移默化的影响（Rucker et al.，2012）。在认知方面，权力感会影响消费者的判断、风险感知。如有研究表明，相较于低权力感，高权力较少注意他人，对他人判断的准确性较差（Keltner & Robinson，1997）。在情感方面，权力感会影响消费者的孤独感、怀旧偏好等。如高权力感消费者由于与社会联结的需求较低，对他人的依赖程度不高，孤独感较低；相反，低权力感消费者往往渴望与社会联结，孤独感较高（Waytz et al.，2015），也更偏好怀旧（陈欢等，2016）。在行为方面，权力感会影响消费者的炫耀性行为与亲社会行为等，如低权力感消费者更倾向于炫耀性消费（Rucker & Galinsky，2009），但也有研究表明，高权力感消费者往往更愿意进行炫耀性亲社会行为（姚琦等，2020）。

2.3 分享意愿

分享意愿是分享行为的指针，作为口碑在互联网时代的主要形式，分享行为表现为所有与品牌和产品有关的非商业动机的人际交流（Chevalier & Dina，2006），对消费者决策和企业营销绩效都具有重要影响（Berger，2014）。

基于互联网的开放性，口碑作为分享行为的一种具体表现形式，其生成和传播方式均发生了改变。在互联网时代，人们更倾向于分享情感强烈的内容（Peters et al.，2009）。Berger 和 Milkman（2012）对《纽约时报》所登载的转发率较高的文章进行了情感分析，发现包含情绪的新闻信息比不包含情绪的新闻信息更容易被转发。此外，偶然的情感唤起也能增加信息的社会传播。例如，原地跑步产生的兴奋感会促进分享一篇不相关的新闻文章（Berger & Schwartz，2011）。从分享动机来看，获取社会支持（Berger，2014）、情绪调节（Berger，2014）、印象管理（Forest & Wood，2012）等是人们愿意进行转发、评论情感类内容的动机。如在经历了消极情绪后与他人分享会提升幸福感，因为这会增加社会支持感（Berger，2014）。但也有研究表明，出于印象管理目的，人们通常会避免分享那些让他们看起来很糟糕的事情（Chen & Berger，2013），而分享幽默有趣的新闻文章或笑话则会让人看起来聪明、乐于助人和内行（Berger，2014）。此外，分享与他人相关的情感视频或故事还能加深社会联系、促进社会关系（Peter et al.，2009）。

3. 假设提出

不同权力感消费者在信息处理方式上有所区别，面对混合情绪广告时的态度和分享意愿也有所不同。本研究认为：相对于高权力消费者，低权力感消费者信息处理灵活性较低，不能较好地处理两种相反情绪带来的冲突感，因此面对混合情绪广告时情绪不适感高，广告态度更差，分享意愿更低。研究框架见图 1。

3.1 权力感与情绪广告类型的交互对消费者态度的影响

个体在某些生活情境下会同时体验到多种情绪，甚至是相互矛盾的混合情绪，而混合情绪如何

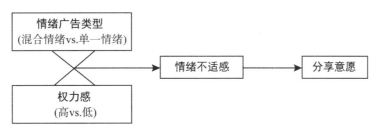

图 1　研究框架

作用于人的情感、态度、行为却尚未有统一定论。研究发现，混合情绪可以提高集体创造力和决策准确性（Hostler & Berrios，2020）、推进目标的完成（Franki & Melody，2019）。然而，也有研究表明，并非所有人都能很好地感知并处理此类混合情绪。

不同权力感消费者在信息处理时存在差异，对混合情绪广告的态度与接受程度也有所不同。一方面，高权力感消费者认知调节能力较强，在处理信息时灵活性和选择性较高，会有选择地加工有关信息，忽略无关信息；而低权力感用户在处理信息时灵活性和选择性都较低，难以根据情境线索灵活地改变认知和行为，倾向于不加区别地处理有关和无关信息（Guinote，2008）。已有研究证实，当人们同时体验到相反的情感时，会进入一种矛盾的情绪状态，并产生痛苦和不舒服等不适感受。这种感受与人们在经历认知失调或矛盾冲突时的情感态度较为相似（Williams & Aaker，2002）。与单一的情绪体验相比，混合情绪中冲突的情感体验容易给人带来矛盾、撕裂的不适感受。而具有创造性、灵活的信息处理方式会帮助他们缓解由于相反情绪带来的不适感受（Hong & Lee，2010）。由此可见，在面对混合情绪广告时，高权力感消费者能够有选择性地灵活处理混合情绪广告带来的矛盾与冲突，对此类广告的态度更好；而低权力感消费者在信息处理方式上由于缺乏创造性与灵活性，难以在短时间内妥善处理复杂的情感，情绪不适感更高，对此类广告的态度较差。另一方面，高权力感个体在信息处理时，会无意识地、自动化地强调环境中的正面特征和积极因素；而低权力感消费者在做决策时会有意识地、控制性地考虑到环境中的负面特征和消极因素（Mourali & Nagpal，2013）。因此，我们推测，高权力感消费者在处理混合情绪时，会更加关注其中的积极和愉快的层面，情绪不适感低，对混合情绪广告的态度较好；而低权力感消费者则会放大混合情绪广告所带来的冲突、割裂感等不舒服的感受，情绪不适感高，态度较差。

综上，高权力感消费者能够更加灵活地处理混合情绪广告所带来的矛盾情绪且更加关注积极的一面，情绪不适感低，对此类广告的态度更好；低权力感消费者在处理混合情绪广告时认知灵活性较弱，且对消极信息更加敏感，情绪不适感高，对此类广告的态度更差。情绪不适感（emotional discomfort）在上述效应中起中介作用。

3.2　权力感与情绪广告类型的交互对消费者分享意愿的影响

社交分享是进行情绪调节的有效方式，但出于多种顾虑会抑制消极情绪的分享。如消费者会尽量减少再次"回忆"难过、悲伤等不适时刻的机会，减少分享行为（Berger，2014）；出于印象管理目的，消费者为了塑造完美形象，会尽量转发分享积极向上的信息，回避低沉悲伤的信息（Forest & Wood，2012）；出于人际交往目的，为避免让他人感到不舒服，消费者会尽量减少消极消息的分享行为（Chen & Berger，2013）。由上可知，人们会尽量避免分享让自己或他人感觉到不舒服的内容。鉴于此我们推测，在面对混合情绪广告时，情绪不适感高的消费者更不愿意主动分享。

结合前面推理可知，由于信息处理方式不同，在面对混合情绪广告时，高权力感消费者情绪不适感低，态度也更好；而低权力感消费者情绪不适感高，对此类广告的态度较差。基于此可以推测，高权力感消费者对混合情绪广告的分享意愿较高，相反，低权力感消费者对混合情绪广告的分享意愿较低。此外，权力感的一些研究也为我们的推测提供了间接证据。由于权力感高的消费者拥有丰富的社会资源，较少依赖他人，在信息处理时，会较少考虑他人感受，随心所欲凭借内心体验做出比较快速和直觉的感性决策（姚琦等，2021）；而低权力感消费者在做出决策时会更多考虑他人感受及注重自我印象管理（Lalwani et al.，2009），在进行分享行为的决策时会更加谨慎和理性。

综上，高权力感消费者在面对混合情绪广告时情绪不适感低，做出分享行为决策时也较少考虑他人感受，分享意愿高；而低权力感消费者在面对混合情绪广告时情绪不适感高，出于印象管理和情绪调节目的，会尽量避免对此类广告的分享。综上，提出如下假设：

H1：权力感与情绪广告类型的交互会影响消费者对广告的态度和分享意愿。

H1a：相较于低权力感消费者，高权力感消费者对混合情绪广告的态度更好。

H1b：相较于低权力感消费者，高权力感消费者对混合情绪广告的分享意愿更高。

H2：情绪不适感中介了消费者权力感对混合情绪广告态度与分享意愿的影响。

H2a：情绪不适感中介了不同权力感消费者面对混合情绪广告时的态度。

H2b：情绪不适感中介了不同权力感消费者面对混合情绪广告时的分享意愿。

4. 实证研究

4.1 实验一：权力感与情绪广告交互对消费者态度和分享意愿的影响

实验一的目的是验证不同权力感消费者在面对混合情绪广告时，在态度和分享意愿上的差异。在本实验中，广告采用文字形式，并测量被试的长期权力感。

4.1.1 研究设计与程序

实验一为单因素 2 水平（情绪广告类型：单一情绪 vs. 混合情绪）的组间设计。本次实验招募了 188 名参与者参加线上调研，最终有效样本为 176 份，向每人支付 2 元人民币作为报酬。其中，男性 92 人，占 53.3%；被试的平均年龄 $M_{age} = 23.4$ 岁（SD = 3.366 岁），年龄跨度 18~41 岁。其余 12 名参与者未按规定完成注意力检测而被排除。

首先，随机向参与者展示一则以毕业为主题的相框广告，广告有两种类型（混合情绪广告 vs. 单一情绪广告），广告文本借鉴 Williams 和 Aaker（2002），详见表 1。

表 1　　　　　　　　　　　　　　　　情绪广告类型的操控

情境 1	单一情绪广告	毕业的**幸福时刻**即将来临，你将**斗志昂扬**，开启**新的人生篇章**！未来具有无限可能，你对此满怀**憧憬与期待**。这样一个**兴奋**与**快乐**的时刻，你将永生难忘。华生定制相框，帮你定格这一刻
情境 2	混合情绪广告	毕业的时刻即将来临，你将**告别往昔**，开启**新的人生篇章**！未来具有无限可能，但是，你也会**怀念**与同学共享的难忘时光。这样一个**百感交集**的时刻，你将永生难忘。华生定制相框，帮你定格这一刻

阅读广告后，为衡量被试在不同情绪广告类型下的情绪体验是否具有差异，被试需报告情绪感受程度，包含快乐情绪和悲伤情绪各 3 个题项（1 = 完全不同意，7 = 完全同意），量表借鉴 Hong 和 Lee（2010）的成熟量表。随后，被试报告对这则广告的态度以及在社交媒体平台上的分享意愿。为了检验被试是否认真作答，被试需填写一项注意力检测题。

随后，测量被试的长期权力感。权力感量表改编自 Anderson、John 和 Keltner（2012）的 8 个题项，如"我可以让别人听我的话""我可以按照自己的想法做决定"等，上述所有量表，均采用 7 分制（1 代表非常不同意，7 代表非常同意）。

最后，收集被试的人口统计学信息并致谢。

4.1.2　结果与讨论

（1）操控检验。为了检验不同类型的情绪广告是否成功启动了预期情绪，将 3 个快乐题项的均值作为快乐指数，3 个悲伤题项的均值作为悲伤指数值。接着，衡量被试的情绪混合程度（Thompson et al.，1995），情绪混合程度 $p = 3C - D$（即冲突反应（C）的 3 倍减去主导反应（D）），其中主导反应被定义为两种情绪中表现更强烈的一方，冲突反应被定义为表现不那么强烈的情绪）。最后，通过单因素方差分析检验情绪广告类型对快乐、悲伤和混合情绪指数的影响。结果表明，混合情绪组（$M = 5.00$，$SD = 1.33$）的快乐感低于快乐情绪组（$M = 5.59$，$SD = 1.09$），且具有显著差异，$F(1, 174) = 10.06$，$p = 0.002$。此外，相对于快乐情绪组广告，混合情绪广告引起更多的悲伤（$M_{混合} = 3.25$，$SD = 1.65$；$M_{单一} = 2.30$，$SD = 1.58$，$F(1, 174) = 15.18$，$p < 0.001$）和更多的矛盾情绪（$M_{混合} = 3.02$，$SD = 4.18$；$M_{单一} = 072$，$SD = 4.33$，$F(1, 174) = 12.77$，$p < 0.001$）。以上结果表明预期情绪操控成功。

（2）假设检验。实验一的自变量长期权力感是连续变量，情绪广告类型为分类变量。借助 SPSS24.0 中的 PROCESS 插件，采用 Floodlight 分析方法探究权力感和情绪广告类型交互分别对态度和分享意愿的影响。

首先将情绪广告类型中的单一情绪广告编码为 0，混合情绪广告编码为 1。随后，参照 Spiller 等（2013）的建议，将情绪广告类型作为自变量，将长期权力感作为调节变量，态度和分享意愿分别作为因变量，通过 PROCESS 插件选择 model1 和 5000 样本量进行 Floodlight 分析，验证情绪广告类型和权力感交互分别对态度和分享意愿的交互效应。

结果表明，在广告态度方面，长期权力感对态度的主效应显著（$B = 0.54$，$t = 4.83$，$p < 0.001$），

情绪广告类型对态度的主效应显著（$B=-2.65$，$t=-3.11$，$p=0.002$），更为重要的是，情绪广告类型和长期权力感交互对态度的主效应显著（$B=0.40$，$t=2.48$，$p=0.013$）；在分享意愿方面，长期权力感对分享意愿的主效应显著（$B=0.77$，$t=4.52$，$p<0.001$），情绪广告类型对分享意愿的主效应显著（$B=-3.45$，$t=-2.64$，$p=0.009$），长期权力感和情绪广告类型的交互对分享意愿的主效应显著（$B=0.59$，$t=2.39$，$p=0.018$）。

接下来，使用 Johnson-Neyman 工具识别哪一部分权力感的被试会在态度和分享意愿上产生显著差异。结果显示，在态度方面，只有当权力感值低于 5.75 时，被试对广告的态度才会产生显著差异（$POWER_{J-N}=5.75$，$SE=0.17$，$p=0.05$），说明随着消费者权力感的降低，消费者对混合情绪广告的态度显著低于单一情绪广告的态度；另外，在分享意愿方面，只有当权力感值低于 5.06 时，被试在不同情绪广告类型上的分享意愿才会产生显著差异（$POWER_{J-N}=5.06$，$SE=0.22$，$p=0.05$），即权力感越低，消费者更愿意分享单一情绪广告而不是混合情绪广告，详见图 2 和图 3。本实验结果支持了假设 H1a 和假设 H1b。

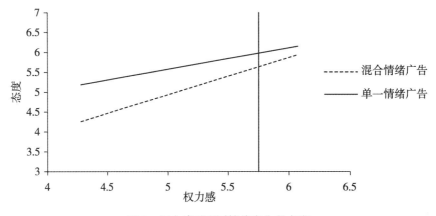

图 2　权力感对不同情绪广告的态度

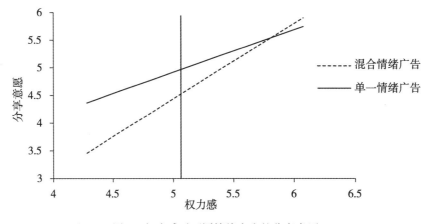

图 3　权力感对不同情绪广告的分享意愿

4.1.3　讨论

实验一数据分析结果表明，与高权力感消费者相比，低权力感消费者对混合情绪广告的态度和分享意愿都较低，而高权力感消费者在面对两类广告时，态度和分享意愿没有显著差异。虽然假设 H1 得到了验证，但权力感与情绪广告类型交互对消费者态度和分享意愿的内在机制并未探究。接下来，在实验二中，本研究将进一步探讨导致上述效应的内在机制。

4.2　实验二：情绪不适感的中介作用

实验二目的主要有三个：第一，广告由文字版改为了图片版，目的是探究不同传播形式对混合情绪广告传播效果的影响是否有差异。第二，通过情景启动来操控被试的权力感，从而反复验证实验一的结果。第三，探究情绪不适感在主效应中的中介作用。

4.2.1　研究设计与程序

实验设计为 2（权力感：高 vs. 低）×2（情绪广告类型：单一情绪广告 vs. 混合情绪广告）的组间实验。共招募 278 名被试参加本次线上调研，经过注意力检测的筛选，最终有效样本 254 份，每人获得 2 元人民币作为报酬。其中，男性 141 人，占 55.5%；被试的平均年龄 M_{age} = 25.2 岁（SD = 4.25 岁），年龄跨度 18~38 岁。有 24 名被试未通过注意力检测而被排除。

首先，通过角色扮演操控被试的权力感。在本实验中，参考吴波等（2013）的方法，通过扮演小组组员和组长的方式启动被试的不同权力感，详见表 2。接着，被试填写权力感量表。

表 2　　　　　　　　　　　　　　　　　情景权力感的激活

情境 1	高权力感组	想象一下你参与一项小组任务，最后的结果占绩效考核的 75%。**小组成员一致认为你是最有能力的，于是推举你为小组长**。接下来，其他小组成员都**将由你指挥**，在**你的带领下**按时完成小组任务。同时，在活动结束，**将由你评估小组成员的表现**，并计入总评成绩，但是小组**成员无权对你进行评估**
情境 2	低权力感组	想象一下你参与一项小组任务，最后的结果占绩效考核的 75%。**小组成员一致认为你的一位同事是最有能力的**，于是推举**他为小组长**。接下来，其他小组成员都**将由他指挥**，在**他的带领下**按时完成小组任务。同时，在活动结束时，**将由他评估小组成员的表现**，并计入总评成绩，但是**你作为小组成员无权对他进行评估**

给被试随机展示一则情绪广告（单一情绪广告或混合情绪广告），广告为图片形式，场景设置为好友聚会，图片根据国内某饮料品牌的广告进行改编（见图 4、图 5）。

依次测量被试的情绪、态度以及分享意愿。为了保证问卷的有效性，在这部分添加一项注意力检测题，让被试勾选出广告中出现过的正确广告语。为了探究中介机制，在实验二中加入情绪不适感这一变量。情绪不适感的量表改编自 Paley（2018）等。被试在看完情绪广告后，需要在矩阵量表

图 4　单一情绪广告

图 5　混合情绪广告

上勾选出最符合的选项。共 2 个题项，如看了上述广告后，我的感受如下（其中 1 = 非常不同意，7 = 非常同意）。

最后，收集被试的人口统计学信息并致谢。

4.2.2　结果与讨论

（1）操控检验。

①权力感的操控检验。检验角色想象法是否成功激活被试的权力感。结果表明，高权力组的权力感均值为 5.94（SD = 0.92），低权力组的权力感均值为 4.71（SD = 1.98），两组具有显著差异（$F_{(1, 252)}$ = 38.48，p < 0.001，Eta = 0.13），被试的权力感操控成功。

②情绪广告的操控检验。为了检验情绪广告类型是否操控成功，对参与者的快乐指数（α = 0.955）、悲伤指数（α = 0.940）和混合指数分别进行了 3 个独立的 2（情绪广告类型：混合情绪 vs. 单一情绪）×2（权力感：高 vs. 低）的方差分析。就参与者的快乐感而言，情绪广告类型对快乐的

影响是显著的（$M_{混合}$ = 4.04，SD = 1.59，$M_{单一}$ = 5.91，SD = 1.09；F（1，250）= 115.89，$p <$ 0.001），且混合情绪广告的快乐感低于单一情绪广告。权力感、权力感和情绪广告类型的交互对快乐的影响均不显著（$p >$ 0.1）。在悲伤感受方面，情绪广告类型的主要影响是显著的（$M_{混合}$ = 4.21，SD = 1.52，$M_{单一}$ = 2.17，SD = 1.44；F（1，250）= 120.44，$p <$ 0.001），权力感、权力感和情绪广告类型的交互对悲伤的影响均不显著（$p >$ 0.1）。这表明混合情绪广告引起的悲伤情绪比单一情绪广告更多。最后，计算情绪混合程度（同实验一）。结果表明，情绪广告类型的主要影响是显著的（$M_{混合}$ = 8.60，SD = 5.46，$M_{单一}$ = 0.56，SD = 4.78；F（1，250）= 152.66，$p <$ 0.001），权力感、权力感和情绪广告类型的交互对快乐的影响均不显著（$p >$ 0.1）。综上表明，情绪广告类型的操控是成功的。

（2）假设检验：权力感与情绪广告类型的交互对态度和分享意愿的影响。

①态度。以权力感、情绪广告类型为自变量，态度为因变量，采用一般线性模型对样本进行分析。结果显示，权力感对态度的主效应弱显著（F（1，250）= 3.85，p = 0.051），情绪广告类型对态度的主效应显著（F（1，250）= 50.66，$p <$ 0.001），此外，权力感与情绪广告类型的交互对态度的影响显著（F（1，250）= 4.12，p = 0.043）。具体而言，在单一情绪广告情况下，被试的高低权力感状态对广告态度没有显著影响（F（1，250）= 0.02，p = 0.963）；但在面对混合情绪广告时，高权力感个体对广告的态度（$M_{高权力感}$ = 5.02，SD = 1.12）高于低权力感个体（$M_{低权力感}$ = 4.41，SD = 1.45），且具有显著性差异（F（1，250）= 8.96，p = 0.003）。将性别、年龄、月收入（学生为月消费）和受教育水平作为协变量引入一般线性模型，结果表明，权力感和情绪广告类型的交互仍显著影响消费者对广告的态度（F（1，246）= 4.41，p = 0.037），性别和平均月收入水平（学生填月消费）等人口统计学变量的主效应不显著（$p >$ 0.5），但年龄（F（1，246）= 6.54，p = 0.011）和受教育水平（F（1，246）= 5.72，p = 0.018）分别对态度有显著影响。这说明相较于低权力感消费者，高权力感消费者对混合情绪广告的态度更好。

②分享意愿。以权力感、情绪广告类型为自变量，分享意愿为因变量，采用一般线性模型对样本进行分析。结果显示，权力感对分享意愿的主效应不显著（F（1，250）= 2.28，p = 0.132），情绪广告类型对分享意愿的主效应显著（F（1，250）= 8.95，p = 0.003），更重要的是，权力感与情绪广告类型的交互对分享意愿的影响显著（F（1，250）= 4.32，p = 0.039）。具体而言，在单一情绪广告情况下，被试的高低权力感状态对广告分享意愿没有显著影响（F（1，250）= 0.14，p = 0.704）；但在面对混合情绪广告时，高权力感个体对广告的分享意愿（$M_{高权力感}$ = 5.14，SD = 1.38）高于低权力感个体（$M_{低权力感}$ = 4.40，SD = 1.86），且具有显著性差异（F（1，250）= 7.25，p = 0.008）。将性别、年龄、月收入（学生为月消费）和受教育水平作为协变量引入一般线性模型，结果表明，权力感和情绪广告类型的交互仍显著影响消费者对广告的分享意愿（F（1，246）= 5.64，p = 0.018），性别（F（1，246）= 9.90，p = 0.002）、受教育水平（F（1，246）= 14.77，$p <$ 0.001）和平均月收入水平（学生填月消费）（F（1，246）= 10.98，p = 0.001）等人口统计学变量的主效应显著，但年龄对分享意愿没有显著影响（$p >$ 0.5）。这说明相较于高权力感消费者，低权力感消费者更不愿意分享混合情绪广告。

（3）情绪不适感的中介效应分析。

①对广告态度的影响。按照 Hayes（2013）提出的 Bootstrap 法，使用 SPSS 中的 PROCESS 程序来检验中介效应。选择 Model 8 和 5000 的样本量，以权力感和情绪广告类型为自变量、情绪不适感为中介变量、态度为因变量进行中介效应分析。结果表明，权力感和情绪广告类型的交互对情绪不适感具有显著影响（$B = -0.83$，S. E = 0.37，$p = 0.027$），情绪不适感对态度有显著的影响（$B = -0.27$，S. E = 0.05，$p < 0.001$）。在面对单一情绪广告时，权力感与广告的交互对态度的直接效应为0.031，95% 置信区间 CI：[-0.375，0.441] 包括 0 值，表明直接效应不显著；间接效应为 -0.043，95% 置信区间 CI：[-0.224，0.158] 包括 0 值，表明间接效应也不显著。但是，在面对混合情绪广告时，权力感与广告的交互对态度的直接效应为 0.376，95% 置信区间 CI：[0.005，0.747] 不包括 0 值，说明直接效应显著；间接效应为 0.229，95% 置信区间 CI：[0.065，0.449] 不包括 0 值，表明间接效应也是显著的，详见图 6。因此，权力感和情绪广告类型的交互对态度的主效应显著，情绪不适感在其中起中介作用。实验结果支持了 H2a。

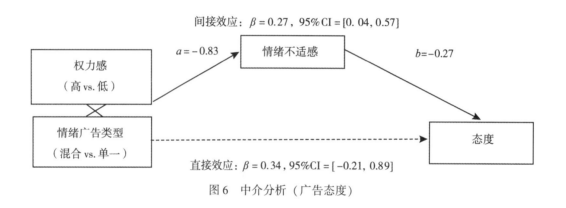

图 6 中介分析（广告态度）

②对广告分享意愿的影响。同时，以权力感和情绪广告类型作为自变量，以情绪不适感作为中介变量，以分享意愿作为因变量，进行中介效应分析。结果表明，权力感和情绪广告类型的交互对情绪不适感具有显著影响（$B = -0.83$，S. E = 0.37，$p = 0.026$），情绪不适感对分享意愿有显著的影响（$B = -0.30$，S. E = 0.07，$p < 0.001$）。在面对单一情绪广告时，权力感与广告的交互对分享意愿的直接效应为 -0.078，95% 置信区间 CI：[-0.665，0.510] 包括 0 值，表明直接效应不显著；间接效应为 -0.039，95% 置信区间 CI：[-0.188，0.162] 包括 0 值，表明间接效应也不显著。但是，在面对混合情绪广告时，权力感与广告的交互对分享意愿的直接效应为 0.535，95% 置信区间 CI：[0.002，1.069] 不包括 0 值，说明直接效应显著；间接效应为 0.208，95% 置信区间 CI：[0.047，0.453] 不包括 0 值，表明间接效应也是显著的，详见图 7。因此，权力感和情绪广告类型的交互对分享意愿的主效应显著，情绪不适感在其中起中介作用。实验结果支持了 H2b。

综上，权力感和情绪广告类型的交互对态度和分享意愿的主效应显著，情绪不适感在其中起中介作用。

4.2.3 讨论

实验二的结果表明，权力感和情绪广告类型的交互会影响消费者对广告的态度和分享意愿。在

姚琦，等　消费者权力感对混合情绪广告分享意愿的影响

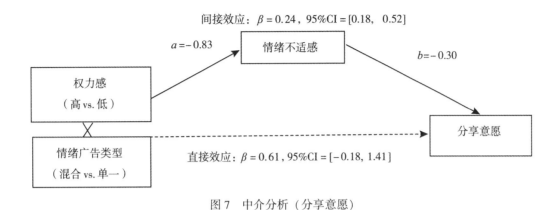

图 7　中介分析（分享意愿）

面对单一情绪广告时，启动被试的不同权力感，其对广告的态度和分享意愿均没有显著差异。而在面对混合情绪广告时，相比高权力感被试，低权力感被试对广告的态度和分享意愿更低，实验结果再次验证了 H1a 和 H1b。本实验采用角色想象操控被试的权力感，而实验一则是测量被试的长期权力感，两个实验的主效应一致，表明了实验结果的稳健性。此外，实验二也显示权力感和情绪广告类型对消费者态度和分享意愿的影响作用是通过情绪不适感而产生的，情绪不适感在主效应中起到中介作用，即 H2a 和 H2b 也得到了验证。

5. 结果讨论

本研究通过两个实验探讨了消费者权力感对混合情绪广告态度和分享意愿的影响。结果表明，在面对混合情绪广告时，高权力感消费者由于在信息处理过程中认知灵活性好，且更关注积极信息，对此类广告的态度和分享意愿更高。而低权力感消费者在面对混合情绪广告时认知灵活性差，且对消极信息更敏感，对此类广告的态度和分享意愿都不高。情绪不适感在这里起中介作用。其贡献可以从理论和实践两个角度探讨。

5.1　理论贡献

首先，丰富了混合情绪广告对消费者行为影响的文献。虽然混合情绪广告在社交媒体平台的应用甚广，但鲜有文献从情绪广告的类型出发，明确界定混合情绪广告和单一情绪广告的区别，并对其进行深入研究。国内学者对混合情绪广告的研究主要停留在概念界定上，没有进行深入实证研究。国外对混合情绪广告的研究集中在考察混合情绪产生的不同情境，以及在什么情况下个体更容易被混合情绪说服（Hong & Lee, 2010）。本文则从消费者个人特性权力感的角度出发，对混合情绪广告的态度和分享意愿进行了研究，发现不同权力感消费者对混合情绪广告的态度和分享意愿有所区别，为混合情绪广告的相关文献进行了补充。

165

其次，揭示了混合情绪广告对消费者分享意愿的影响机制。消费者对混合情绪广告的体验有所差异，态度和分享意愿也有所不同。本研究发现，情绪不适感在此起中介作用。以往研究基于接受二元性倾向相关的原则（Williams & Aaker，2002），从混合情绪的心理学角度探讨混合情绪广告说服效果差异，认为积极情绪和消极情绪这种二元混合的状态会产生矛盾和冲突（Hong & Lee，2010）。本研究在接受混合情绪二元性倾向差异的基础上，从个人特质角度进行研究，发现由于不同权力感消费者的思维方式不同，对混合情绪所带来的消极感受也有所差异，从而影响消费者的态度和分享意愿。

最后，拓展了权力感对消费者认知、情感和行为影响领域的研究文献。以往关于权力感的研究主要是从人们处理信息时更关注什么层面这一角度来探讨。例如，权力感较高的消费者对能力方面的信息更加敏感，更容易被表达能力性质的信息说服，而低权力感消费者关注温暖方面的信息，且更容易被表达温暖性质的信息说服（Dubois et al.，2016）等。本文通过研究权力感对消费者如何理解和应对混合情绪的影响，有助于我们深入理解权力感。

5.2 管理启示

首先，针对不同权力感消费者精准投放不同类型的情绪广告，提高其分享和互动行为。以往研究发现，权力感既可以通过消费者的身份、地位推测出来，又可以从消费者的日常消费行为中找寻到蛛丝马迹（Madzharov et al.，2015）。而大数据的运用使媒体和商家精准预测消费者权力感成为可能。在智能媒体时代，消费者的个人偏好和消费习惯都会在网络上留下痕迹，可以通过数据科学来推断消费者的权力感状态，比如通过描述性和预测性分析的数据组合（倪宁和金韶，2014），精准挖掘消费者的权力感状态，有针对性地为不同权力感消费者投放不同类型的情绪广告。具体来说，对于低权力感消费者，通过展示积极有趣的单一情绪广告，唤起其好奇心和愉悦感，从而提高分享意愿；对于高权力感消费者，可以投放悲喜交加的混合情绪广告，引起其注意，提高其分享行为。

其次，媒体和企业可以通过激活消费者的权力感状态来提高消费者对混合情绪广告的态度和分享意愿。权力感既可以是一种长期个体差异，也可以因情境因素的激发而启动。为了节约广告制作成本和分发成本，在投放混合情绪广告时，可以通过情景启动的方式激活消费者的高权力感状态来提高其态度和分享意愿。比如，播放重贝斯（+15dB）音乐和轻贝斯（-15dB）音乐可以分别启动被试的高、低权力感（Hsu et al.，2015）。因此可以通过调整广告背景音乐，来激发受众的高权力感状态，提高消费者对混合情绪广告的态度和分享意愿。

最后，本研究对于媒体和商家策划广告活动具有一定的指导意义。本研究指出，当消费者信息处理更为灵活且更关注积极因素时，其对混合情绪广告的情绪不适感较少，也更易接受和分享此类广告。由此，在开展包含混合情绪诉求的广告活动时，媒体和商家应以更加生动且积极的方式展现产品优势，弱化消极因素，进而缓解消费者看到相关广告时可能会出现的情绪不适感，并提高分享意愿。

5.3 研究不足与未来研究方向

本研究探讨了消费者权力感对在面对混合情绪广告时的态度和分享行为差异，尽管在理论和实践上都有借鉴意义，但仍存在一定的研究局限，这给未来研究留出了空间。主要包括以下几个方面。

首先，为了控制其他干扰因素，本研究主要采用文本和图片两种广告形式。现实中，社交媒体平台的广告形式多种多样，如视频广告、信息流广告、互动性广告等。而广告内容的质量、数量、生动性和互动性等也可能影响信息分享行为。混合情绪广告在不同的广告形式中展现时，消费者对其态度和分享意愿是否会有差异呢？这是值得进一步深入研究的问题。

其次，根据媒介的"情绪偏好"效应，在不同的传播媒介中，情绪对信息分享行为的影响也会有所区别（徐翔，2017）。媒介的特点（易用性和可用性）会影响消费者的使用和分享行为。而在融媒体时代，信息的传播往往采取"信息一次采集、多种生成、多元传播"的形式，是否所有的媒介都适合传播混合情绪广告呢？未来研究可以从媒介特点等角度切入，进一步探讨权力感与混合情绪广告的共同作用对消费者产品态度和购买意愿的影响。

最后，未来可以进一步研究影响混合情绪广告的边界条件，以及权力感与混合情绪广告的共同作用对消费者产品态度和购买意愿的影响。先前研究表明，文化背景（东方人和西方人）和年龄（年轻人和老年人）会影响消费者对混合情感诉求的反应（Grossmann & Ellsworth, 2017），此外，事件类型（社会事件 vs. 社交事件）和叙事视角（第一人称 vs. 第三人称）（Grossmann & Gerlach, 2016）的差异，也会影响消费者的混合情绪体验。在未来的研究中，可以从多个视角探讨影响混合情绪广告说服效果的调节效应。

◎ **参考文献**

[1] 陈欢，毕圣，庞隽. 权力感知对怀旧偏好的影响机制 [J]. 心理学报，2016, 48 (12).

[2] 刘书青，彭凯平，莫笛，等. 混合情绪的辩证认知评价 [C]. 2014 年中国心理学会第十七届全国心理学学术会议.

[3] 倪宁，金韶. 大数据时代的精准广告及其传播策略——基于场域理论视角 [J]. 现代传播（中国传媒大学学报），2014, 36 (2).

[4] 吴波，李东进，秦勇. 个体权力状态对利他诉求产品偏好影响研究 [J]. 营销科学学报，2013, 9 (4).

[5] 徐翔. 新浪社会新闻传播中的"情绪偏好"效应与特征研究——基于新浪社会新闻的网络挖掘与实证分析 [J]. 国际新闻界，2017, 39 (4).

[6] 姚琦，崔常琪，朱伟华，等. "动之以情"还是"晓之以理"？权力感对消费者产品决策的影响 [J]. 南开管理评论，2021, 24 (4).

[7] 姚琦，吴章建，张常清，等. 权力感对炫耀性亲社会行为的影响 [J]. 心理学报，2020, 52 (12).

［8］Aaker, J. L., Williams, P. Empathy versus pride: The influence of emotional appeals across cultures ［J］. Joumal of Consumer Research, 2002, 25（11）.

［9］Abby, H. C., Fredda, B. Emotion regulation in interpersonal problems: The role of cognitive-emotional complexity, emotion regulation goals, and expressivity ［J］. Psychology and Aging, 2008, 23（1）.

［10］Anderson, C., John, O. P., Keltner, D. The personal sense of power ［J］. Journal of Personality, 2012, 80（2）.

［11］Berger, J. A., Milkman, K. L. What makes online content viral? ［J］. Journal of Marketing Research, 2012, 49（2）.

［12］Berger, J. Word of mouth and interpersonal communication: A review and directions for future research ［J］. Journal of Consumer Psychology, 2014, 24（4）.

［13］Berger, J., Schwartz, E. What drives immediate and ongoing word-of-mouth? ［J］. Journal of Marketing Research, 2011, 48（5）.

［14］Cacioppo, J. T., Gardner, W. L., Berntson, G. G. The affect system has parallel and integrative processing components: Form follows function ［J］. Journal of Personality and Social Psychology, 1999, 76（6）.

［15］Chang, C., Lee, Y. Effects of message framing, vividness congruency and statistical framing on responses to charity advertising ［J］. International Journal of Advertising, 2010, 29（2）.

［16］Chan-Olmsted. A review of artificial intelligence adoptions in the media industry ［J］. International Journal on Media Management, 2019, 21（3-4）.

［17］Chen, Z., Berger, J. When, why, and how controversy causes conversation ［J］. Journal of Consumer Research, 2013, 40（3）.

［18］Chevalier, J. A., Dina, M. The effect of word of mouth on sales: Online book reviews ［J］. Journal of Marketing Research, 2006, 43（3）.

［19］Deng, X., Ding, X., Cheng, C., et al. Feeling happy and sad at the same time? Subcultural differences in experiencing mixed emotions between han chinese and mongolian chinese ［J］. Frontiers in Psychology, 2016, 7（1）.

［20］Dubois, D., Rucker, D. D., Galinsky, A. D. Dynamics of communicator and audience power: The persuasiveness of competence versus warmth ［J］. Journal of Consumer Research, 2016, 43（1）.

［21］Forest, A. L., Wood, J. V. When social networking is not working: Individuals with low self-esteem recognize but do not reap the benefits of self-disclosure on Facebook ［J］. Psychological Science, 2012, 23（1）.

［22］Franki, K., Melody, M. The impact of mixed emotions on creativity in negotiation: An interpersonal perspective ［J］. Frontiers in Psychology, 2019, 9（1）.

［23］Galinsky, A. D., Gruenfeld, D. H., Magee, J. C. From power to action ［J］. Journal of Personality and Social Psychology, 2003, 85（3）.

[24] Galinsky, A. D., Magee, J. C., Rus, D., Rothman, N. B., Todd, A. R. Acceleration with steering: The synergistic benefits of combining power and perspective-taking [J]. Social Psychological & Personality Science, 2014, 5 (6).

[25] Grossmann, I., Ellsworth, P. C. What are mixed emotions and what conditions foster them? Life-span experiences, culture and social awareness [J]. Current Opinion in Behavioral Sciences, 2017, 15.

[26] Grossmann, I., Gerlach, T. M., Denissen, J. J. A. Wise reasoning in the face of everyday life challenges [J]. Social Psychological & Personality Science, 2016, 7 (7).

[27] Guinote, A. Power and affordances: When the situation has more power over powerful than powerless individuals [J]. Journal of Personality and Social Psychology, 2008, 95 (2).

[28] Guitart, I. A., Stremersch, S. The impact of informational and emotional television ad content on online search and sales [J]. Journal of Marketing Research, 2020, 58 (12).

[29] Hayes, A. Introduction to mediation, moderation, and conditional process analysis [J]. Journal of Educational Measurement, 2013, 51 (3).

[30] Hong, J., Lee, A. Feeling mixed but not torn: The moderating role of construal level in mixed emotions appeals [J]. Journal of Consumer Research, 2010, 37 (3).

[31] Hostler, T. J., Berrios, R. The impact of mixed emotions on judgements: A naturalistic study during the FIFA world cup [J]. Cognition & Emotion, 2020, 32 (5).

[32] Hsu, D. Y., Huang, L., Nordgren, L. F., et al. The music of power: Perceptual and behavioral consequences of powerful music [J]. Social Psychological and Personality Science, 2015, 6 (1).

[33] Keltner, D., Robinson, R. J. Defending the status quo: Power and bias in social conflict [J]. Personality & Social Psychology Bulletin, 1997, 23 (10).

[34] Lalwani, A. K., Shrum, L. J., Chiu, C. Y. Motivated response styles: The role of cultural values, regulatory focus, and self-consciousness in socially desirable responding [J]. Journal of Personality and Social Psychology, 2009, 96 (4).

[35] Madzharov, A. V., Block, L. G., Morrin, M. The cool scent of power: Effects of ambient scent on consumer preferences and choice behavior [J]. Journal of Marketing, 2015, 79 (1).

[36] Mourali, M., Nagpal, A. The powerful select, the powerless reject: Power's influence in decision strategies [J]. Journal of Business Research, 2013, 66 (7).

[37] Paley, A., Tully, S. M., Sharma, E., et al. Too constrained to converse: The effect of financial constraints on word of mouth [J]. Journal of Consumer Research, 2018, 6 (1).

[38] Peters, K., Kashima, Y., Clark, A. Talking about others: Emotionality and the dissemination of social information [J]. European Journal of Social Psychology, 2009, 39 (2).

[39] Rucker, D. D., Galinsky, A. D. Conspicuous consumption versus utilitarian ideals: How different levels of power shape consumer behavior [J]. Journal of Experimental Social Psychology, 2009, 45 (3).

［40］ Rucker, D. D., Galinsky, A. D., Dubois, D. Power and consumer behavior： How power shapes who and what consumers value ［J］. Journal of Consumer Psychology, 2012, 22 (3).

［41］ Russell, James, A. Affective space is bipolar ［J］. Journal of Personality and Social Psychology, 1979, 37 (3).

［42］ Spiller, A., Stephen, Fitzsimons, et al. Spotlights, floodlights, and the magic number zero： Simple effects tests in moderated regression ［J］. Journal of Marketing Research, 2013, 50 (2).

［43］ Williams, P., Aaker, J. L. Can mixed emotions peacefully coexist? ［J］. Journal of Consumer Research, 2002, 28 (5).

［44］ Zautra, A. J., Berkhof, J., Nicolson, N. A. Changes in affect interrelations as a function of stressful events ［J］. Cognition and Emotion, 2002, 16 (2).

Effect of Consumer's Sense of Power on the Willingness to Share of Mixed Emotion Advertising

Yao Qi[1] Zhou Yun[2] He Zhongxiang[3] Wu Zhangjian[4]

(1 School of Economics and Management, Chongqing Jiaotong University, Chongqing, 400074;

2, 3 School of Tourism and Media, Chongqing Jiaotong University, Chongqing, 400074;

4 School of Business, Nankai University, Tianjing, 30071)

Abstract：As an important component of emotional marketing, mixed emotion advertising has become one of the means for many businesses to expand brand influence and enhance communication effectiveness through social media platforms. Based on the theory of information processing, this article explores the influence of consumers'sense of power on mixed emotion advertising attitudes and willingness to share and its internal mechanism. The research found that users with a high sense of power (vs. high sense of power) have better attitudes and greater willingness to share when facing mixed-emotion ads. Emotional discomfort plays an intermediary role here. This research not only enriches the research literature of mixed emotion advertising and sense of power, but also provides an effective theoretical reference for advertisers by pushing personalized advertisements for users with different characteristics.

Key words：Information processing；Sense of power；Mixed emotion advertising；Advertising attitude；Willingness to share

专业主编：寿志钢

2022 年总目录

第 1 辑

第 2 辑

第 3 辑

第 6 辑

2023年新年寄语

时光无言，却在人心深处镌刻了2022年的难忘印记。情势的崎岖迂回与瞬息变化，让我们的跋涉更为漫长，更让我们体会到默然沉静的力量。

每一回细数流光，都看得到我们努力向前的身影

为了顺应管理学学术的快速发展，2022年，《珞珈管理评论》由每季出版一辑改为每两月出版一辑，并组建了第三届学术委员会和编委会。本次改版，《珞珈管理评论》在继承既有特色的同时，以多维度的视角更全面、更深入地关注国家战略，回应实践需求，高度重视质量和内涵建设，不断提升社会影响力和学术影响力。

每一点梦想的星火，可以汇聚成学术的光焰

《珞珈管理评论》紧跟新时代步伐，扎根于管理实践，2022年，通过举办高质量的珞珈春季（秋季）学术论坛、审稿快线以及学术沙龙，提供高水平的学术研讨平台，促进学术交流，不断锤炼管理学专业知识和能力，服务新时代中国社会高质量发展。

每一分耕耘，都会有一分收获

经过多项学术指标综合评定及同行专家评议推荐，虎年岁末，《珞珈管理评论》成功入选"中国人文社会科学AMI综合评价"核心集刊，成为管理学门类两本核心集刊之一，这是继2017年入选CSSCI收录集刊后，《珞珈管理评论》获得的新的荣誉。湖北省期刊协会下设集刊专业委员会，《珞珈管理评论》主编汪涛教授成为湖北省期刊协会集刊专业委员会主任委员，《珞珈管理评论》为集刊专业委员会主任委员单位。

成绩来之不易，荣誉弥足珍贵，《珞珈管理评论》的点滴进步，均离不开学术委员会以及编委会、外审专家、广大作者和读者的指导、支持和辛勤工作。

岁序常易，华章日新

《珞珈管理评论》将继续坚持守正创新、与时俱进，统筹并重专业性、系统性和时效性，持续提升学术引领、学术传播以及学术影响，奉献学术精品，打造学术品牌！

律回春渐，新元肇启，烟火照夜白。2023年新春将临，愿星河长明，万象更新！衷心感谢所有给予我们支持和帮助的朋友们！衷心祝愿大家：和光同尘，与时舒卷，一身披晴朗！

汪涛

《珞珈管理评论》主编